단군, 만들어진 신화

단군, 만들어진 신화

송호정 지음

산처럼

책을 내면서

독자들에게 이 책을 쓰게 된 동기를 어떻게 말해야 할지 고민하던 중 메일 한 통을 받았다. 한국 고대사를 전공하고 있는 동학에게서 온 편지였다.

"단기를 흔히 기원전 2333년 시작으로 보는데, 연표들을 찾아보니, 대개 유사에 나오는 요 50년이 아니라 요 25년 무진년을 기원으로 하고 있더라구요. 무엇을 근거로 이렇게 계산하는 건지······."

단순한 질문이라고 했지만 사실 고민이 없었다면 쉽게 대답하기 어려웠을 것이다. 곧바로 몇 자 적어보냈다. 답장을 받은 동학은 의문을 해결했을 것이다.

고맙다는 답장을 받은 뒤 나는 새로운 내용도 아니고 이전에 발표했던 글을 모아 책으로 출간하는 당위성을 여기에 두고 싶어졌다. 한국사 연구 중에서 가장 혼란스러운 주제인 단군과 고조선사에 대해 학계의 정리된 입장을 쉽게 볼 수 있도록 안내서 역할을 하겠다는 것이 이 책을 내게 된 가장 큰 이유라 할 수 있겠다.

벌써 2년 전 일이 되었지만 KBS 위성방송에 우연히 출연해 내가 생각하는 단군에 대해 설명했다가 시청자들의 질문과 비판이 쏟아졌던 적이 있었다. 150여 건이 넘게 시청자 게시판에 올라온 고조선사를 둘러싼 의문들. 나에 대한 모욕적인 언사를 늘어놓은 분도 생각 외로 많았다. 대부분의 시민들은 단군이 우리 민족의 시조요, 단군조선을 세운 실존 인물이라고 믿고 있었다. 건국 시조를 어떻게 바라보아야 할지는 많은 논의가 필요하지만 신화의 세계를 역사적 사실 그대로 믿는 분들에게 어떤 형태로든지 답을 해주어야겠다고 생각했다. 특히 나에게 던진 무수히 많은 비판과 질문에, 부족하지만 이 책 한 권이 대답이 되었으면 하는 바람이다.

고조선사를 주제로 박사학위를 받았지만 나는 단군과 단군조선에 대해 깊이 있는 공부를 하지 못했다. 논문을 쓸 당시부터 지금까지도 단군 및 단군조선은 고조선의 국가 권력이 형성되고 난 후에 지배층 사이에서 만들어진 신화 속의 이야기이지 실재한 역사가 아니라고 보고 있다. 때문에 학위 논문을 쓸 때에도 단군신화에 대한 문제는 언급조차 하지 않았다. 그러나 요즈음 고조선 관련 논문을 작성하는 과정에서 우리 사회에서 단군은 민족 정체성의 구심점이면서 민족의 위기마다 우리 모두를 하나로 묶는 주요 기제로 작용해왔음을 인식하게 됐다.

국내에서 처음으로 고조선사를 주제로 박사학위를 했다는 점 때문에 고조선사에 대해 일반 시민들이나 학생들에게 강의할 기회가 많이 있었다. 그때마다 대부분의 사람들이 나의 생각이 과연 타당한지 따져 묻곤 했다. 질문을 받을 때마다 조금은 당혹스럽고 어려움을 많이 느꼈다. 이런 자리를 파하고 집으로 돌아올 때에는 신화와 역사에 대한 공부를 새로 해야 할 필요성에 절실함을 느끼기를 수차례. 최근에는 신화와 역사의 문제에 대해 조금씩 공부를 해가고 있다. 그때마다 정리해본

글을 산처럼 사장의 독촉을 핑계로 한 곳에 모아본 것이다.

한국사에 대한 공부를 시작할 때부터 나는 한국 고대사를 체계적으로 정리하는 것이야말로 한국사, 특히 한국 고대사를 연구 주제로 하는 사람이 견지해야 하는 가장 중요한 문제 의식이라는 생각을 갖고 있었다. 우리 역사의 출발 단계에 해당하는 고대사를 공부하는 사람이라면 당연히 고조선 및 부여사에 대한 관심과 정리를 하고 넘어가야 한다고 생각한다. 단군 및 고조선사에 대한 관심은 궁극적으로 우리 역사의 시작과 기원에 대한 관심으로 이어진다. 그래서 원시 사회에서 초기 국가 단계의 역사가 잘 정리된다면, 그 시기의 역사적 경험이 이후 역사에 어떻게 계승되는가를 고민하면서 자연스럽게 우리 역사가 체계화될 수 있을 것이다. 그러나 이러한 중요성에도 불구하고 초기 국가, 즉 단군과 고조선사에 대해 연구하는 사람은 찾아보기 힘들다. 누구나 고조선사에 대해 관심을 품고 있다. 그러나 연구자 가운데 자신의 주요 연구 분야로 고조선 역사를 공부하는 사람은 다섯 손가락 안에 꼽을 정도이다. 수많은 분들의 관심을 촉구하는 것 또한 이 책 출간의 의미로 삼는다.

사실 이 책을 내는 데에는 산처럼 윤양미 사장의 요청을 거절하지 못한 면이 크다. 일반 대중들에게 올바른 역사 인식과 단군에 대한 과장되고 혼란된 인식을 정리해줄 필요가 있다는 말은 나에게 동기를 부여하고, 관심을 불러일으켰다. 돌이켜보면 아직까지도 초·중·고등학교의 현장을 비롯하여 일반 대중들은 단군과 고조선사에 대해 너무나 혼란스러워하며 그 실체에 대해 이해를 못하고 있다. 우리 학계의 연구 성과를 가장 잘 담고 있어야 할 국사 교과서 가운데 '선사시대와 국가의 형성' 부분은 사실 어디서부터 손을 대야 할지 고민이 될 정도로 오류투성이이다. 사실 자체가 틀린 것을 떠나 학계의 통일되지 못한 의견이 그대로 반영되어 있어 차라리 교과서가 없는 게 낫지 않나 하는 생각도 든다. 이러한 현실 속에서 고조선사를 주제로 처음으로 학위 논문을 낸 연구자로서 지금까지의 성과를 정리해서 책으로 출간하는 것도 의미가 있겠다는 생각을 하게 됐다.

이 책을 내기 위해 원고들을 정리하는 동안에는 중국의 우리 역사 빼앗기 공작이 언론에 연일 보도되면서 많은 사람들의 민족 의식을 자극했다. 이에 대해 일반 시민 단체들은 감정적인 대응을 하고 있고, 정부에서는 뒤늦게 중국의 의도에 지극히 정치적인 목적이 있음을 깨닫고 대응하기 시작했다. 이른바 동북공정은 고구려사만의 문제는 아니다. 그것은 한마디로 영토 분쟁이요, 한국 고대사 전체에 대한 부정이요, 역사 전쟁이라 할 수 있다. 이 전쟁에서 나서서 싸울 장수가 없다는 어느 분의 애타는 글이 생각난다.

일반 시민들이나 학생들은 그저 감정적 차원에서 왜 고구려사가 우리 역사인지에 대한 이해 없이, 또 중국이 고구려사를 왜곡, 아니 빼앗으려는 저의가 무엇인지 정확히 알지 못한 채 항의 집회를 하는 것을 보게 된다. 그러한 식의 대응은 역사 분쟁의 문제 해결에 도움이 되지 않는다. 실상은 중국이 경제적으로 성장하고 우리의 힘이 약해지면서 미리 기선을 제압하면서 영토 문제를 제기하는 것일 수도 있다. 이러할 때 우리가 할 일은 많지 않다. 일단은 우리 역사, 특히 고대 역사에 대한 체계적인 정리를 중장기 계획을 세워 완성하는 것이 절대적으로 필요하다.

고조선에서 발해에 이르기까지 우리 고대 역사의 줄기를 정리하면 중국의 저급한 논리가 설 땅이 없어질 것이다. 이러할 때 고구려의 기원이 되었던 예맥족이 중심이 되어 세운 부여의 역사, 부여보다 먼저 예맥족이 최초로 세운 국가 고조선에 대한 정리가 되지 않는다면 체계적인 고대사 서술은 사실 어렵다고 할 수 있다. 그러나 아직까지 우리 학계에서는 단군과 고조선사에 대한 합의된 논의가 없다. 이 책이 그러한 논의를 위한 계기가 되기를 바란다.

1993년 이후 남쪽에서는 약화되고 있는 단군민족론을 북한에서는 더욱 강하게 주창하고 있어 눈길을 끈다. 북한은 단군릉을 개건하는 등 단군을 국민 통합을 위한 상징 기제로 강화해가고 있으며, 남한과 해외 동포들에게도 반만 년 위대한 역사를 가진 단군 자손의 단일 민족으로서 대단결을 촉구하는 등 큰 변화를 보이고 있다. 남한에서도 그러한 관심을 보이다가 최근 고구려사 문제 때문에 잠시 주춤해진 상태이다. 그러나 민족의 시조로서 단군에 대한 인식과 고조선사에 대한 정리는 남과 북이 함께 논의하기에 가장 좋은 연구 주제라 할 수 있다. 현재 우리 사회의 궁극적 과제가 통일이라면 단군을 매개로 민족 공동체 의식을 회복하고 통일의 기반을 조성하는 것이 학자들이 해야 될 또 하나의 중요한 노력이라 생각한다.

이 책은 이전에 조금씩 정리한 글을 모으고 부족한 내용은 새로이 작성한 것이다. 그러나 아직도 이해하지 못한 내용도 많을 뿐더러 시간을 두고 깊이 있게 고민하지 못해 불만스럽고 아쉬울 따름이다. 다만 고조선사에 대한 학계의 정리된 입장의 책이 거의 없는 상황에서 일반인들의 혼란된 이해를 바로잡는 데 조금이라도 도움이 되기를 바랄 뿐이다.

역사를 가르치는 사람으로서 나는 역사 교육이 항상 그 현실 사회에 바탕을 두어야 하며, 그 사회 구성원의 입장에서 사회 문제를 해결하는 데 긍정적으로 작용해야 한다고 생각한다. 때문에 오늘날 우리에게 가장 필요한 역사 교육은 친일 잔재를 청산하고 분단의 현실 상황에 대한 올바른 교육을 통해 세상을 바라보는 비판적인 안목을 키워주는 것이라고 생각한다. 비록 오늘날 우리와 직접적으로 관련되는 주제는 아니지만 단군과 고조선사는 남북 통일 문제를 비롯하여 민족사의 발전 과정을 체계화하는 데 있어 필수적으로 요구되는 과제라고 생각한다. 나의 어설픈 고민도 이러한 문제 의식에 조금은 도움이 될 수 있을 것이라 생각하며 부족한 내용에 대한 위안을 삼으려 한다.

  부족한 내용이지만 한 권의 책으로 출간되기까지 많은 분을 귀찮게 한 것 같다. 먼저 무엇에 홀린 사람처럼 새벽이면 연구실에 나와 자정을 넘겨 집으로 들어오는 내 생활을 말없이 이해해주고, 거기에 이번 원고까지 꼼꼼히 읽어준 아내 오정수에게 고마운 마음을 전한다. 아침 먹을 때나 아빠 얼굴을 겨우 보고 지내는 예쁜 두 딸 수빈이, 다빈이에게 이제는 아빠 노릇을 충실히 할 것을 약속한다. 그리고 부족한 원고를 읽고 보완할 부분을 지적해준 대학원의 박정옥, 최윤섭, 조윤경에게도 고마움을 표한다. 끝으로 힘든 출판 여건 속에서도 내 글을 멋진 책으로 만들어준 산처럼 윤양미 사장에게 깊은 감사의 말을 전한다.

2004년 9월 13일
다락리 연구실에서
송호정

단군, 만들어진 신화 · 차례

책을 내면서 · 5

제1부 다양한 시선으로 본 고조선사
기존 고조선사 연구, 이대로 좋은가 · 15
한민족의 기원을 찾아서 · 25
국경일과 개천절 · 40
단군릉, 실제와 신화의 사이 · 53
중국 요령성 지역의 청동기 문화, 고조선의 흔적을 돌아보다 · 66
고인돌 사회와 고조선 · 83
역사학자의 눈으로 본 오늘의 평양과 고조선 유적 · 99

제2부 단군과 고조선사, 어떻게 볼 것인가
단군, 신화 속 인물인가 실존 인물인가 · 117
우리 역사는 단군을 어떻게 인식했나 · 128
고조선을 둘러싼 다양한 논의들 · 142
기자조선은 실재했는가 · 156
위만과 위만조선 · 166
삼국은 멸망 후의 고조선을 어떻게 계승했나 · 178
고조선 사람들은 어떻게 살았는가 · 192

제3부 단군과 고조선사에 대한 인식, 이대로 좋은가
국사 교과서, 단군조선을 어떻게 서술하고 있는가 · 207
우리의 고대사 인식, 이대로 좋은가 · 224
고조선은 만주를 지배한 대제국이 아니다 · 235
'비밀의 왕국, 고조선' 실상은 이렇다 · 250
질문에 답한다 · 268
위서(僞書)의 진실 · 280
동이족 한민족 기원설 비판 · 290
우리 국사 교과서를 비판한다 · 300
중국의 역사 왜곡, 어떻게 대응할 것인가 · 313

참고문헌 · 325

제 1 부

다양한 시선으로 본 고조선사

기존 고조선사 연구, 이대로 좋은가

고조선사는 중요하다

한국 고대사는 우리 역사가 출발한 시기를 대상으로 삼고 있다. 따라서 많은 사람들의 호기심과 관심의 대상이 되고 있는데, 대부분은 우리 상고사가 웅대하고 찬란한 역사였을 것이라는 환상을 갖고 있다. 만주 전역에 걸쳐 있던 단군조선, 광개토왕과 대제국 고구려, 해양 강국 백제, 해동성국 발해 등에 대한 관심들이 그 환상에서 자유롭지 않다. 그러나 조금만 깊이 들여다보아도 이런 관심 주제들은 그 실상이 쉽게 잡히지 않는 막연한 것에 그치는 경우가 많다.

일반 사람들의 관심과 달리 한국 고대사를 전공하는 연구자들에게는 한국 고대의 국가 형성 과정을 명확히 서술하는 것이 궁극적 연구 과제이다. 고조선에서 남북국시대에 이르기까지 각 시기의 국가 발전 과정을 제대로 설명할 수 있다면 한국 고대사에 대한 체계적인 서술이 완성될 것이다. 그런 의미에서 우리 역사상 처음으로 국가를 형성한 고조선사를 해명하는 일은 반드시 필요하다.

고조선은 국가의 기원과 형성 문제뿐만 아니라 한국사의 시원이라는 점에서 매우 중요한 연구 대상이다. 고조선은 같은 시기에 부여·동옥저·삼한을 비롯하여 주변 국가와 문화적 교류가 활발했고, 서로 영향을 주고받는 관계에 있었다. 그리고 멸망 후에는 고구려·백제·신라 삼국의 국가 형성과 정치적 성장에 지대한 영향을 미쳤다. 그동안 한국 고대사 연구자들은 삼국시대에만 관심을 집중할 뿐 삼국 이전이나 통일신라 이후의 역사에 대한 인식은 부족한 편이었다. 특히 삼국의 사회 성격을 파악하기 위해서는 이전에 존재한 여러 초기 국가에 대한 이해가 전제되어야 함에도 불구하고 대부분 관심을 두지 않았으며, 오히려 고고학자들의 연구가 중심이 됐다.

왜 고조선사에 주목하는가

고조선사에 대한 관심은 이른바 재야사학자들의 활발한 연구에 의해 촉발된 측면이 크다. 1980년대에 들어 군사 독재 정부의 역사 인식에 영합하는 보수 우익 집단이 대거 등장하면서 웅대한 한민족사와 고조선사에 대한 열풍이 불었는데, 1970년대 말 등장한 재야사학자라 불리는 일련의 그룹이 1980년대 사회 분위기와 맞물려 일반 사람들에게 큰 반향을 불러일으켰다.

1980년대 이후부터 사람들은 '고조선사' 하면 대부분 단군 신화로 표현된 단군조선만을 가리키는 것으로 이해하고 있다. 그러나 단군조선사는 단군 신화로 표현된 내용을 역사적 사실로 해석하는 과정에서 나온 역사상이다. 여기에는 신화와 역사에 대한 인식이 전제되어야 한다. 단군 신화를 있는 그대로의 역사적 사실로 바라보면 많은 오류를 낳을 수 있다. 따라서 고조선사에 관한 전문 역사학자들의 연구는 주로 단군조선 이후의 문제, 즉 고조선의 건국 시기나 영토 문제 등을 다루고 있다.

한편 고대사 연구의 기본적 한계 가운데 하나는 이용할 수 있는 사료가 얼마 되지 않는다는 것이다. 따라서 고조선사 연구에서는 문헌 자료의 부족함을 메워줄 수 있는 고고학 자료를 확보하는 것이 중요하다. 연구자들이 주로 관심을 갖는 것은 남만주 지역과 한반도 서북 지역에 분포하는 청동기·철기시대의 무덤이나 출토 유물들이다. 그러나 유적·유물 같은 물질 자료는 기본적으로 문헌 자료를 통해 그 사용 주민 집단이 누구인지를 밝혀낸 뒤에야 자료로서 가치가 있기 때문에 문헌과 함께 검토하는 과정이 반드시 필요하다. 그래서 대부분의 연구자들은 먼저 고조선 주민들이 사용한 유물이 무엇인지, 고조선의 지리적 위치와 중심지가 어디인지에 관심을 가졌다.

재야사학자를 포함하여 단군 신화의 실재성을 믿는 논자들은 고조선의 역사가 오래됐고 영역 또한 광대하다고 보고 있다. 일부에서는 단군 신화의 역사성을 부정하는 대신 기원전 1000년 이전부터 남만주 지역을 거쳐 서북한 지역에 이르기까지 기자조선의 역사가 실제로 전개됐다고 믿고 있기도 하다.

그런데 이러한 주장은 단군 신화를 포함하여 후대의 고조선 사료와 남만주 관련 중국 사료에 대한 종합적이고 비판적인 이해가 결여됐다는 문제점을 안고 있다. 특히 우리 역사와 민족에 대한 지나친 우월 의식으로 인해 한국사의 유구함과 영토의 광대함을 밝히고자 하는 의욕만이 앞서고 있다.

분명 고조선은 우리 민족사에서 처음으로 세워진 국가이다. 그러나 고조선이 등장했을 때부터 강력한 왕권과 중앙집권적 고대 국가를 수립했다는 주장은 성립되기 어렵다. 그동안 많은 연구자들이 이러한 기본 전제를 고려하지 않고 한국 고대사에서 고조선사만 떼어놓고 보는 바람에 고조선사를 과장되게 해석한 측면이 있다. 만일 고조선사를 한국 고대사의 전 체계 내에서 본다면 단군조선시대에 광대한 영토를 가진 국가를 설정하는 것이 얼마나 비현실적인 주장인가를 알 수 있다.

초기 고조선사, 올바로 이해하자

선진(先秦) 문헌인 《관자(管子)》에 따르면 고조선이 등장하는 시기는 중국 동북 지역에서 청동기 문화가 개화하는 기원전 8~7세기 이후이다. 또한 사마천은 《사기(史記)》에 고조선이 기원전 108년 한 무제가 보낸 군대에 의해 멸망했다고 적고 있다. 이를 종합해보면 고조선사(古朝鮮史)란 바로 남만주, 즉 중국 동북 지역에서 청동기 문화가 개화하여 발전하기 시작하는 기원전 10세기 이후부터 한나라 군대에 의해 멸망하는 기원전 108년까지의 역사를 말한다. 이러한 고조선사의 시기와 범주에 대한 공통의 이해가 전제되지 않으면 고조선사 연구는 계속해서 논란이 일 수밖에 없다.

고조선사의 첫 단계로 인식해왔던 단군 신화나 단군조선의 시기는 우리 역사에서 초기 국가가 출현하는 단계의 역사적 경험을 신화 형태로 정리한 것이라 볼 수 있다. 따라서 단군 이야기를 일정한 지배 권력이 형성된 정치체로 설명하기에는 역사성이 떨어진다. 그러나 중·고등학교 국사 교과서를 포함하여 많은 연구자들은 단군조선의 존재를 인정하고 이를 남만주 지역에서 개화한 비파형 동검 문화와 연관해서 보려고 노력했다.

종래 만주 지방 고고학 자료에 대한 논의는 이른바 '비파형(요령식) 동검 문화'에 대한 해석 여부를 둘러싼 것이었다. 논의 과정에서 고조선 문제와 관련하여 가장 관건이 된 부분은 역시 요서(遼西) 지역 청동기 문화의 담당자와 대릉하(大凌河) 동쪽에서 요동(遼東) 지역에 분포하는 청동 단검 문화의 담당자를 과연 어느 주민 집단의 문화로 보느냐 하는 점이다. 청동 단검이 주로 사용되던 시기는 기원전 8~7세기 이후이므로 그 주민 집단을 단군조선으로 보기는 힘들다. 그렇다면 이는

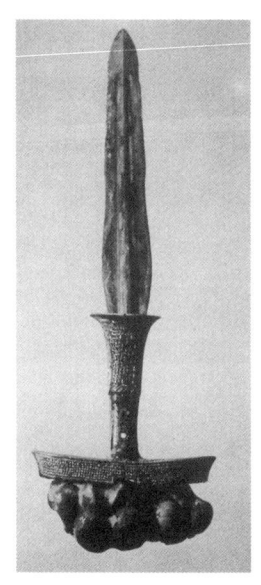

윤가촌 출토 비파형 동검. 비파형 동검은 중국 동북 지방 일대에서 출토되는 대표적 청동기 유물로, 우리 학계에서는 대부분 고조선 사람들이 창조한 것으로 본다.

그 이후에 등장한 기자조선 사람들이 남긴 유물인지, 아니면 청동기시대 고조선 사람들이 남긴 유물인지 검토해봐야 할 것이다. 여기서 주목되는 것은 기원전 8~7세기 단계에 요령성 일대에서 활약한 여러 군소 오랑캐족(산융, 동호 등)과 고조선인데, 이에 대해서는 지금도 학계에서 논란이 되고 있다.

다른 나라와 마찬가지로 고조선도 처음에는 일정 지역에 위치한 부족 집단에서 출발했을 것이다. 이들은 주변 집단들에게 지역이나 종족의 이름으로 불리다가 나중에 사회가 발전하면서 점차 고조선이라는 나라 이름으로 고정된 것으로 보인다. 기원전 4세기 이전의 일을 기록

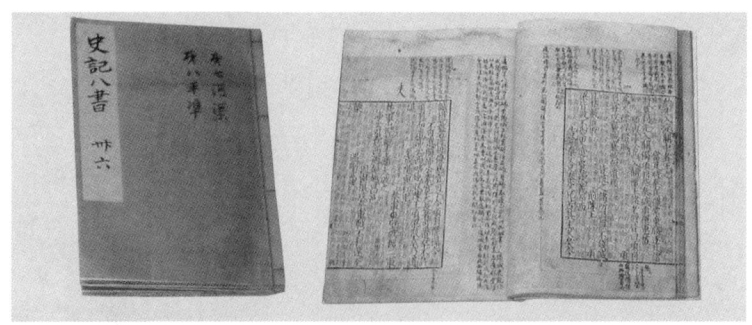

사마천의 《사기》. 한 무제 때 사마천이 황제에서 무제 때까지 2,600여 년의 중국 역사를 기록한 중국 고대의 통사. 중국 정사상(正史上) 최초로 조선에 관한 내용인 〈조선열전〉을 싣고 있다.

한 《관자》나 《전국책(戰國策)》 등에는 고조선 주민과 관련하여 '요동'과 '조선(朝鮮)'이 따로 구분되어 나온다. 어떤 문헌에는 요동 지역의 주민 집단은 '예맥(濊貊)'이라 표기되어 있다. 따라서 요동 지역과 고조선, 예맥족은 매우 깊은 연관을 갖고 형성된 것으로 볼 수 있다.

구체적으로 요동 지역의 어떤 고고학 자료가 예맥이나 고조선과 관련되는지에 대한 고찰은 초기 고조선사를 해명하는 데 관건이 된다. 청동기시대에는 탁자식(북방식) 고인돌이 요동~서북한 지역에 걸쳐 분포하고 있는 것이 특징적이다. 또한 이 지역에는 팽이 모양의 토기나 표주박 모양의 미송리형 토기가 집중해서 나온다. 그렇다면 앞서의 문헌 기록을 염두에 둘 때 탁자식 고인돌의 분포 지역이야말로 고조선이나 예맥족이 살았던 곳일 가능성이 높다.

이상과 같은 의문을 하나씩 해결해나가는 과정에서 고조선사에 대한 이해가 명확해질 것이다. 고조선사를 연구하기 위해서는 사료로서 신빙성이 높은 《사기》의 〈조선열전(朝鮮列傳)〉과 〈흉노열전(匈奴列傳)〉을 기본적으로 참고해야 한다. 종래 우리 학계의 많은 연구자들이 인정하고 있는 고조선 중심지 이동설은 기본 자료인 《사기》에 기록되어 있지 않다는 점에서 좀더 신중한 논의가 필요하다.

최초의 국가, 고조선

그동안 고조선사와 관련된 중요한 연구 과제 중의 하나는 고조선이라는 국가체가 언제 형성됐고, 과연 '고조선 문화'라고 할 수 있는 것이 어떤 것인가 하는 것이었다.

여기서 고조선사와 관련하여 분명히 해야 할 것이 있다. 그것은 종전의 인식대로 청동기 문화, 즉 비파형 동검 문화가 고조선 문화의 전부라고 보는 인식에서 벗어나야 한다는 것이다. 비파형 동검 문화는 청동기시대 초기 고조선의 사회상을 설명해주는 문화적 지표이며, 각 지역마다 독자적 특징을 간직하고 있다. 이처럼 여러 지역에서 지역적 특성을 가진 청동기 문화가 존재했다는 것은 청동기시대 고조선 사회에서는 왕권이 강하지 않고 토착 족장들이 지역에서 커다란 영향력을 발휘하고 있었음을 말해준다.

고조선이 중국이나 주변 종족 집단들에게 하나의 정치체나 국가로 인식되기 시작한 것은 철기시대에 들어와서이다. 《사기》 등의 문헌 자료를 보아도 철기 문화가 남만주 지역에 전래되기 시작한 기원전 4~3세기 이후가 되어서야 초보적인 관료 체제의 모습을 볼 수 있다.

고조선은 기원전 4세기 이래 중국 연(燕) 세력이 남만주 지역으로 진출하자 그들의 선진적인 철기 문화를 받아들여 중앙 왕실의 지배 권력을 다져나갔다. 어느덧 국가 단계로 성장하여 요동 일대의 예맥족이 거주하던 지역까지 세력권에 포함시켜 연맹 상태의 국가 체제를 형성한 것으로 보인다. 후기 단계 고조선 사람들이 남긴 문화 유산으로는 청동기시대의 고인돌 및 청동기 등과 달리 움무덤과 한국식(세형) 동검 및 각종 철제 무기들이 있다.

기원전 3세기를 지나면서는 중국 전국시대(戰國時代) 철기 문화가 남만주 지역과 한반도 땅에도 영향을 미쳤다. 이전의 비파형 동검 문화도 이른바 한국식 동검 문화로 발전하는데, 서북한 청천강 이남 지역이 중심지였다. 일찍이 청동기시대부터 서북한 지역에서 성장하던 주민 집단들은 요령 지역의 선진 청동기 문화와 철기 문화를 받아들여 한국식 동검 문화를 새로이 창조해낸 것이다. 이 시기에 한반도 서북 지방에는 위만으로 대표되는 여러 중국 유이민 세력이 등장하여 서서히 국가체를 이루어갔다.

우리 역사상 처음으로 국가를 이룬 고조선은 이처럼 청동기 문화를 바탕으로 성장하여 철기 문화를 수용하면서 본격적으로 발전해나갔다. 왕권도 강력해져 지방에도 일정한 영향력을 행사하게 됐다. 그동안 고조선 문화라고 하면 대개 청동기시대인 비파형 동검 문화와 연결지었지만 이제는 철기시대로 진입한 단계의 한국식 동검 문화에 주목해야 한다.

고조선사 연구, 어떻게 할 것인가

최초의 국가 경험은 이후의 사회에 어떻게 계승됐는가. 이에 대한 연구야말로 과거의 경험을 통해 현재를 살펴보고 미래를 전망하는 역사학의 궁극적 과제에 답하기 위한 하나의 노력일 것이다. 고조선에 뒤이어 등장한 고구려가 고조선의 세력 범위 안에서 성장하고, 압록강 유역의 예맥 집단이 한국식 동검 문화를 바탕으로 성장하다가 고구려 주몽 집단과 연합하여 고구려 사회를 건설한 점을 고려하면 고조선의 국가적 경험은 분명 고구려 사회 형성의 기반이 됐을 것이다. 그리고 한반도 동남쪽의 신라에서 초기의 사로 6촌들이 고조선 유민이라 자칭한 것을 볼 때, 고조선의 주민들은 신라의 사회 형성에도 중요한 역할을 했을 것으로 보인다.

종래 고조선사와 관련된 연구에서는 근본적인 문제점 하나가 제기되는데 그것은 실상에 맞는 객관적 분석보다는 선입관이 먼저 작용한 연구가 진행됐다는 점이다. 특히 고조선이 한국 최초의 고대 국가라는 점에서 그 국가 형성의 시기와 활동 무대를 언제, 어디로 설정하느냐에 따라 민족사의 기원 문제가 뒤바뀔 수도 있다 보니 역사적 실상과는 달리 과장된 결과가 도출됐던 것으로 보인다.

그러나 고조선사를 연구할 때는 고조선이 그렇게 넓은 지역을 차지할 수 있을 정도의 사회 발전 단계에 이르렀는지를 먼저 실증해야 한다. 예를 들어 비파형 동검이라는 유물로 설정된 광범위한 문화권이 고조선이라는 하나의 정치 세력으로 상정될 수 있는가 하는 점 등을 우선 논의해야 한다.

원시 공동체 사회의 해체와 국가 형성은 연속된 과정이다. 그러므로 그 전환 과정에 일정한 획기를 설정하고 그 이전과 이후가 어떻게 연속적으로 변화하는지를 일관된 논리 체계로 검토한다면 국가의 본질적 성격을 더욱 분명히 할 수 있을 것이다. 고조선 사회를 연구할 때 요동 지역 및 서북한 지역에 존재한 여러 소국이 하나의 중심 소국을 중심으로 언제, 어떻게 좀더 큰 연합체(연맹체)를 이루고 국가로 발전해갔는가를 살피는 것이 중요하다.

그런데 이 문제를 당시의 문헌 자료를 통해 직접 밝히기는 어려운 실정이다. 따라서 문헌 자료를 바탕으로 하되, 남만주 지역(중국 동북 지역) 청동기시대의 무덤 및 주변의 주거지 등 마을이나 토성, 나아가 유물을 함께 분석해야만 당시 사회 관계에 대한 보다 명확하고 풍부한 정보를 얻을 수 있을 것이다.

한민족의 기원을 찾아서

한민족은 어디서 기원한 것일까. 처음부터 한반도에 살고 있었을까, 아니면 다른 곳에서 흘러들어왔을까. 우리의 궁금증을 풀어주는 기록은 어디에도 없다. 원시시대에는 문자가 없었기 때문이다. 다만 우리가 속해 있는 아시아대륙의 동북 지역에서 발견된 원시시대의 유적과 유물, 우리 민족의 피부색, 체격, 언어 등을 통해 짐작만 할 뿐이다. 황색 피부, 검고 곧은 모발, 체모가 상대적으로 적고 전체적으로 균형 잡힌 체격의 소유자, 이것이야말로 우리 민족을 특징짓는 것들이다. 그러나 이러한 특징을 가진 사람들이 언제부터 한반도에서 살기 시작했는가 하는 문제에 해답을 찾는 데에는 많은 어려움에 봉착하게 된다.

한민족의 기원을 살펴보는 데에는 일차적으로 문헌상에 나오는 한민족 관련 종족에 천착해볼 필요가 있다. 그러나 한민족 형성과 관련된 사료가 대단히 단편적이고 그나마 신빙성이 의심되기에 상당히 어려운 문제이다. 문헌상의 한계를 극복하기 위해서는 고고학 자료를 통한 접근이 필요하다. 현재로서는 구석기시대와 신석기·청동기시대의 유물과 인골 등을 조사함으로써 우리 민족의 기원 문제를 논하는 것이 가장 중요한 방법이다. 그러나 이러한 방법 또한 한계가 있다. 왜냐하면 고고·문화적 범주가 곧바로 종족의 범주와 일치하는 것은 아니기 때문이다. 따라서 실제적인 방법으로 우리 민족과 같은 체질을 가진 조상에 대한 연구가 절실히 요구되나, 아직 형질인류학에서는 민족의 형성을 입증해줄 유효한 분석 방법을 개발하지 못했다.

이러한 여러 이유 등으로 한민족의 기원 문제는 아직까지 명확한 해답을 찾지 못하고 있다. 다만 그 공통된 인식의 기반은 어느 정도 형성되어 있다고 보인다.

머리 모양이 한민족의 기원을 설명해주나

지금까지 한민족의 기원 및 형성 문제에 대한 연구는 크게 자생설과 복합설 두 가지 경향으로 나뉜다. 이 가운데 한국인이 한반도에서 자생하여 단일하게 기원했다는 설은 기본적으로 문헌 기록에 보이는 한민족 관련 종족들이 어떠한 역사적 경험 속에서 한민족으로 형성됐는가를 살핀다. 이 입장은 인골 자료에 대한 형질인류학적 분석을 통해 더욱 강화되고 있다.

형질인류학에서 가장 중요하게 여기는 인종의 특징 파악 방법은 머리뼈의 장고(長高) 지수를 측정하는 것이다. 그 이유는 인체에서 가장 오랫동안 썩지 않고 남아 있는 것이 머리뼈이고 또한 그것이 인종 간의 특성을 비교적 잘 보여주기 때문이다. 머리뼈의 장고지수상으로 보면 현대 한국인의 특징은 단두(短頭)이며 고두(高頭)로 규정할 수 있다. 한국인의 두개골은 대체로 머리의 좌우 폭에 비해 앞뒤의 길이가 짧고(단

두) 머리의 좌우 폭에 비해 귀에서 정수리까지의 길이가 조금 높다.(고두 또는 중두)

요즘에는 아기가 태어나자마자 옆으로 뉘어 키우는 바람에 얼굴이 앞뒤가 나온 형태를 하고 있

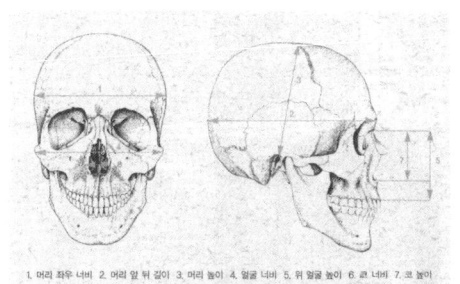

단두(短頭)와 고두(高頭) 설명 그림. 좌우가 넓적하고 앞뒤 길이가 짧은 머리 형태를 단두라 하고, 귀에서 정수리까지의 머리 높이가 80을 넘으면 고두라고 한다.

는 사람이 많다. 그러나 이는 한국인의 일반적 얼굴형이라 볼 수 없다.

세계적으로 보아 단두형 얼굴을 하고 있는 민족은 알프스 산맥, 러시아령 중앙아시아~바이칼호(몽골족 거주), 한반도 일대에 거주하고 있다. 그리고 단두이면서 고두를 나타내는 인종 가운데는 몽골인과 일본인이 한국인과 가장 비슷한 것으로 보고되고 있다. 이들은 머리 길이가 짧고 머리 높이는 높은 편이며 키는 비교적 장신이다. 이러한 특징은 인종적으로 보아 상대적인 독자성을 지니고 있으나 아직까지 이들을 하나의 인종으로 설정할 정도로 고립적 유전 인자를 지녔다는 점은 확인되지 않고 있다.

대개 이러한 단두형의 특질은 역사적·문화적으로 형성된 것으로 볼 수 있으며 유전 인자에 의해 형성된 생물학적 특질은 아니다. 따라서 몽골인·일본인·한국인을 하나의 인종 개념에서 접근하는 것은 기본적으로 문제가 있다. 나아가 이들 가운데 어떤 인종이 한민족과 더 가까우냐 하는 것은 사실상 파악하기 힘들다고 할 수 있다. 우리와 가까운 일본인의 경우 긴키(近畿)나 남큐슈(南九州) 지역 사람들이 단두권에 속한다. 공교롭게도 그 지역은 일본의 고대 역사가 시작된 곳이어서

승리산인 복원 모습. 북한학계에서 '신인'이라 하여 우리 민족의 조상으로 연결하는 사람으로 현생 인류 단계에 해당한다.

일본 고대 국가 형성 지역의 인종이 한국인과 같다는 논리로 연결되어 한민족과 같은 인종이 일본 고대 국가를 형성했다는 주장으로 확대될 수 있다. 그러나 형질인류학적인 일부 자료가 역사적 사실과 곧바로 직결되는지는 좀더 신중을 기할 일이라 하겠다.

현재까지 한반도에서 발견된 구석기인의 인골은 1962년 함경북도 웅기 굴포리의 발견을 시작으로 공주 석장리, 제천 점말동굴, 덕천 승리산동굴, 용곡동동굴 등 그 숫자가 점점 늘어나고 있다. 공주 석장리에서 나온 인골은 단면 타원형을 하고 있는 몽골종으로 확인됐고, 덕천 승리산동굴에서는 구석기시대 전기는 물론이고 후기에 해당하는 인골의 턱뼈와 어금니가 나와 구석기시대 시작부터 한국인이 우리 땅에 살았다는 주장을 대변하는 중요한 자료가 됐다. 그러나 아직까지 구석기시대에 한반도에 살았던 사람들의 체질적 특징을 논할 만큼의 많은 인골(人骨)은 발견되지 않았다.

북한학계의 경우, 구석기 인골 자료가 나온 곳은 비록 10여 곳에 불과하지만 이를 바탕으로 한민족의 기원 문제에 대해 많은 연구 결과를 내고 있다. 특히 구석기 후기로 비정되는 덕천 승리산동굴 유적이 발견되면서 한민족의 기원 문제 연구는 더욱 본격화됐다. 그리하여 "조선 사람이 구석기시대 전기의 원인(猿人)에서 중기의 고인(古人) 단계(력포사람과 덕천사람단계)로 나아갔고, 구석기 후기에 이르러 신인 단계(승리산 사람 ⇨ 룡곡사람 ⇨ 만달사람)로 변해갔다(장우진, 《조선 사람의 기원》, 1989)"고 보았다. 이후 단계부터 인종 분화가 시작되어 신석기와 청동기 단계에 이르면 '조선옛유형사람'이 형성된다는 것이다. 또한 청동기시대인 원시시대 말기 이후에 예족·맥족·한족의 고대 민족이 형성되고, 이들이 나중에 현대조선사람이 됐다고 보고 있다. 여기서 말하는 조선옛유형사람은 이웃 지역의 고인류학적 유형들과는 다른 고유한 특징을 가지며, 조선에서 독자적으로 발생한 시초 유형의 하나라고 한다. 최근에는 이른바 '단군릉'

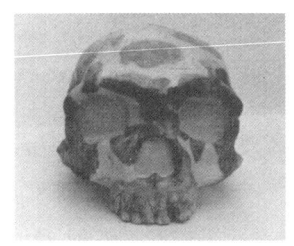

개주시 금우산 출토 두개골. 금우산 유적은 요동 지역에서는 가장 연대가 올라가는 구석기 시대 유적으로 코뿔소뼈가 나와 유명하다. 이 두개골은 대체로 호모 에렉투스 단계에 해당한다.

에서 발견된 단군뼈와 단군 부인의 뼈를 통해 단군이야말로 조선옛유형사람을 계승한 우리 민족 최초의 정치적 지배자라는 논리를 펴고 있다. 이러한 북한학계 형질인류학적 연구의 기본 방법은 인골의 외형상 특징과 그 계측치를 통계 처리하여 유형화시킨 후에 다시 현대의 한민족과 비교하는 것이다.

  골격의 단순한 계측치를 통한 비교는 형질인류학에서 자료를 분석하는 기본적인 방법이다. 그러나 같은 집단에서도 다양성은 보인다. 계측치에서 어느 정도의 차이가 서로 다른 집단·혈통으로 볼 수 있게 하는지에 대한 정확한 기준이 마련되지 않은 이상 이는 상당히 부정확한 개념이라 할 수 있다. 실제로 한민족 본토기원설에서는 만달동굴 출토 만달인이 장두형이라고 설명하지만 현재의 한민족은 단두형이 많다는 점에서 형질인류학상 한민족의 본토 단일기원설의 논리와는 괴리가 있다. 나아가 구석기시대의 인골이 곧바로 우리 민족의 조상이 된다는 것은 우리 민족의 역사를 유구한 것으로 해석하려는 선입관의 논리로 구체적으로 증명 불가능한 주장에 불과하다.

민족의 기원을 검토한다고 해서 무조건 그 상한을 전기 구석기시대까지 거슬러 올라가야 하는 것은 아니다. 그것은 자칫 종족의 개념과 혼동하기 쉽다. 실제 북한학계는 역사적 산물인 민족과 생물학적 개념인 종족에 대해 혼동하고 있다. 적어도 한민족의 기원을 논할 때는 그 뿌리를 소급해서 봤을 때 주민 구성에서 정치적·문화적 단위가 분명하게 나타나는 범위의 총체를 이야기해야 할 것이다. 구석기시대나 신석기시대의 경우는 아직 채집 경제의 단계로서 인간 집단이 소규모의 집단 생활을 하며 고립적이고 분산적인 활동 상태에 머무르고 있었다. 이러한 단계를 거쳐 농경 생활을 하고 금속기를 사용하는 단계에 이르러서야 비로소 하나의 커다란 종족이나 민족 형성이 가능하리라 생각한다.

남한학계에서도 형질인류학 자료를 통해 한민족의 기원 문제를 논하는 연구가 최근 많아지고 있다. 그러나 분석할 수 있는 인골이 부족하고 연구의 활성화가 이루어지지 않아 뚜렷한 결론을 내지 못하고 있는 실정이다. 오히려 인접 학문인 언어학 및 고고학적 주장을 근거로 가설을 세우는 것이 대부분이다. 이러한 연구는 대체로 여러 형질적 요소 및 유전 인자, 효소 반응 등의 방법을 통해볼 때 한민족은 동아시아 갈래 중에 특히 북쪽 계열의 특성이 많이 보인다고 결론 내리고 있다. 한민족은 일본인, 몽골인, 중국인의 순서로 가까우며, 이른바 고아시아족이나 퉁구스족과는 거리가 멀다고 한다.

시야의 폭을 넓혀 요령성 요서 지역의 대표적 청동기 문화인 하가점(夏家店) 상층 문화와 길림성 지역의 대표적 청동기 문화인 서단산(西團山) 문화 유적에서 발견된 인골 등을 분석하여 한민족의 가장 두드러진 특징을 단두(短頭)와 고두(高頭)로 보는 주장도 있다. 이곳에서 출토된 인골은 모두 현대 한민족과 큰 차이를 보이지 않는다고 한다. 특히 길림 지역과 한반도에서 출토된 인골이 단두이면서 고두로 현대 한민족에 더욱 가깝다고 보고 있다. 이것은 청동기시대 한민족의 조상이 된 주민 집단이 만주 일대에 분포하고 있던 점을 유념한다면 상당히 설득력 있는 주장이라 할 수 있다. 그러나 요서 지역과 길림 지역에서 고대 우리 민족이 활동했다고 해서 그 지역에서 조사된 인골이 한민족의 조상으로 연결될 수 있는지에 대해서는 기본적인 문헌 연구가 선행되어야 하며 아직은 속단하기 어렵다.

이러한 주장은 분석 자료를 선택하는 데 있어 여러 인종적 요소 가운데 단지 머리 모양만 가지고 판단하는 한계를 벗어나지 못하고 있다. 우리가 한민족의 기원을 연구하면서 주목해야 할 것은 종래의 인종 중심 연구를 지양하고, 인간 체질의 진화 과정과 이것의 다양성을 설명해야 한다는 점이다. 인종이라는 개념은 모호하기 때문에 그것을 절대시할 수 없다.

궁극적으로 한민족의 기원 문제와 관련하여 우리의 최초 조상이 누구인가를 알아낸다는 것은 사실상 불가능한 작업이라 할 수 있다. 다만 우리는 초기 한민족과 관련하여 지역과 인종 간에 공통성만을 확인할 수 있을 뿐이다. 그동안 주장되던 한민족이 북방에서 기원했다는 설도 오히려 그 반대 현상이 많이 보이고 있어 재고의 대상이 되고 있으며, 고아시아족설 및 퉁구스족설은 그 종족의 실체가 분명치 않은 개념이라 할 수 있다.

고아시아족과 퉁구스족은 한민족의 조상이 아니다

기원전 10000년대 중반경 한반도에는 동북아시아의 다른 집단들과 동일한 수준과 종류의 석기 제작 기술을 갖춘 집단이 살고 있었다. 이들이 한반도에 자리잡은 시점을 확실하게 알 수는 없지만 이들은 동북아시아의 다른 집단들과 물질 문화를 공유하고 있었으며, 형질적으로도 '몽골로이드' 계통의 특징이 있었다. 이러한 구석기인과 오늘날 한국인은 체질적인 면에서 관련짓기 어렵다. 그리고 그 관련성을 살펴볼 수 있는 자료가 제한되어 있다. 다만 크게 인종적인 개념에서 유사한 범주로 설정 가능한데, 대개 몽골로이드 계통으로 볼 수 있다.

종전에는 주로 문화계통론적인 측면에서 한민족은 시베리아에서 기원했다는 설이 일반적이었다. 이 주장에 따르면 한민족의 기원은 청동기 문화 단계부터 추구할 수 있으며, 시베리아 바이칼 호수 연안의 청동기 문화에서 찾을 수 있다는 것이다. 19세기 말 구소련 시로코고로프(S. M. Shirokogorov. 레빈과 함께 당시 러시아 민족사 연구의 권위자로 세계 문명의 발전이 바이칼 호수 중심의 시베리아 평원에서 주변으로 전파되어 형성됐다고 주장한 대표적 인물이다)의 견해를 시발로 한 빈 학파(실증주의를 주장)의 입장으로, 예와 맥이 한(韓)민족의 직계 선조라고 보면서 고아시아족인 예와 맥이 남방의 퉁구스족과 혼혈되어 우리 민족이 형성됐다는 것이다. 일본학계에서 먼저 이 설을 받아들였다가 다시 우리 학계에 영향을 주어 한민족의 이주기원설이 정설화됐다. 1960년대 이전의 북한학계에서도 한국 문화의 기원은 고고학적 유물을 통해볼 때 북방 문화에 있고, 한민족의 형성도 북방족의 남하에 따른 결과라는 입장이 우세했다. 대개 1970년대까지는 조선인의 경우 북방 퉁구스족이 가장 유력한 기원이 된 종족이라고 보았던 것이다.

그런데 퉁구스(Tungus)라는 명칭은 러시아인이 시베리아에 왔을 때 에벤키(Evenki)족을 지칭하여 '퉁구스'족이라고 부른 데에서 최초로 쓰였다. 에벤키족은 터키족도 아니고 몽골족도 아닌, 몇백만도 되지 않는 소수 종족이다. 그리고 현재의 외모도 한민족과는 다른 모습이다. 따라서 한민족과 퉁구스는 별개의

맷돌을 돌리는 야쿠트족 여인. 인물의 외관에서 풍기는 인상이나 맷돌을 사용하는 풍습이 우리 민족과 동떨어져 보이지 않는다.

민족 단위 집단으로 볼 수 있고 한민족이 퉁구스족에 속한다는 주장은 논거가 부족한 주장이라 할 수 있다. 퉁구스가 이동하기 전 한반도에 살고 있던 고아시아(古Asia)족이란 것도 그 개념 자체가 모호한데, 퉁구스족보다 먼저 살았던 종족이라는 의미에서 막연히 설정된 것이다. 이러한 종족 명칭의 출현 배경을 이해한다면 일찍부터 러시아학계를 중심으로 주장됐던 퉁구스 남방기원설과 한민족 고아시아족설은 긍정하기 어렵다.

그렇다면 해방 직후 한민족의 기원과 관련하여 이러한 주장이 나오게 된 배경을 보자. 일차적으로 이는 일제 강점기에 주장된, 한국 문화의 중국 문화 일변도설에서 벗어나려는 노력 속에서 이루어진 것이다. 기본적으로 문화 및 종족의 전파론과 궤를 같이 하는 것으로, 이는 물질문화상의 변화가 바로 주민 집단의 대체를 의미한다는 사고를 반영하고 있다. 전파론만을 고려할 경우, 전파라는 시각에만 집착하여 전파

김해 수가리 패총 출토 빗살무늬토기. 기원전 4000년경 빗살무늬토기가 유행하는데, 지역별로 다른 특징을 보인다. 한반도 남부 지역에 위치한 김해 일대에서는 높이가 낮고 옆으로 벌어진 부드러운 형태의 빗살무늬토기가 유행했다.

과정에서의 접촉과 변화 현상에 대한 고찰을 빠뜨리게 된다. 그리하여 한민족도 단계적 전파에 의해 형성됐다는 논리로 나가게 된다. 이것은 결국 "선주민인 즐문토기인으로서 고아시아족들은 예맥 퉁구스들에 의해 혼혈됐거나 쫓겨서 도주 또는 배를 타고 남해 도서 등으로 도주했을 것"이라는 신석기·청동기시대의 주민교체설로 나가게 됐다.

현재까지도 한국 고고학계에서는 신석기시대에서 청동기시대로의 변천 과정에 대해 '즐문토기인에서 무문토기인으로' 변화했다고 보고 있다. 그러나 신석기시대 주민들이 청동기시대 주민들과 종족적으로 달랐음을 입증할 만한 자료는 거의 없다. 더구나 현재 수백 명 정도만 남아 있어 멸종 위기에 처한 퉁구스족이 우리와 한 뿌리에서 나왔다는 증거도 없다. 신석기시대와 청동기시대의 주민을 전혀 이질적인 집단으로 보는 것도 근거가 희박한 셈이다.

이러한 입장에는 일본인 학자들이 그들 중심으로 한국의 원시 문화를 기술하는 신중하지 못한 태도가 잔존해 있다. 이에 대해서는 본토기원설을 주장하는 학자들의 지적이 많았다. 역사시대 이전 한국의 토기나 석기가 시베리아 지역과 동일한 것이 아니라는 지적과 함께 최근에는 한민족 북방기원설을 주장하기에 앞서 한반도에서 토기문화권에 의해 4개의 지역차가 나타나는 문제를 먼저 해결해야 한다는 주장도 제기되고 있다. 또한 후기 구석기시대와 신석기시대 사이의 공백은 제주도 고산리 고신석기(중석기) 유적, 거창 임불리나 통영의 상노대도 등 중석기 유적의 확인으로 메워져가므로 종족의 이동을 굳이 상정할 필요가 없다고 한다.

제주도 고산리 출토 돌대문(융기문) 토기. 제주도 고산리에서는 작은 석기들과 붉은색의 토기를 사용하는 주민들의 주거지가 조사됐는데, 시기가 1만 년 전까지 올라가 학계에서는 고신석기시대라 하여 신석기시대 앞에 두고 있다.

퉁구스족의 이동에 의해 새로이 형성됐다는 농경, 무문토기, 청동기 등의 청동기 문화 요소도 동시에 출현한 것이 아니라 점진적으로 전개됐다는 것이 최근 고고학계의 일반적인 입장이다. 분명 빗살무늬토기에서 민무늬토기에 이르기까지 연속적으로 반출되는 유적들을 고려해볼 때, 해안에서 내륙으로의 인구 이동과 인구의 자연 증가에 따른 생활 공간의 확대, 즉 문화 변동의 요인으로 인해 한민족이 계승됐다고 보는 것이 합리적일 것이다.

한민족은 예·맥·한족의 줄기

한민족의 기원과 관련된 퉁구스족, 알타이족 등이 모호한 개념인 데 반해, 문헌에서는 최초의 한민족이 동이족과 예·맥·한족 등이라고 기록하고 있다. 동이족은 원래 중국의 서북부에 있다가 동쪽으로 이동하여, 한 갈래는 산동반도 쪽으로 들어가고, 다른 한 갈래는 다시 동진하여 발해만을 따라 요동 지역을 거쳐 한반도에 들어온 종족이다. '이(夷)'는 원래 중국의 동방에 거주하던 종족을 가리켰다. 그런데 진·한대에 이르러 이족(異族)에 대한 한족의 지식이 늘어감에 따라 동이(東夷)·서융(西戎)·남만(南蠻)·북적(北狄)을 구별하게 되고 여기서 이(夷)는 동방 민족의 통칭으로 환원됐다. 따라서 좁은 의미의 동이는 산동반도에서부터 회수(淮水) 유역에 걸쳐 거주했던 이(夷)와 융(戎) 등을 가리키며 넓은 의미에서 보면 발해·황해를 둘러싼 황하·요하·대동강 등 지역에 분포되어 살던 종족을 말한다. 그렇다면 한민족도 동이족 중의 하나로 출발했다고 볼 수 있다.

그런데 우리가 인식하고 있는 우리 조상으로서 동이는 기본적으로 중국 동쪽에 거주하는 주민을 총칭하는 것으로 특정한 종족을 가리키는 것이 아니었다. 현재까지 우리 학계에 소개된 중국학계의 문헌사적 연구나 고고학적 자료를 분석해볼 때 선진(先秦)시대의 '동이' 개념과 한대(漢代) 이후《삼국지》,《후한서》등의 '동이' 개념을 동일시하는 것은 곤란하다. 동이는 본래 상대(商代)에는 상족을 제외한 산동반도 토착 세력을 말하다가 춘추 말기 이후에는 동이의 독자성이 상실되고 중국 동쪽 지역에 사는 오랑캐를 범칭하는 말로 사용됐다. 동이는 시대에 따라 그 지역과 주민 집단이 달리 구성되는, 한민족의 조상이 될 수 없는 막연한 개념이다.

결국 문헌상으로 한민족과 관련된 최초의 종족으로는 예·맥·한족만이 있을 뿐이다. 원래 만주와 한반도에는 예족이 살았는데, 중국인들이 동북방의 종족들을 맥으로 칭하면서 차츰 중국 동북 지역의 종족들이 예맥족으로 불리게 됐다. 만주 남부 요령성 일대에 살던 주민들은 일찍부터 농업 경제와 청동기 문화를 영위하면서 문화적 우위성을 지니고 있었는데, 이 청동기 문화를 영위한 족속이 예·맥족이었다. 그리고 이들 만주 남부 지역 주민 집단의 일부가 이동하여 한족(韓族)을 형성했다. 이러한 입장은 예맥이 사료에 보이는 시기(기원전 8~7세기경)에 고인돌이 요하 유역에서 길림~한반도에 걸쳐 집중 분포하는 점을 보아도 상당히 합리적인 주장이라 생각된다.

한민족 예맥기원설은 선주민으로 고아시아족 대신에 원시 한족을 상정하고 이들이 나중에 예맥퉁구스족으로 대체됐다는 주장이 제기되면서 더욱 강화됐다. 특히 예맥을 '한국족'으로 설정하여 퉁구스족과는 구별되는 존재로서 오랜 옛날부터 별개의 역사적 생활을 해왔으며, 따라서 예맥을 중심으로 하는 '한국족'은 퉁구스족·몽골족·투르크족으로 나누어지는 알타이족 중의 독자적인 단일 종족 또는 민족 단위로 설정해야 한다는 견해까지 나왔다. 그러나 예맥은 중국 동북 지역의 종족에 대한 범칭에서 민족의 칭호로 변화된 것이라는 주장에서 보듯이, 한민족은 먼 곳에서 이동을 통해 형성됐다고 보기보다는 일찍이 요령성 일대에 거주하던 주민 집단들인데, 이들이 중국인의 인식 속에서 한민족으로 규정됐던 것으로 볼 수 있다.

예·맥·한족은 신석기시대 이래로 만주 중·남부 지역과 한반도에 거주하던 주민들의 후예로서, 그들 간에는 거주 지역의 환경과 청동기 문화 수용의 시간적 차이 등에 따른 상당한 정도의 문화적인 이질성도 있었다. 그러나 전체적으로 보아 같은 문화권에 속한 족속들로서 여타 주변 지역의 다른 주민 집단과는 뚜렷한 차이를 보였다. 이들은 결국 한국 최초의 국가인 고조선을 형성한 주민 집단이 됐다. 다만 이들 예·맥·한족의 친연성에 대해서는 그 당시의 활동상을 연구하여 분석한 결과가 없다. 이들 세 종족 집단은 만주에서 한반도에 걸쳐 친연

관계를 가지며, 같이 어우러져 결국 한민족의 조상이 됐다. 따라서 이들 세 종족이 동일 조상에서 출발했다고 보고 한민족의 기원을 계속 추구하는 것은 의미 없는 일이다. 예·맥·한족 이전에 한민족의 조상으로는 여러 인간이 있었을 것이며 또한 그 이전에는 고생인류(古生人類)가 있었을 뿐이다.

한국인의 기원 문제, 어떻게 나아갈 것인가

한국인의 기원 문제는 한국사의 시점 설정을 위해 해결해야 할 기본 과제이다. 혹자는 민족사의 원류나 기원 문제가 종교적 차원의 접근 방법이며, 과학적 인식 태도와는 관계가 없다고 본다. 그러나 민족의 뿌리를 찾는 작업은 역사학자에게 주어진 과제와도 같은 것이다. 우리 민족사가 원시 사회에서부터 발전해왔음을 밝히는 데는 사회 발전의 동력을 밝히는 것도 중요하겠지만 한국인의 기원 문제가 분명히 해명되어야 그 이후의 민족사 발전 과정이 합법칙적으로 설명될 수 있기 때문이다.

현재까지의 논의를 정리해볼 때 한국인의 기원 및 형성 문제를 전파론 또는 민족이동설적인 측면에서 접근하는 것은 문제가 있다. 청동기 단계에는 한반도와 요동 지역이 이미 동일한 문화권에 속했다. 그리고 이들 지역의 주민 집단은 주변의 문화와 교류하면서 자체적인 성장을 해나갔다. 이때 그 청동기 문화나 주민 집단이 어디서 왔는가 하는 것을 문헌 및 고고학 자료를 통해 증명하기에는 많은 어려움이 있다. 중요한 것은 한반도 및 요동 지역에서 성장한 문화를 바탕으로 한 주민 집단 속에서 외부의 영향을 받아 새로이 한국인 및 한국의 문화가 발전된 것으로 보는 입장을 견지하는 것이라 하겠다.

한국인의 원형은 언어 및 영토·경제 생활 등이 일치되는 통일된 민족 국가가 등장할 때까지 끊임없이 형성되는 과정이었다고 보아야 할 것이다. 신석기 문화 이후에 새로이 성립된 청동기 문화라는 것은 과거의 지역적 전통과 새로운 요인이 혼합된 것으로 파악하는 것이 옳을 것이다. 우리 민족의 기원과 형성에 대한 더욱 현실적인 이해는 구석기시대 이래 한반도 및 주변 지역의 다양한 문화적 요소의 통합·발전 과정 그리고 시간적 변화에 따른 문화권 분포의 정확한 추적에 연구의 초점을 맞춤으로써 자명해질 수 있다. 그러므로 고아시아족·퉁구스족 및 알타이족 등의 불분명한 명칭에 구애받을 필요가 없다.

국경일과 개천절

국경일이란

　세계 여러 나라에서는 건국기념일이나 국왕탄생일 등을 국경일로 정하여 거국적으로 경축하고 기념한다. 외국에서는 대체로 국가 성립과 관계있는 날, 국왕·여왕의 탄일 외에도 이스터먼데이(부활절 다음날)나 크리스마스 등 기독교와 관계있는 축제일 등이 국경일의 범주에 속한다. 마호메트 탄일, 석가탄신일도 국경일로 되어 있고, 프랑스혁명을 기념하는 7월 14일의 파리제(祭) 또한 국경일이다.

　대한민국은 정부 수립 이듬해인 1949년 10월 1일 민족 의식과 민족 정기를 고취하기 위해 '국경일에 관한 법률(법률 제53호)'을 제정·공포했다. 1949년 5월 24일 행정부는 3·1절, 헌법공포일, 독립기념일, 개천절을 4대 국경일로 하는 정부안을 국무회의 의결로 확정했다. 같은해 6월 2일 이 의결 조항을 제헌국회로 이송하여 국회 법제사법위원회에서 헌법 공포일을 제헌절로, 독립기념일은 광복절로 명칭을 수정하여 합의한 후, 같은해 9월 21일 제5회 임시국회에서 법률안을 확정했다.

옛날부터 국가의 지배자들은 기념할 만한 날을 정하여 의식과 적절한 행사를 통해 사회를 통합해 이끌어갔다. 국경일은 전 국민을 하나로 묶을 수 있는 적절한 장치였다고 할 수 있다.

《경국대전(經國大典)》〈조의조(朝儀條)〉에 따르면 조선시대에는 오늘날과 같은 개념의 국경일은 아니지만 원단(元旦), 동지(冬至), 성절(聖節. 중국 황제의 탄일), 천추절(千秋節. 중국 황태자의 탄일), 왕·왕비의 탄일에는 조하(朝賀)라 하는 국가 주최의 축하 식전을 거행하고 궁중에서 잔치를 베풀었다. 그리고 각 지방의 관원들은 소재지에서 의식을 행하고, 서면으로 진하(陳賀)하도록 규정했다. 특히 임금의 탄일에는 전후 3일을 축하일로 삼았다고 한다. 또한 임금의 즉위, 등극 30년째 되는 날 등의 경사가 있는 해에는 정기적인 과거 외에 증광시(增廣試)라는 과거를 치렀다. 과거에 의해 관리로 진출할 기회가 적은 조선 사회의 일반 백성들은 이러한 국경일을 통해 관료가 될 기회를 얻었다.

개천절은 어떻게 생겼는가

단군이 가지고 있던 민족주의적 의미는 대한민국 정부가 수립된 후 다시 주목받았다. 새 정부에 참여했던 이들은 〈개천절 노래〉에서 지적하고 있듯이 "다시 핀 단목잎"을 "잘 받아 빛내야 한다"는 문제 의식을 공유하고 있었으며, 그 같은 문제 의식은 단군민족주의를 국가 제도 속으로 끌어들였다.

단군릉을 참배하는 모습. 북한에서는 단군릉 개건 후 남한과 마찬가지로 10월 3일 개천절에 단군릉에 참배를 한다.

대한민국 정부 수립 후 국가의 제도 의례 속에 자리잡은 단군민족주의는 ① 개천절 국경일 제정, ② 홍익인간 교육 이념의 채택, ③ 단기 연호 사용 등으로 드러났다. 전국체전 때 성화를 단군의 제천처인 마니산에서 채화하는 것이나 정부 공인의 단군 영정을 제작한 것도 단군을 민족 통합의 상징 기제로 인정하여 역할을 부여한 사례들로 꼽을 수 있다.

단일 민족 국가에 살고 있는 우리들은 개천절을 민족과 국가의 시조가 태어난 날이니 만큼 가장 중시해야 할 기념일로 여긴다. 그러나 그 의미가 제정 당시와 달리 많이 퇴색된 것 같다. 개천절은 민족 국가의 건국을 경축하는 국가적 경축일인 동시에, 문화 민족으로서의 새로운 탄생을 경축하며 하늘에 감사하는 우리 민족 고유의 전통적 명절이 됐다.

민족의 전통적 명절을 기리는 행사는 먼 옛날부터 제천 행사 형식으로 거행됐다. 대개 부여의 영고, 동예의 무천, 고구려의 동맹(東盟), 백제의 하늘 제사, 신라와 고려의 팔관회 등에서 행해진 제천 행사에서 그 연원을 찾고 있다. 이외에도 고려시대 이후에 마니산의 제천단, 구월산의 삼성사(三聖祠), 평양의 숭령전(崇靈殿) 등에서 각각 건국 시조 단군에 대한 숭배 의식을 거행해왔다.

그런데 고려 중엽까지는 단군에 대한 인식이 미약하여 민간 사이에서는 그 믿음을 확인할 수 없다. 이는 우리 민족의 역사 계승에 대한 인식이 단군을 시조로 보는 데까지 나아가지 못하고 삼국시대 이전의 삼한 단계에서 그치고 있었기 때문이다. 이러한 상태에서 몽골이라는 외세의 침략을 받자 비로소 단군에 대한 믿음이 생겼고, 이것은 민족의 대동단결 의식을 깨우쳐 국난을 극복하는 힘으로 작용했다.

조선 왕조가 새로이 개창되자 우리 민족의 단군 숭배 사상은 더욱 고양됐다. 태종 때의 문신 변계량(卞季良)은 "우리 동방의 시조 단군은 하늘에서 내려와 나라를 세운 것이지, 중국의 천자가 분봉(分封)한 것이 아니다(《태조실록》)"라고 하여 우리 나라가 예전부터 중국과 대등한 독립 국가임을 천명했다. 세종 때에는 평양에 단군 사당을 마련했고, 중국의 황제와 마찬가지로 원구단을 세워 하늘에 제사를 지냈다.

한말 열강의 세력이 몰아치던 시련기에는 고종 황제가 대한제국을 내외에 선포하고 환구단을 설치하여 천제(天祭)를 올렸다. 조선 정부는 과거의 틀에서 하루빨리 벗어나 근대의 부강한 나라로 탈바꿈하기 위하여 갑오개혁과 을미개혁을 추진하고, 이어서 나라의 체제를 근대 국가로 전환시키고자 국호를 '대한(大韓)'으로 선포하기에 이르렀다. 1897년 10월 12일 환구단에서 황제 즉위식이 거행된 다음날 정부에서는 '조선'이란 국호를 '대한(大韓)'으로 변경하여 마침내 '대한제국(大韓帝國)'을 선포했다. 즉위 때에 반포한 황제의 선언문은 "대한은 조선의 부정이나 혁명이 아니라 도리어 단군과 기자 이래의 분립, 자웅을 다투던 여러 나라를 통합하고 나아가 마한·진한·변한까지 병탄한 고려를 이은 조선의 유업을 계승, '독립의 기초를 창건하여 자주의 권리'를 행하는 뜻에서 국호를 정하였다"고 밝혔다.(《고종실록》권 35, 광무 원년 10월 11일)

대종교에서는 '개천'의 본래 뜻이 단군조선의 건국일을 뜻한다기보다는, 단군이 천신인 환인(桓因)의 뜻을 받아 처음으로 하늘문을 열고 태백산 신단수 아래에 내려와 홍익인간·이화세계(理化世界)의 대업을 시작한 기원전 2457년(上元 甲子年) 음력 10월 3일을 뜻한다고 보고 있다. 이러한 명절을 개천절이라 이름짓고 기념하기 시작한 것은 대종교에서 비롯한다. 1900년 1월 15일 서울에서 나철(羅喆)을 중심으로 대종교가 창설되면서, 개천절을 경축일로 제정하고 매년 행사를 거행했다. 10월 3일을 개천절로 정한 것은 당시 대종교 창시에 가담했던 구한말의 학자 김윤식의 생일날에 맞춘 것이라는 설도 있다.(이이화, 《이야기 한국사》 3권, 237쪽) 그리하여 일제 강점기 동안, 개천절 행사는 민족 의식을 고취하는 데 기여했으며, 특히 상해 임시 정부는 개천절을 국경일로 정하여 기념했고, 중경 등지에서도 대종교와 합동으로 경축 행사를 벌였다.

광복 후 대한민국은 이를 계승하여 개천절을 국경일로 정식 제정하고, 그때까지 경축식전에서 부르던 대종교의 〈개천절 노래〉를 지금의 노래로 바꾸었다.

개천절은 원래 음력 10월 3일이므로 대한민국 수립 후에도 음력으로 지켜왔는데, 1949년에 문교부가 위촉한 '개천절 음·양력 환용(換用) 심의회'의 심의 결과, 음·양력 환산이 불가능하다는 이유와 '10월

3일'이라는 기록이 소중하다는 의견에 따라서 1949년 10월 1일에 공포된 〈국경일에 관한 법률〉에 의거, 음력 10월 3일을 양력 10월 3일로 바꾸어 기념하게 됐다.

이에 따라 대종교에서 행하던 기념식은 양력 10월 3일에 거행하고, 제천 의식만큼은 전통적인 선례에 따라 음력 10월 3일 오전 6시에 하고 있다. 이날은 정부를 비롯하여 일반 관공서 및 공공 단체에서 거행하는 경하식과 달리, 실제로 여러 단군을 숭모하는 단체들이 주체가 되어 마니산의 제천단, 태백산의 단군전 그리고 사직단(社稷壇)의 백악전 등에서 경건하게 제천 의식을 올리고 있다.

개천절 기념식에서는 홍익인간의 개국 이념을 계승하고 유구한 역사와 전통을 지닌 문화 민족으로서의 자긍심을 고취하며 통일의 의지를 세계 만방에 알리고 자손만대의 무궁한 번영을 기원한다. 사람들은 대체로 개천절이 단군이 우리 나라를 세운 날이라고 알고 있다. 하지만 이는 단지 우리 겨레가 예로부터 외적의 침입을 받거나 어려운 일이 있을 때 단군의 자손임을 생각하며 똘똘 뭉쳐 나라를 지키는 데 기여했던 단군의 정신과 의미를 기념하는 날에 불과한 것이다.

개천절은 단군이 나라를 세웠다거나 환웅이 하늘에서 내려왔다는 것을 기념하는 날이 아니다. 우리 조상들은 겨레의 시조 단군에 관한 신화를 계속 믿어왔고, 그 믿음이 어려운 시절 우리를 하나로 묶어주는 중요한 구실을 했기 때문에 그 정신을 기리기 위한 날짜를 정해 개천절을 기념하는 것이다. 따라서 개천절이란 우리 나라가 생긴 날이라고 단순히 생각하기보다는 우리 역사의 시작이 언제인지, 우리 겨레가 어떤 역사의 길을 걸어왔는지 되새겨보는 데 의미가 있을 것이다.

마니산? 마리산? 참성단!

마니산 참성단. 마니산 정상에 위치한 참성단은 단군이 하늘에 제사를 지냈다고 하며 개천절에는 태백산 천제단과 함께 천제를 지낸다.

일제 강점기 때 마니산이라고 이름이 바뀌었다가 얼마 전 다시 본래 이름을 찾은 강화도 마리산(摩利山)은 머리산이라고도 한다. 마리, 머리는 말 그대로 머리, 우두머리를 뜻한다. 마리산 꼭대기에 있는 참성단(塹星壇)은 겨레의 우두머리인 단군이 하늘에 제사지내기 위해 쌓은 단이라는 전설이 전해진다. 삼국시대의 왕들도 이곳에서 제사를 지냈다고 한다. 지금도 개천절이면 대종교를 비롯해 단군을 떠받드는 종교단체가 제사를 지내고, 전국체전의 성화도 이곳 참성단에서 햇빛을 모아 불을 붙인다. 전국체전 때마다 참성단에서 성화를 채화하는 것은 하늘의 뜻에 따라 거룩한 나라 잔치를 벌인다는 의미를 갖는다.

《고려사》의 기록을 보면 강화현의 마리산 정상에 있는 참성단은 단군 제천단이고, 삼랑성이 또한 있으니, 이는 단군이 세 아들을 시켜 쌓게 한 것이라 하고 있다. 참성단이나 삼랑성과 단군과의 관계는 《고려사》에 세세히 주가 달려 있다. 그 주의 기록이 정확히 고려시대 사실을 전하는 것인지는 모르겠으나, 아니면 《고려사》가 씌어진 조선시대 초기에 전해진 내용을 적은 것이라 하더라도, 참성단·삼랑성은 고려시대부터 그 명맥을 이어오고 있다. 고려 고종·원종 때 풍수도참설에 의

마니산 참성단에서 서해 바다를 내려다본 모습. 참성단은 '하늘은 둥글고 땅은 네모지다'는 천원지방(天圓地方)의 사상을 반영하여 축조됐다.

해 강화현에 이궁(離宮)을 지을 당시 마리산 참성단과 삼랑성의 명칭이 등장한다. 설사 이곳과 단군의 관련이 조선시대에 와서 맺어졌다 하더라도, 적어도 고려시대에 이곳은 신성한 지역으로 여겨졌음을 알 수 있다.

그러나 참성단은 단군조선 시절부터 있었던 것이 아니다. 마리산 참성단에 대한 기록은 고려시대 14세기의 원종 시기에 처음 나온다. 《고려사》 기록에 의하면 단군이 하늘에 제사를 올렸다는 마리산이 처음 나오는 때가 몽골의 간섭을 벗어나고자 강화도로 천도한 시기와 일치한다. 때문에 몽골의 침입을 받아 강화도로 도읍을 옮긴 고려의 정부가 백성들의 원망을 누그러뜨리고, 이 땅의 모든 사람들이 단군의 한 핏줄임을 강조하여 국난을 헤쳐나가기 위해서 참성단을 단군의 제사 유적으로 만든 것은 아닐까 생각한다.

마리산은 일찍부터 존재했지만 단군시대부터 신성한 곳으로 여겨지지는 않았다. 고려시대부터 하늘에 올리는 단순한 제사가 아닌, 시조 단군을 숭배하는 의식을 올리곤 했으니, 이것은 곧 고려시대부터 마리산 참성단이 하늘에 제사지내는 중요한 장소가 됐음을 말해준다. 후대 사람들이 단군을 겨레의 시조로 숭배하면서 제단을 다시 꾸미고 신성한 구역으로 삼은 것이다.

단군 기원이란

우리 나라의 첫 국가 터전을 마련한 고조선이 일어선 때를 보통 기원전 2333년이라고 한다. 이 해를 기준년(원년)으로 햇수를 계산하는 방식을 '단군기원', 줄여서 '단기'라고 한다. 그렇다면 서기(서력 기원) 2004년은 단기 4337년(2333년+2004년)인 셈이다.

가장 최근에는 해방 후 이승만 대통령이 재직할 때 단기를 사용한 적이 있다. 단기 연대를 기원전 2333년으로 규정하게 된 것은 일차적으로 승려 일연이 쓴 《삼국유사》에서, 단군이 나라를 세운 때가 중국의 첫 번째 임금인 요임금이 즉위한 해보다 50년 뒤와 같다고 한 데 근거한다.

요임금은 전설상의 인물로서 중국 역사의 초기 임금으로 추앙받고 있다. 그러나 실제 인물인지는 알 수 없다. 요임금이 왕위에 오른 연대는 더욱이 알 수 없다. 따라서 단군이 나라를 세운 연대도 정확히 알 수 없다. 그러나 요임금의 존재를 믿고, 송나라 때 학자 소강절(邵康節)이 요임금의 개국 시기를 기원전 2357년으로 추정한 적이 있다. 이 추정을 사마광이 《자치통감(資治通鑑)》에서 한 번 인용하기도 했다. 그러나 요임금의 즉위 연대는 어떠한 역사적 근거나 신빙성이 없으며 의미 없는 추정일 뿐이다. 현재 중국의 시조 황제(黃帝)의 실존을 믿는 중국인들조차 요임금의 즉위 연대를 기원전 2357년이라고 믿지 않는다. 그런데 이 연대를 서거정 등 왕의 신하들이 주도해서 저술한《동국통감(東國通鑑)》에서 받아들여 기원전 2357년보다 25년 뒤진 시기에 단군이 나라를 세운 것이라는 추정을 근거로 기원전 2333년으로 본 것이다.

단군이 나라를 세웠다는 기원전 2333년 연대는《동국통감》에서만 추정해본 것으로 구체적인 근거가 있는 것이 아니다. 따라서 그 연대를 기준으로 단군 개국 연대를 추정하는 것 또한 의미가 없다.

그렇다면 단기의 의미는 무엇인가. 단기는 우리가 단군을 우리 민족의 시조로서 인식해왔음을 알려줄 뿐이다. 그 연대가 역사적 사실성을 갖는 것은 아니다. 우리들은 앞으로 두 가지 문제를 분리해서 이해할 필요가 있다. 고조선의 건국 시조로서 단군이라는 인물의 존재를 인정하는 것과 한민족 전체의 공통 조상으로서 '단군 할아버지'를 받드는 것은 전혀 다른 이야기이다.

단군은 한민족의 조상이 아니다

우리가 단군으로부터 뻗어나온 단일 민족이라는 의식이 처음 나온 것은 고려 후기 몽골의 침입과 간섭기 이후부터라고 볼 수 있다. 이후 한말 의병 운동이나 근대화 과정에서 우리 겨레나 동포에 대한 개념이 생겨나고, 이것이 일제 강점기를 거치는 동안 단군교와 대종교에서 민족 시조신으로 단군을 내세우면서 본격화됐다고 할 수 있다. 또한 우리 역사에 처음 출현한 부족 국가의 대표자로서 정치적으로 군장이자 제사장적인 성격을 함께 지닌 단군이 어느 순간 '단군 할아버지'라는 조상의 이름으로 우리 곁에 다가왔다고 볼 수 있다.

대체적으로 우리 사회의 분위기가 전환되는 시점이 되면(내 생각으로는 1980년, 1990년 등 10년 정도의 주기로 단군이 부각됐다고 본다) 전체적으로 민족 의식을 고취하고자 하는 분위기와 함께 단군에 대한 문제가 사회적으로 이슈화되는 것 같다. 최근에는 그동안 단군 신화를 신화로서 여기고 역사적 실재로 보지 않았던 북한에서 단군릉을 개건하고 남쪽의 대종교 신도나 이른바 재야사학자들과 접촉하면서 다시 한번 단군 문제가 주목되고 있다.

지난 2002년 10월 3일 개천절에는 사상 처음으로 북한학계와 남한의 단군학회가 공동으로 평양에서 단군 및 고조선에 관한 공동학술토론회를 열었다. 주제 자체가 자유로운 토론을 하기에 어려웠지만 남북학자가 공통의 주제로 학술토론회를 여는 것만으로도 의미 있는 자리였다. 결과물로 나온〈단군 및 고조선에 관한 북남 력사학자들의 공동학술토론회 공동보도문〉내용은 다음과 같다.

력사적인 6·15 북남공동선언의 정신에 기초하여 민족의 화해와 단합, 통일을 이룩하려는 7천만 겨레의 지향과 열망이 높아지고 있는 때에 개천절을 맞으며 북의 력사학학회와 남의 단군학회의 공동 주최로 평양에서 단군 및 고조선에 관한 북남 력사학자들의 공동학술 토론회를 가지었다.

토론회에는 북과 남의 력사학자들과 고고학자들, 대학 교원들, 개천절 기념 행사에 참가하고 있는 북과 남의 대표들이 참가했다.

토론회에서는 단군조선의 건국 년대와 사회 성격, 중심지와 령역, 단군 관계 고고학 및 문헌 자료 검토, 단군 신화에 대한 력사적 고찰 등의 문제들이 론문 발표 및 좌담회 형식으로 진지하고 허심탄회하게 론의되었으며 다음과 같은 문제들에서 인식을 같이 했다.

첫째, 단군은 실재한 력사적 인물이며 우리 민족의 첫 국가인 단군조선을 세운 건국 시조이다.

둘째, 우리 민족은 유구한 력사를 가진 단군 민족이며 우리는 《삼국유사》를 비롯한 여러 사서들에 고조선의 중심지가 평양이라는 기록을 중시한다.

셋째, 고조선은 오늘의 조선반도와 동북아시아의 넓은 지역을 기본 령역으로 한 강대국이었다.

넷째, 북과 남의 력사학자들은 반만 년의 유구한 민족사를 빛내고 우수한 민족성을 고수하기 위한 학술적 유대를 강화하고 협조를 공동으로 활발히 벌인다.

다섯째, 북과 남의 력사학자들은 민족 앞에 지닌 사명감을 깊이 간직하고 북남 력사학자들의 련대를 강화하며 애국애족의 립장에서 민족사 연구를 심화시켜 나감으로써 우리 민족끼리 힘을 합쳐 조국을 통일하는 위업에 적극 이바지해나갈 것이다.

북측 력사학학회, 남측 단군학회
2002년 10월 3일
평양

보도문을 통해 남북 학자들이 원한 것은 단군에 대한 인식을 중심으로 남북간에 통일을 위한 민족사 연구에 더욱 박차를 가하자는 것이다. 이처럼 남북 학자 간에 공동의 토론회를 조직하고 공동의 선언문을 작성하는 것은 이전보다 진전된 교류의 모습이고 통일을 위한 중요한 첫

걸음이라 생각한다.

　남북간에 통일을 위한 기초 작업으로 학자 간에 학술 교류를 추진하는 과정에서 단군과 고조선사 연구가 차지하는 비중은 매우 높다. 다만 아쉬운 점은 단군이 실재한 역사적 인물이며, 고조선이 한반도와 동북아시아의 넓은 영역을 가진 강대한 국가라는 북한학계의 주장에 남한 학자들도 거의 동의하는 듯한 태도였다. 북한학계의 정치적 목적에 입각한 해석에 학술 교류에 참가한 남한 학자들이 그대로 동의하는 것은 신중해야 할 문제일 것이다.

　다시 한번 강조하지만 해마다 맞이하는 개천절에 우리는 민족 시조로서 단군을 어떻게 인식해야 하고, 오늘의 시점에서 단군과 단군 인식이 우리에게 던지는 메시지는 무엇인지 진지하게 고민해야 할 것이다.

단군릉, 실제와 신화의 사이

2002년 부산 아시안게임에서 북한의 응원단이 남쪽에서 열렬하게 환영받는 것을 보며 가슴 저 밑에서부터 우러나오는 벅찬 감정을 쉽게 가라앉힐 수 없었다. 이제야 남과 북이 한 민족이라는 것을 자연스럽게 공유하는 것 같았다.

육로를 통한 금강산 관광 사업이 가능해지고 개성 공단 기공식이 이루어지는 등 통일이라는 민족 과제가 현실로 다가온 요즈음, 단군과 단군릉 문제를 논의하고자 하는 이유는 그것이 민족 통일에 매우 중요한 의미가 있기 때문이다. 단군의 자손이라는, 민족 시조에 대한 공통의 역사 인식이야말로 통일을 위한 궁극적인 바탕이 되지 않을까.

우리 역사에서 고조선은 한국 최초의 국가로서 민족사가 출발하는 지점이다. 따라서 우리 민족은 단군이 고조선의 시조인 동시에 민족의 시조라고 인식하고 있다. 나아가 우리 민족은 단일 민족이라는 믿음을 가지고 있다. 그러므로 우리 민족이 위기에 처할 때마다 단군의 존재는 우리 민족의 정체성과 동질성을 확인해주는 소중한 정신적 자산이 되어왔다. 단군의 실존을 인정하는 이들은 지금도 단군을 통한

단군릉 1947년 사진. 원래 단군릉은 평양시 강동군 대박산의 동남쪽 기슭에 있었다. 바로 앞에는 한자로 '단군릉'이라고 새긴 무덤 표식비가 있었고 그 앞에는 화강석을 잘 연마하여 만든 무게 2톤 200킬로그램 되는 큰 석상이 있었다.

민족 의식의 회복을 주장한다. 북한의 경우는 1990년대 초의 경제적 위기 속에서 북한 사회의 정체성을 확인하려는 작업에서 단군릉을 개건했다.

단군릉은 그것이 실제 단군 무덤인지의 사실성 여부를 떠나 단군의 민족사적 의미 때문에 많은 상징성이 내포되어 있다. 북한에서 단군릉을 발굴하고 개건한 것도 단군의 상징적 의미를 염두에 둔 탓일 것이다. 북한에서는 단군릉 발굴 이후 역사적으로 종전과는 전혀 다른 새로운 고조선사 체계를 제기하고 있다. 또한 최근 남한 사회에서도 단군과 고조선사에 대한 논란이 재연되고 있다. 이러한 논쟁의 전말 속에서 단군릉 복원이 던져주는 메시지를 어떻게 이해해야 하는가. 단군릉 자체를 분석해봄으로써 그 의미에 접근해보자.

단군릉, 믿어도 좋은가

고조선의 건국 시조인 단군이 태어난 곳은 평양 일대였다.《삼국유사》와 《응제시주(應製詩註)》의 저자들은 단군 신화를 전하면서 환웅이 하늘에서 땅 위에 처음 내렸다고 하는 곳인 태백산을 묘향산이라고 했다. 《팔역지(八域誌)》에서는 묘향산의 박달나무 아래에 단군이 태어난 석굴이 있다고 했으며, 《영변지(寧邊誌)》에서는 묘향산의 향로봉 남쪽에 단군이 태어난 굴이 있다고 했다. 단군은 오늘의 평양에서 나라를 세운 후 주변의 소국들을 통합하여 점차 영토를 넓혀나갔으며 이후 단군이 세운 고조선은 근 3천 년 동안 존속하면서 멀리 중국의 만리장성 경계선까지 영역을 확장하여 아시아의 강대한 고대 국가로 발전했다. 단군이 죽어 묻힌 곳도 역시 평양 일대였다.

• 〈단군릉〉 발굴 보고문

이 글은 1993년 10월 평양시 강동군 강동읍 대박산(大朴山)에서 '단군릉'이 발굴됐음을 알리는 사회과학원의 단군릉 발굴 〈보고문〉(1993. 10. 2)의 내용 중 일부이다. 조선시대 역사서인 《신증동국여지승람(新增東國輿地勝覽)》과 《숙종실록》, 《영조실록》, 《정조실록》 등에도 평양 강동 지방에 단군릉이 있었다고 전하고, 국가적 차원에서 관리했음을 기록하고 있다.

그런데 막상 뚜껑을 열어보니 단군릉은 돌로 무덤 칸을 만들고 흙으로 덮은 이른바 굴식돌방무덤(석실봉토분)이었다. 크기는 동서 273센티미터, 남북 276센티미터에 해당하는 작은 무덤으로서 네 벽에는 벽화가 그려져 있었고 모줄임 천장을 하고 있다. 이것은 4세기 이후 고구려의 특징적인 무덤 양식이다. 해방 전 일제에 의해 도굴되어 많은 유물이 나오지 않았지만 금동관, 금동허리띠장식, 고구려토기편, 관못 6개, 남녀 두 사람의 인골(남자 170센티미터 이상)이 출토되어 고구

단군릉 발굴 직후의 입구 사진. 단군릉은 무덤 칸이 남북 길이 276센티미터, 동서 길이 273센티미터 되는 무덤으로 전형적인 고구려의 굴식돌방무덤 형태를 하고 있었다. 벽면에는 벽화도 그려져 있었다고 한다.

려 귀족의 무덤인 것이 더욱 명확해졌다. 그런데 고구려 귀족의 무덤이 왜 단군의 무덤으로 판명됐는가. 그것은 무덤 내부에서 출토된 인골의 연대를 측정해보니 단군조선의 개국 연대인 기원전 2333년과 비슷하게 나왔기 때문이다.

  단군릉을 단군조선과 관련시켜보는 주장은 기본적으로 고인돌 출토 유물의 연대 측정에 근거한 것이다. 따라서 유물에 대한 절대연대 측정 결과에 대한 신뢰성 여부가 단군조선 논의의 진실성을 확보해줄 수 있을 것이다. 이번에 북한학계가 실시한 전자상자성 공명법에 의한 연대 측정법은 그것이 1만 년 이후의 자료에 주로 적용하는 방법이라는 것과 북한학계가 측정한 실험 방법이 너무 간략하여 그 신뢰성을 판단할 수 없음이 남한 학자들에 의해 이미 여러 번 지적되어왔다. 특히 44회의 측정에서 1년의 오차도 없이 동일 연대가 나왔다는 것은 상식적으로 이해하기 힘든 결과이다.

  여기서 풀리지 않는 의문은 왜 단군의 무덤이 고구려시대의 무덤 양식을 따르고 있는가 하는 점과 기원전 3000년경의 인골이 어떻게 단군의 뼈라고 확신할 수 있는가 하는 점이다. 이에 대해 북한학계에서는 고구려시대에 여전히 단군 숭배 사상이 있어서 원래 단군의 무덤을 고구려식 무덤 양식에 맞추어 새로 단장했다고 설명하고 있다. 그리고 기원전 3000년 당시에 금동관을 쓸 정도의 인물이라면 단군 외에는 다른 인물이 없다는 논리를 펴고 있다.

그러나 단군의 무덤을 고구려 때 개축했다는 근거가 전혀 없는 상태에서 북한의 주장을 믿을 수 있는가. 그리고 고구려 사람들이 당시로부터 3,700여 년 이상 앞선 시기의 인골을 어떻게 단군의 뼈로 확인할 수 있었는가. 새로 복원했다는데 과연 그렇게 작은 무덤으로 만들었을까. 의문이 끊이지 않는다.

북한학계의 단군릉 인식, 문제 있다

북한학계에서는 그동안 부정하던 단군조선의 실체를 인정하고 단군릉을 개건함으로써 역사적으로 종전과 다른 새로운 고대사 체계를 제기하고 있다. 이는 그동안 북한학계의 연구 성과를 한꺼번에 부정하는 것이기도 하다.

종래 북한학계는 단군 신화를 고조선에서 정치 권력이 성립하는 과정을 정당화하는 '건국 신화'의 입장에서 인식해왔다. 그러나 단군릉의 개건과 함께 신화는 역사적 사실을 반영한 것으로 재해석됐고, 단군을 실존 인물로 인정하고 있다. 그러나 단군의 무덤을 고구려 때 개축했다는 근거가 전혀 없다. 단군릉과 관련하여 주목해야 할 사실은 그 무덤이 이미 일제 강점기에 도굴로 인해 원상이 파괴된 탓에 최근 조사로는 학술적 결론을 내리기가 어렵다는 것이다. 이러한 여러 의문을 뒤로한 채 북한학계는 오로지 신빙성을 두기 어려운 절대연대 측정 결과에만 매달려 단군의 실존을 주장하고 있다.

무엇보다도 북한학계의 단군릉 복원과 고조선사에 대한 입장을 인정

1994년 봄에 개건한 단군릉. 단군릉 개건 이후 북한은 단군은 우리 민족의 '원시조'이며 단군조선의 중심지를 평양으로 설명한다.

하려면 단군 신화를 신화로서가 아닌 역사적 사실로서 인정해야만 가능하다. 그러나 분명한 것은 단군 신화를 바로 그대로 역사적 사실로 치환할 수 없다는 점이다. 뒤에서 자세히 살펴보겠지만 단군이라는 고유한 인물의 존재에 대해서는 알 수 없으며, 여러 명의 단군(제사장)이 여러 지역에서 부족 국가를 이끌었던 것이 초기 국가를 형성하던 단계의 우리 역사이다.

북한학계에서는 고구려시대에 단군 신앙이 있었고 그것이 단군릉 개건으로 이어졌다고 한다. 그러나 자신들을 천제의 자손이라고 믿었던 고구려인에게서 단군에 대한 신앙의 흔적을 찾기란 어렵다. 단군릉은 전형적인 고구려 벽화 무덤으로 신기한 장수가 그려 있었다고 하니 5세기 전후한 시기의 무덤이 아닌가 생각한다. 따라서 고구려시대에 단군의 무덤을 고구려식으로 바꾸었다는 논리는 성립하기 어렵다.

북한은 왜 태도를 바꾸었나

　종래 북한학계는 단군 신화를 고조선에서 정치 권력이 성립하는 과정을 설명하는 동시에, 정치 권력을 정당화하는 신화로서 인식해왔다. 단군 신화에서 단군조선은 환웅으로 상징되는 이주 집단이 곰으로 대변되는 토착 집단을 정복하여 동화시키는 과정에서 성립된 국가이며, 초기 단계의 고조선 사회는 제정일치 사회였음을 말해주는 것으로 이해했다. 그러나 단군릉의 발굴과 함께 신화는 역사적 사실로 재해석됐고, 단군은 부정할 수 없는 우리 민족의 시조가 됐다.

　나아가 단군릉의 복원과 함께 북한학계에서는 형질인류학적 연구를 통한 한민족의 기원 문제 연구에서 한민족이 북한 지역에서 기원했다는 단일기원설의 주장을 입증하고, 그것도 평양 일대가 그 중심이었다고 강조하고 있다. 단군릉의 발굴로 북한학계에서는 초기 국가 형성기로만 이해하던 단군조선을 그대로 인정하고, 단군은 우리 민족 최초의 지배자로서 실존했던 인물이며, 출생지, 건국지, 무덤이 모두 평양에 있다고 주장한다.

　따라서 종래의 고조선 중심지에 대한 관점 또한 수정됐다. 이제 북한학계에서는 한국 고대사 관련 유적·유물의 편년을 2천 년 이상 상향 조정하고, 사료적 가치가 의심되는《단기고사(檀奇古史)》,《태백일사》,《규원사화》등을 고대사 연구의 사료로 이용하고 있다. 게다가 전혀 증명되지 않았음에도 고조선시대의 문자라는 '신지 문자'(신지는 통치자나 왕을 뜻하는 것으로, 신지 글자는 고조선(단군조선) 시기의 글자를 가리킨다)'를 고조선 문화를 논하는 글에 쓰고 있다.

　그렇다면 북한학계에서 1960년대의 연구 성과를 전면 부인한 이유

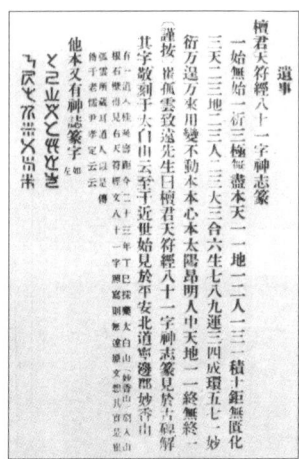

신지 글자. 1971년에 씌어진 《영변지(寧邊誌)》에 실려 있는 신지 글자이다. 북한학계에서는 고조선시대에 우리 고유 문자로서 신지 글자가 사용됐다고 주장한다.

는 무엇인가. 분명히 답하기는 어렵지만 단군릉 보고문 가운데 사회과학원 역사연구소장 전영률의 말에서 그 해답의 일단을 엿볼 수 있다.

고대사는 민족사의 체계화에서 가장 중시되는 시대사의 하나로 되어 있습니다. 그럼에도 불구하고 지난 시기 우리들은 낡은 역사관의 구속에서 완전히 해방되지 못한 탓으로 하여서 이 문제의 중요성을 인식하면서도 과학적으로 정확히 해명하지 못하고 민족의 원시조인 단군을 신화적인 인물로 치부하면서 반만 년 역사의 시초 자료를 요동에서 찾으려고 했고, 요동에서 나온 유적·유물의 연대를 기원전 10세기까지 소급할 수 있게 한 데 대하여 만족하고 있었습니다. 이러한 견해는 조선반도보다 대륙 지방이 문화적으로 먼저 발전했다는 사대주의적 관점에서 기인한 것으로……

• 전영률, 〈단군릉 발굴 보고〉, 《단군과 고조선에 관한 연구론문집》,
사회과학출판사, 1994

지금 북한에서는 새로이 요청되는 민족주의의 시각에서 고조선사에 대한 그동안의 주장이 사대주의에 입각한 그릇된 인식이라고 보고 평양 중심의 역사야말로 주체적이고 민족주의적인 역사 인식임을 주장하고 있다. 그리고 북한은 평양의 단군릉 지역을 성역화하고 남한의 대종교 및 학술 단체와 접촉하고 있다.

　단군릉을 개건한 이래 북한학계에서는 '우리' 민족 제일주의에 입각한 우리 역사 끌어올리기 연구가 활발히 이루어지고 있다. 대동강문명론이 대표적인 예이다. 그동안 우리는 중국의 황하 문명이나 이라크의 유프라테스·티그리스 문명 등 세계 4대 문명에 대해 익히 배웠다. 그런데 북한학계에서는 최근 세계 문명의 발상은 평양 대동강 유역이 가장 오래되고 뛰어나다고 주장하고 있다. 그 예로 대동강 유역에서 시조새의 뼈 등이 나왔다고까지 한다. 그러나 모두가 단군릉을 개건한 이래 우리 역사를 오래되고 우수한 것으로 설명하려는 의도에서 나온 주장에 불과하다.

단군릉을 둘러싼 남북한 역사 인식은 어떠한가

　북한학계는 지금까지 고조선이 시종일관 남만주 요령성 일대에, 특히 요동을 중심으로 있었다고 주장해왔다. 이 주장은 일제 강점기 민족주의사학자들의 견해를 바탕으로 그것을 문헌 자료와 고고학 자료를 통해 보다 치밀하게 논증한 것이었다. 이러한 북한학계의 연구 성과는 남한학계에 커다란 영향을 주어 기존의 평양중심설을 수정하고 고조선의 요령성중심설과 중심지이동설이 나오도록 했다.

　북한이 이처럼 기존의 합리적이고 역동적인 고조선사 이해를 갑자기 뒤엎은 배경은 구체적으로 무엇인가. 이에는 북한의 주체사관의 변화를 들 수 있다. 북한에서는 1980년대에 들어와 그 기본 철학이 인민 대중 중심에서 수령 중심으로 바뀌면서 주체사관이 봉건적 충군(忠君) 사상으로 변질됐고, 이와 함께 '우리 민족 제일주의'에 입각한 역사상의 개조 작업에 들어가 단군 신화를 사실로 인정하게 된 것이다. 북한학계에서는 이처럼 새로이 변화된 '민족'에 대한 시각을 바탕으로 그동안의 고조선사 연구는 사대주의에 입각한 그릇된 인식이라고 보고 평양 중심의 역사 인식이야말로 주체적이고 민족주의적인 역사 인식이라고 주장하고 있는 것이다. 나아가 평양이 고조선의 중심지일 뿐만 아니라 평양을 중심으로 하는 대동강 유역이 인류 기원지의 하나이자 한민족의 발상지이고, 세계 4대 문명에 뒤떨어지지 않고 오히려 더 우수한 문명을 꽃피운 또 하나의 세계 문명이 시작된 곳이라고 보고 있다.

크게 보면 이러한 입장 변화는 주체사상의 또 다른 강조 과정에서 나온 산물로 보인다. 1990년대에 들어서면서 북한에서는 구소련과 동유럽 사회주의권의 몰락 이후 앞으로의 개방 후유증을 극복하고 남북간의 체제 경쟁에서 효과적으로 대응하기 위해 주민들에게 현 정권이 유구한 역사 속에서 확고한 정통성을 갖고 있다는 인식을 끊임없이 심어주지 않으면 안 됐다. 이를 위한 노력의 하나로 평양이 민족사의 시초부터 오늘에 이르기까지 줄곧 민족의 심장부로서 기능했음을 밝힘으로써 남북 대립의 현 분단 구도에서 정권의 정통성을 강조하려 한 것이다. 이는 그동안 주장해오던 고조선, 고구려, 고려로 이어지는 계보를 확인하는 작업의 일환이며, 통일의 주체는 평양을 중심으로 하는 북한이어야 함을 강조한 것이기도 하다. 그러나 세계 인류의 기원지조차 북한이라고 주장하는 것은 지나친 발상이 아닐까.

한편 주체적 민족주의 시각에서 중국 · 러시아 중심의 공산주의화에 맞서는 북한식의 사회주의화와 우리 민족의 독자성과 위대성을 강조하는 과정에서 이 같은 입장을 보인 측면도 있을 것이다. 1990년대 이후 러시아와 중국이 자국 중심의 사회주의 건설을 강조하는 분위기에서 북한의 경우 경제적인 어려움에 직면하고 NPT(핵무기 확산 금지 조약) 체결과 핵사찰 등 국내외적인 어려움을 맞으면서 이러한 상황을 타개하고 북한 사회주의의 우월성을 강조하는 계기나 작업이 필요했을 것이다. 이에 단군릉의 개건이 그 작업의 일환으로 준비된 것이라고 볼 수 있다.

이처럼 북한의 단군릉 개건 및 단군민족주의의 강조는 주체적 민족주의의 발로로 이해할 수 있다. 경제적 위기 속에서 민족적 정체성을 회복하며 세계 속의 우리 민족 공동체의 동질성을 찾고 러시아·중국의 사회주의 세력에 대항하기 위한 민족주의 운동의 하나라는 것이다.

그런데 여기서 북한의 단군릉 개건과 주체적 민족주의 운동이 남한 재야사학자들의 상고사찾기 운동과 연결되어 주목된다. 남한의 재야사학자들은 민족주의를 표방하고 단군 신화로 표현된 시기를 사실로 인정하며 상고사의 복원을 시도한다. 그들의 주장은 단군릉 개건 이후 북한학계의 주장과 동일하다. 또한 경제적 위기 속에서 한민족 공동체의 동질성을 찾고 제국주의 세력에 대항하는 민족주의 운동과 맥을 같이한다. 이는 그동안 고조선 연구에 문헌 자료가 턱없이 부족하고 일제강점기의 연구 성과를 참조하는 가운데 한사군이 강조되거나 대동강 유역 중심의 후기 고조선만이 부각된 데 대한 반성과 비판의 의미가 있을 것이다.

그러나 재야사학자들의 주장과 운동은 학문적 영역을 벗어나 일종의 정신 운동을 통해 또 하나의 한민족 중심 제국주의를 희망하는 것이 아닐까. 잡히지 않는 허상 속에서 현실 모순 구조를 은폐하고 민족사에 대한 허무주의를 낳고 있는 것은 아닌가 우려된다. 특히 재야사학자들의 주장이 이데올로기적 측면에서의 종교 운동이나 사상 운동 차원이 아닌 학문적 영역에까지 들어와 단군의 역사적 실재를 주장하고 역사 서술의 개정을 주장하는 것은 역사 및 역사학의 발전을 역행하는 것이다.

근대 역사학은 학문적 토대를 객관적인 합리성의 추구에 두고 있으며, 엄정한 사료 비판과 실증이 그것을 구현하는 구체적인 방법이다. 이것을 바탕으로 하지 않는다면 그 어떠한 주장도 공허한 메아리에 불과하며, 과거에 대한 환상만을 불러일으킬 것이다.

단군릉, 어떻게 바라보고 해석할 것인가

북한학계의 단군릉에 대한 주장은 이해하기 어려운 점이 많으며, 정치적 논리가 짙게 깔려 있음을 부인할 수 없다. 남한 사회의 단군 인식에도 똑같이 많은 문제가 있다. 단군을 국수주의나 배타주의에 이용하거나 심지어 신앙 대상으로 받드는 것 등이 그렇다. 그러나 학계에서는 여전히 단군을 신화 속의 인물로 보고 있다. 따라서 단군은 오히려 우리 사회를 분열시키는 요인으로 작용하기도 한다.

여기서 우리는 단군 및 단군릉의 문제와 관련하여 사실로서의 단군 문제와 인식으로서의 단군 문제를 분리해야 할 것이다. 역사적 사실로서 단군에 대해서는 앞으로도 연구가 필요하겠지만 아직은 단군이 신화 속의 인물이며 초기 국가가 형성되던 시기의 상징성을 띠고 있는 존재로 이해하는 게 더 타당할 것이다. 그러나 국가나 민족이 혼란스럽고 힘겨운 시기에 민족적 동질성 회복에 기여한 단군 신앙 및 민족 시조에 대한 관념은 우리의 소중한 정신 자산이며 경험으로 계승되어야 한다.

이처럼 단군은 그 실재 여부를 떠나 여전히 주목되어야 할 대상인 것이 분명하다. 분단과 지역 갈등으로 신음하고 있는 남북한 주민 모두가 하나 되는 데에도 우리는 단군을 구심점으로 한 한민족 공동체라는 의식이 작용할 수 있다.

우리는 같은 민족으로서 일체감을 갖기 위해 많은 노력을 기울이고 있다. 남북간의 경제 교류나 남북 정상 회담과 같은 정부의 노력, 이산 가족 상봉 및 스포츠 교류나 예술단의 교환 방문 등이 그러하며, 지난 시드니 올림픽과 2003년 대구 유니버시아드 대회, 2004년 아테네 올림픽에서도 남북한이 동시에 입장하고, 2003년 10월 3일 개천절 행사를 동시에 개최하는 것도 그러한 노력의 하나라고 할 수 있다.

북한에서 복원한 단군상. 북한에서는 단군릉 개건 후 사진과 같은 단군상을 만들어 단군조선의 존재를 홍보하고 있다.

그러나 이러한 노력의 결실을 얻기 위해 근본적으로 필요한 것은 우리 모두가 한민족이라는 공통의 혈연 의식을 갖는 것이라 하겠다. 남북한 주민 모두 그 실존 여부를 떠나 단군을 민족의 시조로 인식해왔다. 이러한 민족 시조에 대한 공통된 역사 인식을 바탕으로 우리 민족의 일체감을 조성하는 일이 통일을 위해 더욱 근본적으로 해결해야 될 과제라고 생각한다. 이것이 단군 및 단군릉의 사실성 여부를 떠나 북한학계의 역사 인식을 한편으로는 긍정적 의미로 해석할 이유가 된다. 그리고 남한 사회에도 여전히 단군 및 고조선사에 대한 건전한 인식들이 존재한다는 사실은 민족의 공존과 통일로 나아가는 길에 민족의 시조 단군이 긍정적 의미를 지닐 수 있음을 암시한다.

중국 요령성 지역의 청동기 문화, 고조선의 흔적을 돌아보다

 나는 한국 고대사, 특히 고조선과 부여의 역사를 연구하면서 자료 부족과 모호한 서술로 인해 어려움을 겪고 있다. 관심 주제와 직접적으로 관련된 문헌 자료가 없기 때문에 비교사학적 관점에서 중국 고대사나 일본 고대사를 들추어보고, 새로이 조사되는 고고학 자료를 자주 인용하게 된다.
 내가 주로 보는 고고학 자료들은 중국 동북 지역과 한반도 서북 지방에 위치하는 것들이다. 북한은 아직 자유롭게 왕래할 수 없기 때문에 주로 중국 동북 지역, 즉 요령성, 길림성, 흑룡강성을 답사하면서 자료 문제를 해결하곤 한다. 답사를 통해 새로운 자료를 발굴한다기보다는 현지 연구자들의 연구 성과를 직접 들어보고 현장 유적을 한번 실견하겠다는 생각으로 1993년도부터 기회가 있을 때마다 중국 답사를 다니고 있다.
 대부분의 답사단이 그러하듯이 나는 주로 방학 기간을 이용해 10일 정도 시간을 내어 일정 지역을 돌아보고 있다. 매번 예상외의 성과를 얻긴 하지만 일주일 남짓한 짧은 기간의 답사로는 그 지역 일대에서 펼쳐졌던 오랜 역사의 편린만을 엿보게 될 뿐이라는 생각을 새삼 하게 된다. 이렇듯 부족한 여건을 보완하는 길은 준비 과정을 오래, 치밀하게 하는 것뿐이다.

하가점 하층 문화란

지난 2000년 겨울의 일이다. 시청자들의 역사적 궁금증을 흥미롭게 풀어주던 KBS-TV〈역사스페셜〉프로그램에서 '비밀의 왕국, 고조선'이란 주제로 2부작을 방영한 적이 있다. 당시 나는 방영 내용이 평소의 관심 주제여서 시청을 한 뒤 고조선의 도성 및 생활 유적이라고 보여준 유적이 잘못됐음을 지면을 통해 비판한 적이 있다.(이 책의 제3부〈'비밀의 왕국, 고조선' 실상은 이렇다〉참조) 비판의 초점은 바로 하가점 하층 문화 유적을 고조선 유적으로 해석한 점이고, 그 대표적인 유적이 대전자(大甸子) 유적이다.

일반적으로 적봉(赤峰) 하가점 유적의 하층 문화를 대표로 하는 요서 지역의 초기 청동기 문화를 '하가점 하층 문화'라고 부른다. 1960년 중국 사회과학원 고고연구소에서 적봉시 하가점 유적을 발굴하여 '하가점 하층 문화'라고 명명했다. 적은 양의 청동기 유물이 출토되는 하가점 하층 문화는 요령성의 대릉하 중상류와 노합하 유역을 중심으로 하고, 일부는 하북성의 조백하(潮白河) 유역과 길림성 나만(奈曼)·고륜(庫侖)을 거쳐 요하 유역에까지 미친다. 대체로 기원전 21~14세기경(하(夏)~상대(商代)의 중·전기)에 해당되는, 말하자면 하가점 하층 문화

요서 적봉시 하가점 유적. 요서 지역 청동기 문화의 대표 유적인 하가점에서는 상하 두 개의 문화층이 조사됐는데, 요서 일대의 청동기 문화를 대표하기 때문에 요서 청동기 문화는 일반적으로 하가점 문화라고 부른다.

는 신석기시대에서 청동기시대로 이행하는 과정의 초기 청동기시대 문화라고 할 수 있다.

현재까지 조사된 자료에 따르면 하가점하층문화인들은 반지하식 수혈 가옥이나 자연석을 이용하여 벽을 쌓은 가옥에서 생활했으며, 타제 돌호미와 마제 돌칼, 돌삽 등을 사용했던 것으로 파악된다. 이를 통해 하가점하층문화인들은 한곳에 머물러 농경 생활을 영위했음을 알 수 있다. 생업 경제의 경우 조·기장 위주의 농업과 돼지·닭·소·양·개·말 등을 기르는 목축이 병존했다. 나는 답사 전까지만 해도 내몽골 지역이 중초원 지대로서 주로 양이나 말을 방목하여 키우고 농사는 거의 짓지 않는 곳으로 알고 있었다. 그러나 현지 사람들의 설명을 듣고 나서 옥수수 외에 여러 농작물을 재배하고 있으며 목축을 많이 하지만 농사가 주된 생업이라는 것을 알았다. 대개 요서 일대에서 농사와 목축을 병행하던 산융이나 동호 등의 오랑캐족이 나중에 시라무렌하 북쪽으로 옮겨 살면서는 유목 생활만을 했고 이로 인해 문화와 인종적 특성이 변했다는 사실을 이해할 수 있었다.

하가점하층문화인들은 강에서 멀지 않은 곳에서 취락을 이루어 살았다. 이들 취락은 대개 30~70미터 정도의 언덕에 한쪽은 절벽이나 협곡을 이루고 다른쪽에는 방어 시설물을 마련해둔, 이른바 방어적 성격이 강했다. 방어벽 안에 모여 있는 취락은, 개인의 자립성이 강하게 억제되고 따라서 사회적 긴장이 높아지자 빈번히 일어나는 집단 간의 전쟁에 대한 방어 수단으로 모여 있었을 것이다. 방어 시설로는 평지에 있는 취락을 판축벽으로 호(濠)를 두른 것(건평(建平) 수천(水泉) 유지나 오한기(敖漢旗) 대전자 유적)과 구릉상에 있는 취락을 석벽(石壁)으로 두른 성자산(城子山) 유적 등이 있다. 현재에도 영금하(英金河) 유역 및 하가점 하층 문화 지역에는 구릉 위에 석벽으로 둘러싸인 취락, 즉 석성이 다수 발견되고 있다. 이 가운데 대전자 유적과 성자산 유적을 돌아볼 수 있었다. 대전자에서는 해발 210~340미터 자연 지형 위에 판축(흙을 벽돌처럼 층층이 다져 쌓는 것)해서 쌓은 성지와 무덤들이 조사됐다. 성자산 유적도 비슷한 입지를 갖고 있었다. 따라서 우리 학계에서는 하가점하층문화인들이 충남 부여 송국리나 울산 검단리의 청동기시대 방어용 촌락과 유사한 사회였으리라 보고 있다.

이들의 성격에 대해서는 용산 문화의 변종이라 보는 사람도 있고, 은(殷)의 고죽국 문화(은대에 요서 지역에는 백이·숙제가 고사리를 캐먹다가 죽었다는 전설의 나라 고죽국이 있었다고 사료에 나온다. 따라서 요서 지역의 초기 청동기 문화 유적을 두고 고죽국으로 해석하는 학자도 있다)라고 보기도 한다. 그런데 문헌을 통해서는 하가점 하층 문화를 담당한 주민 집단을 확인

적봉시 하가점 유적 수습 토기편. 유적에 가보면 지금도 많은 토기편과 석기들이 널려 있다.

할 수 없다. 이후 기록을 거꾸로 추적한다면, 이들이 나중에 '융적' 또는 '융호(戎胡)'를 형성하는 선조들이었던 것만은 분명하다.

이러한 하가점 하층 문화 유적을 놓고 KBS-TV〈역사스페셜〉방송 프로그램에서 윤내현 교수를 비롯한 일부 한국 학자들이 고조선의 도성 유적으로 비정한 것은 한마디로 난센스라 할 수 있다. 성벽을 쌓았으니 지배자가 거처한 중요한 도성으로 생각한 것이고 요서 지역은 비파형 동검이 나오는 지역이니 청동기시대에는 무조건 고조선의 영역으로 보아야 한다는 단순한 역사 인식이 또 한번 위력을 발휘한 것이다.

하가점하층문화인들은 채색 토기나 나무 판재로 무덤곽을 짜서 매장하는 등 예맥족의 문화와 한반도 지역의 문화와는 전혀 다른 문화를 누렸다. 윤내현은 우하량·동산취 등 기원전 5000년 이래 요서 지역에서 형성된 신석기 문화인 홍산 문화가 단군조선의 초기 문화이며, 이러한 문화를 누리던 초기 청동기시대에 대전자 지역에서 고조선 도성을 형성했다고 본다. 그러나 우하량 유적은 기원전 5000~4000년경의 신석기시대 홍산 문화 유적으로 청동기시대(기원전 1000년 이래) 고조선과는 아무런 관련이 없다. 초기 청동기시대 하가점 하층 문화 또한 그 일대에 거주한 여러 군소 집단의 제사 및 생활 유적으로 볼 때 고조선과 연결되기 어렵다. 기본적으로 문헌이나 유적 자료에 대한 사실적 비판이 전제되어야 하며 하가점 하층 문화를 한반도의 청동기 문화와 동일한 문화로 해석하기에는 좁힐 수 없는 간격이 있다.

건평현 우하량 홍산 문화 유적. 기원전 5000년경의 요서 지역을 대표하는 신석기 문화 유적이다. 다양한 옥(玉) 제품과 채도를 한 토기가 특징적이어서 홍산 문화는 보통 채도문화라고 부른다.

하가점 상층 문화란

내몽골 지역을 포함한 요서 지역 답사의 핵심은 하가점 상층 문화 유적에 있다. 한국사와 관련하여 1980년대부터 주목하기 시작한 이른바 비파형 동검 문화를 요서 지역에서는 하가점 상층 문화라고 부른다. 대표 유적으로는 1950년대부터 조사된 남산근 유적과 1985년에 처

객좌현 동산취 제사 유적. 우하량과 비슷한 시기의 홍산 문화의 제사 유적이다. 동산취에서는 일정하게 흙과 돌을 섞어 쌓은 제단과 제사를 지낼 때 모셨던 것으로 추측되는 토제(土製) 임신한 여인상이 다수 출토됐다.

음 조사된 소흑석구 유적이 있다. 두 유적은 한국 청동기 문화의 원류 및 고조선사와 관련하여 가장 관심이 집중되고 논란이 있는 유적이다.

하가점 상층 문화는 중국 동북 지역 청동기시대 후기의 문화로, 기원전 1000~300년경에 해당한다. 분포 지역은 주로 내몽골자치구의 적봉시, 철리목맹과 요령성 조양시 일대, 하북성 승덕(承德) 지구이다. 하가점 상층 문화라는 이름이 붙은 것은 내몽골 적봉의 홍산후(紅山後) 유적 발굴 당시 적봉 제2기 문화 가운데서 시대와 문화를 달리하는 일련의 유물이 나왔기 때문이다.

출토 유물을 통해 하가점상층문화인들의 생업 경제를 살펴보면 생산도구는 여전히 석기였고, 공구로는 반월형 석도만 보이며 호미, 삽 등이 보이지 않는 것으로 보아 농업이 빈약했음을 알 수 있다. 대신 돼지·개·닭·소·양·말 등을 사육하는 목축업이 발달하여 전반적으로 반농반목의 정착 생활을 했을 것이다. 적봉시에 있는 하가점 유적이 그러하듯이 하가점 문화 유적 가운데 촌락의 대다수는 강에 임한 양쪽 고지에 분포한다. 그리고 취락 근방에는 무덤이 있는데 모두 장방형의 움무덤이었다.

유물은 중국 문화의 영향을 받은 것과 북방의 초원 유목민의 영향을 받은 것도 있고 지역 독자적인 것도 있다. 청동기 유물 가운데는 청동단검이 많이 나온다. 주로 자루와 몸이 이어져 주조된 단검이 많이 보이며 검몸은 직인(直刃)과 곡인(曲刃)이 함께 나온다. 우리의 관심을 끄는 비파형 동검은 날이 구부러진 곡인검 가운데 하나이다.

비파형 동검은 중국 북방 유목민의 검인 오르도스식 동검이나 중국의 도씨검과도 다르다. 검몸과 손잡이, 검자루맞추개 등 세 부분으로 구성되어 있는 것이 특징인데 요령성 일대를 중심으로 한반도에서도 나오므로 그것이 출토된 지역을 일정한 문화권으로 설정하는 것이 가능하다. 그러나 비파형 동검이 중국 동북 지역의 특징적인 검이라 해도 한 종족 집단이나 국가에서만 사용했다고 볼 수는 없다. 청동기시대 중국 동북 지역(남만주)에서는 여러 청동기를 사용했는데 날이 굽은 곡인 형태를 한 검이 유행했던 것 같다. 그러나 중국 동북 지역에서도 지역별로 다양하고 특징적인 청동기가 사용됐고 그 가운데 비파형 동검도 일부 쓰인 것으로 보인다. 그리고 검자루와 자루머리에는 동물 모양이 조각되어 있거나 기하문 도형의 장식이 있다.

비파형 동검이 주로 나오는 조양시에서 내몽골 적봉시 일대는 문헌에서 분명하게 산융이나 동호의 거주지로 명시되어 있다. 이 집단들은 100여 개 이상의 여러 종족으로 나뉘어 있으면서 전쟁이나 제사 등 특정한 목적 하에 이합집산을 하면서 중국의 연나라와 제나라를 괴롭혔다고 한다. 현재 학계에서는 기원전 8~7세기 단계의 요서 지방 주민 집단이 산융족인지 아니면 동호족인지에 대한 논쟁을 남겨두고 있다. 따라서 어찌 보면 비파형 동검은 요서 지역에 살던 유목적 성향의 산융

적봉시 홍산후 유적 발굴 지점. 연·진시대 장성이 일부 남아 있는 홍산후 유적은 일제시대에 조사된 하가점 상층문화의 문화층이 현재도 그대로 남아 있다. 하가점 상층 문화라는 이름을 처음 부르게 한 유적이다.

족들이 사용하면서 주변 지역에 영향을 미친 것이라고 할 수 있다. 그 과정에서 한반도에서도 비파형 동검을 사용하게 된 것일 터이다.

어쨌든 중요한 것은 비파형 동검이 나오는 지역을 곧바로 고조선의 영역으로 이해할 수 없다는 사실이다. 중국 동북 지역 내에서도 각 지역별로 전체적인 청동기 유물의 특성을 분석하고 그 특징이 문헌 기록에 등장하는 종족과 어떻게 연결되는지를 면밀히 검토해야만 그 지역의 주민 집단이 누구인지를 이야기할 수 있다.

하가점 상층 문화의 주요 유적인 영성현 남산근 유적과 소흑석구 유적은 중간의 평원 지대를 사이에 두고 멀리서 보일 정도의 거리에 있다. 내몽골 지역은 비가 별로 오지 않고 어쩌다 내린다 해도 곧바로 스며들기 때문에 이전에 조사할 때의 계곡과 유적 상황을 그대로 확인할 수 있다. 소흑석구 유적은 1997년도 답사 때에는 일부 조사된 유적을 제외하고 주변에 수백 기의 무덤들이 노출된 채로 방치됐고 심지어 석관 안에 있던 인골이 지표면 밖으로 드러난 채 흩어져 있었다. 10분 정

맨 위 사진은 남산근 유적으로 칠로도산맥의 끝자락에 유적이 있고, 두 번째 사진은 소흑석구 유적으로 멀리 봉우리가 보이는 산자락에 소흑석구 마을이 있다. 세 번째 사진은 삼관전자 유적이며, 앞쪽 마을 사이에 유적이 있다. 그리고 네 번째 사진은 남동구 유적으로 앞쪽 숲이 우거진 곳에 유적이 있는데 은·주시기 청동 예기가 출토되어 주목된다.

도 짧게 돌아보았어도 돌로 만든 농기구와 토기 등 많은 유물을 수습할 수 있었는데, 2001년도에 다시 갔을 때는 이미 유적이 완전히 파괴된 상태였다. 중국인이 문화재 보존에 소홀한 것을 탓하며 안타까워했지만 우리의 문화 행정도 이런 건 아닌지 한번 되돌아보는 계기가 됐다.

하가점 상층 문화의 집중 지역인 내몽골 영성현과 요령성 건평현 일대를 지나 요하까지는 요서주랑(遼西走廊)이라 하는데 이는 연·진시대에 설치된 장성 이남 지역으로서 교통로가 형성되어 있으며 그중에서 중요한 거점 도시가 조양시(朝陽市)이다. 조양시에는 십이대영자라는 비파형 동검이 출토된 유적지가 있다. 이곳은 이후 한대 및 16국시대에 이르면서 오환·선비 등 유목족의 중요 거점이 되어왔다. 따라서 한국의 일부 학자들은 조양시를 고조선의 초기 중심지로 보기도 한다. 이러한 시각에는 조양(朝陽)의 어원을 따질 때 아침의 해가 뜨는 나라 조선과 통한다는 생각이 깔려 있는 것은 아닌가 짐작해본다. 조양시 외에 서쪽에 있는 능원 삼관전자(三官甸子) 유적과 객좌현 남동구(南洞溝) 유적도 비파형 동검을 특징적으로 부장하고 있어 하가점 상층 문화라는 이름 대신에 청동 단검을 특징으로 하는 문화로 부르고, 고조선이나 동이족의 조상과 연결시켜보기도 한다.

대개 요서 지역은 해발 100미터 정도의 구릉 산들이 요하 유역의 평원 지역에 이르기까지 펼쳐져 있다. 자연 지형을 살펴본 느낌만으로는 일정한 영역을 설정하기보다는 사료에 나오듯 100여 개의 오랑캐가 흩어져 살고 있었다는 표현이 맞을 정도로 낮은 구릉 지대가 펼쳐져 있다. 요서 일대에서 비파형 동검을 특징적으로 보여주는 무덤들에서 출토되는 유물을 보면 대개 하가점 상층 문화의 대표적인 유적들과 유사한 모습을 띠고 있다. 좀더 고민해봐야겠지만 요서 지역에서 비파형 동검을 내는 유적들은 함께 나오는 유물들을 비교해보건대 한반도 지역의 청동기 문화와 직결시키기는 힘들다.

고조선이라는 영역, 고인돌 분포지가 말해주다

고조선의 세력권이나 영역과 관련해서는 요서 지역보다 요동 지역이 주목된다. 요동 지역의 청동기 문화가 한반도 청동기 문화와 직결되고, 또 이는 요서 지역과 차이가 나기 때문이다. 그 대표적 표지 유물로는 비파형 동검 외에도 요동~서북한 지역의 독특한 고인돌과 미송리형 토기가 중요하다.

우리 학계에서는 고조선 문화를 전기와 후기로 나누어 설명한다. 그 가운데 전기 문화는 기원전 1000년기 초에 나타난 초기 비파형 동검 문화의 발전에 기초하여 기원전 8~7세기경에 형성됐고, 이때 초기 고조선 사회가 성립했다고 보고 있다. 초기 고조선시대에는 탁자식(북방식, 오덕리형) 고인돌이 하나의 일정한 세력권을 보여준다. 이 가운데 요동 지역의 고인돌은 중국학계에서는 석붕(石棚)이라고 하는데, 모두 탁자식(북방식)으로서 한반도 서북 지방의 탁자식 고인돌과 기본적으로 같은 형식을 하고 있다. 이것의 분포 지역은 천산산맥 언저리의 산지와 요하 남쪽 즉 요동반도에 집중한다. 고인돌 내부에서는 팽이형 토기가 나오는데 이는 미송리형 토기와 함께 고조선시대의 중요 토기였다.

고인돌의 형식 및 입지상 특징은 얇은 두께로 잘 다듬은 판돌을 짜맞추어 벽체를 만들고 그 위에 커다란 뚜껑돌을 덮어 'ㅠ'자형의 무덤방을 만드는 것인데, 그 형태가 마치 제단과 같다. 특히 고인돌은 주변

해성시 석목성 고인돌. 아래 마을이 내려다보이는 곳에 구릉 형태의 제단을 만들고 그 위에 잘 다듬은 탁자식 고인돌을 세워 신성한 종교적 집회 장소로 이용했던 것 같다.

을 조망할 수 있는 높은 구릉상에 단독으로 분포하는 경우가 많고, 한반도 서북 지방의 경우도 동일한 모습을 보인다.

고인돌의 형식(탁자식)과 입지상의 특징에서 유사하고, 고인돌 안에서 같은 형식의 아가리를 따로 만들어 붙인 토기가 요동 지역과 한반도 서북 지방에서 거의 비슷하게 나오고 있으므로 양 지역 간에 문화적 유사성이 있음을 알 수 있다. 나아가 양 지역에 걸쳐 동일한 정치체가 있었으리라 추측하게 된다. 즉 청동기시대에 요동~서북한 지역에서 탁자식(북방식) 고인돌의 분포 지역과 관련하여 하나의 정치체를 떠올린다면 고조선 외에 다른 것은 없다.

고인돌 외에 요동 지역에서 고조선 세력과 관련되는 중요한 유적으로는 심양 정가와자와 요양 이도하자(요동 지역에서 조사된 대표적인 비파형 동검과 미송리형 토기 출토 지역. 유적의 시기는 요양 이도하자 유적이 조금 빨라 기원전 7~6세기경의 돌널무덤에서 전형적인 비파형 동검과 미송리형 토기가 나왔고, 정가와자는 기원전 6~5세기경의 나무곽무덤에서 비파형 동검과 함께 후기 미송리형 토기가 나왔다)를 들 수 있다. 여기서는 초기 미송리형 토기와 비파형 동검이 나오는 유적과 그 이후 단계의 후기 미송리형 토기(검은

  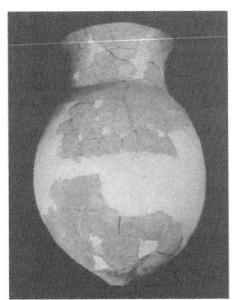

첫 번째 사진은 미송리형 토기이다. 전형적인 미송리형 토기는 회갈색의 바탕흙에 목이 있고 손잡이가 두 개 또는 네 개인 경우가 많다. 두 번째와 세 번째 사진은 팽이형 토기로, 미송리형 토기와 마찬가지로 겹아가리가 있는 단지와 목이 있는 항아리(호)가 세트로 부장됐다.

간토기)와 세형 동검이 나오는 유적이 같은 지역에 있어 예맥 계통 주민 집단이 계속 동일 지역에서 거주하고 문화를 영위했음을 엿볼 수 있다.

미송리형 토기는 북한학계의 분류에 의하면 초기 비파형 동검과 함께 출토됐기 때문에 출토 지역인 요하 유역에서 청천강에 이르는 지역을 고조선의 중심 지역으로 설정하는 주요 근거 자료가 된다. 종래 우리 학계에서는 모두 청동기시대 고조선의 전형적인 문화로 미송리형 토기를 들고 있다. 그것은 미송리형 토기 분포권이 요동 지역에서는 넓게 보면 고인돌 분포 범위와 겹치고 있기 때문이다. 지금까지의 고고학 성과에 따르면 서북한 지역의 고인돌이 분포되어 있는 곳에는 미송리형 토기와 유사한 팽이형 토기가 반드시 출토되고 있으며 요동 지역에서도 고인돌이 있는 곳에는 팽이형 토기와 유사한 계통의 그릇이 보인다.

이처럼 동일 무덤 양식의 분포와 토기·석기 등의 제작 기법상 유사성은 양 지역에 동일 계열의 주민 집단이 거주했음을 말해준다. 따라서 우리 학계에서는 요동~한반도 서북 지방에 걸쳐 있던 고조선 세력이 기원전 4세기경 연의 요동 지역 진출로 인해 서북한 지역 대동강 유역으로 옮겨왔다고 보고 있다.

연·진, 한대의 장성이 말해주는 것들

어환이 쓴《위략(魏略)》에 보면 연나라 장수 진개(秦開)가 동호를 물리친 후에 상곡군, 어양군, 우북평군(객좌현, 능원시, 건평현), 요서군(조양시), 요동군(요양시) 등 5군이 설치되고 장성(燕 長城)이 축조됐다고 한다. 여기서 장성은 물론 연나라 시기에 동호를 물리치고 쌓은 장성으로 동호 및 흉노를 막기 위해 쌓은 성이라 할 수 있다.

종래 고조선 요령성설을 주장하던 학자는 고조선의 서쪽 경계가 북경 근처에 이른다는 것을 입증하기 위해 중국 연나라 때 동호와 고조선을 치고 경계에 쌓은 장성이 북경 근처의 산해관이라 주장해왔다. 그러나 현재의 만리장성은 명나라 때 개축한 것이다. 동호족과 고조선 세력을 밀어내고 연과 진·한대에 설치한 장성과 초소는 바로 요서 지역과 요동 천산산맥 일대에까지 이른다.

한대(漢代)에는 우북평군, 요서군을 유지하면서 연장성 이남에 봉화대를 설치하기도 했다. 이러한 장성을 통해 한(漢)은 흉노·선비·오환을 이이제이(以夷制夷)식으로 통치했던 것이다. 요서 지역에 위치한 현이나 시 박물관을 돌아보면 연·진시기 및 한시기 장성 근처에서 나오는 기와 및 철기 제품 그리고 명도전 등 중국 세력들이 동쪽으로 진출하는 과정에서 정착해 살면서 남긴 유물들을 볼 수 있다.

그리고 연·진시대부터 한시기에 이르는 동안 설치된 주요 성지 유적으로는 우북평군치와 관련된 영성현 흑성(黑城), 요서군 유성현치로 보고 있는 조양시 원태자(袁台子) 유적 그리고 우북평군 석성현치로 보고 있는 능원시 안장자(安杖子) 성지 등이 있다. 이 성지들을 모두 답사해보았는데 현재도 전국시대 및 한대의 와당 및 기와가 성 주변에 널려

능원시 안장자 성지. 한대(漢代) 우북평군의 석성현이 있었던 곳으로 추정되는데, 현재도 진·한대의 기와편이 주변에 널려 있다.

있었고 많은 토기들을 수습할 수 있었다. 분명 중국 세력의 진출과 통치의 거점으로 활용됐으리라는 것을 어느 정도 확인할 수 있었다.

그렇다면 기원전 4~3세기 및 기원전 2~1세기에 해당하는 장성이 요서 및 요동 지역에 설치됐다고 볼 때, 이 당시 위만조선의 영역은 당연히 장성 동쪽에서 찾아야 할 것이다. 북경 오른쪽에 흐르는 난하 근처의 산해관을 염두에 두고 고조선의 영역을 찾는 일은 없어야 할 것이다.

고대사 연구, 왜 답사가 중요한가

그동안 몇 차례 요령성 지역을 답사하면서 내몽골~요서~요동 지방의 원시 및 고대 문화 관련 중요 유적을 상당수 돌아볼 수 있었고, 답사가 어려운 지역은 박물관에서 어느 정도 확인할 수 있었다. 그 과정에서 내몽골 및 요령성 지역에 펼쳐진 청동기 문화와 고대 역사를 문화적으로 개관할 수 있었다. 또한 한국 청동기 문화의 원류에 대한 균형 잡힌 시각을 얻을 수 있었고, 나아가 동아시아 역사 속에 위치한 한국 고대사 및 문화에 대해 폭넓게 이해할 수 있었다. 아직까지 답사의 경험을 논문으로 정리하지는 못했지만 요령성 지역이 한국 문화의 원류와 관련하여 주목해보아야 할 곳임을 새삼 깨달았다.

매번 느끼는 것이지만 답사 과정에서 나는 책상에서 글을 읽을 때 느낄 수 없는 유적 주변의 자연지리적 환경을 확인할 수 있었다. 좀 동떨어진 이야기 같지만 발해가 화산 폭발로 망했다는 주장이나 발해의 상경성 한 변의 길이가 4킬로미터나 되는 이유가 무엇일까 하는 등의 의문은 현장에 가보면 한순간에 풀린다. 발해 상경성은 일찍이 일어난 화산 폭발 후 형성된 현무암 지역에 만들어졌기 때문에 주변의 돌이 모두 현무암이었다.

나는 또 요서 지방이 고조선의 영역이 될 수 없음을 답사하는 과정에서 조금씩 알게 됐다. 그것은 요서 지역의 작은 현 박물관에 쌓여 있는 비파형 동검과 많은 청동기 유물이 고조선의 것이라기보다는 그 일대에서 활동하던 유목 민족의 유물과 함께 출토된 것임을 확인했기 때문이다. 그리고 미리 준비한 자료집을 들고 다니며 현장을 돌아보면서 전국시대 이후 중국 문화 및 주민의 요서 지역으로 진출하는 모습과 한대 이후 요령성 일대에 대한 지배 방식 등을 이해할 수 있었다.

백 번 듣는 것보다는 한 번 보는 것이 중요하다. 최근 우리 나라에도 한반도 전역에 산재한 문화 유적을 답사하는 동아리가 많다. 방학을 이용해 아이들 및 청소년을 대상으로 하는 답사 프로그램은 참가 인원을 제한해야 할 정도라고 한다. 이는 바로 현장 학습의 중요성을 모두가 느끼고 있음을 반영하고 있어 환영할 만한 일이다.

고인돌 사회와 고조선

고인돌이란

고인돌은 한자로 지석묘(支石墓)라 한다. 지석은 지탱하는 돌, 우리말로는 굄돌이라는 뜻이다. 따라서 고인돌은 한자 지석묘의 우리말로서, 뚜껑돌을 지탱하는 돌이 있는 무덤이라는 뜻이다. 어원상 고임돌에서 고인돌로 변한 것이다. 혹자는 모양과 구조가 다양하므로 고인돌을 좀 더 큰 범주로 볼 수 있는 '큰돌 무덤'으로 부르자고 제안하기도 했지만, 한국학계에서는 일반적으로 고인돌이라 부르고 있다. 1960년대 초까지 사람들은 고인돌이 왜 세워졌는지 몰랐다. 그러나 고인돌 뚜껑돌 밑에서 사람뼈와 껴묻거리가 나와 그것이 무덤이라는 것을 알 수 있었다.

고인돌 축조에 있어 여느 무덤과 다른 특징은 무덤에 뚜껑돌을 덮고 그 밑에 매장부를 두고, 뚜껑돌을 받치기 위한 고임돌(지석)을 매장 주체부 위에 둔다는 점이다. 요동 지역과 한반도 서북 지방에 특징적인 탁자식(북방식) 고인돌의 경우는 얇게 잘 다듬은 판돌로 상자 모양의 벽체를 쌓고 그 위에 넓은 뚜껑돌을 덮어 하나의 거대한 조형물이나 제단과 같은 형태를 하고 있다. 고인돌은 그 형태가 독특하고 오랫동안 우리 주변에서 함께 있어온 유적이기에 지표 조사나 발굴을 통해 학계에 가장 많이 보고되어 있으며 많은 사람들이 학문적 관심을 가지고 연구하고 있다.

그럼에도 불구하고 한국의 고인돌만큼 성격 규명이 체계적으로 이루어지지 않은 사례도 드물다. 일제 강점기는 물론이고 해방 이후 지금까지 고고학자들이 수없이 많은 고인돌을 발굴하고 지속적으로 연구해오고 있음에도 고인돌에 대해서는 아는 것보다 모르는 것이 더 많을 정도이다. 이것은 그동안 고고학 발굴 조사 방법이 너무 일률적으로 진행되어왔고 고고학 연구에 있어서 고식적인 이론과 방법이 단순 반복되고 있기 때문일 것이다.

세계문화유산으로서의 고인돌

2000년 12월 2일, 유네스코 세계유산위원회(WHC)는 전남 화순, 전북 고창, 강화 지역의 고인돌떼를 세계문화유산으로 등록했다. 한반도에 존재하는 고인돌의 보존 가치를 세계가 인정한 것이다. 그것은 고인돌이 세계적으로 유례를 찾아볼 수 없을 만큼 한반도에 집중되어 있고 탁자 모양과 바둑판 모양 등 독특한 형태를 취한 거석(巨石) 기념물이기 때문이다.

고인돌은 한반도 전역에 고르게 분포하며 그중 대동강 유역을 중심으로 한 평안남도와 황해도, 영산강 유역의 전라도 등 주로 서해안 지역에 밀집되어 있다. 특히 전남 지역에만 300여 곳에 약 2만여 기가 분

고창 상갑리 고인돌떼. 상갑리 일대에는 수백 기의 고인돌이 낮은 산자락과 등성이에 분포하고 있어 청동기시대 오랜 동안 이 지역에 토착 집단이 거주하고 있었음을 짐작케 한다.

포한다. 그중 화순 지역 고인돌은 보존 상태가 양호하고 채석장을 비롯하여 다양한 종류의 고인돌이 밀집하고 있으며 채석하는 과정에서부터 고인돌 축조에 따른 일련의 과정을 한 곳에서 볼 수 있어 일종의 고인돌 산 교육장이라 할 만하다.

고창 지역 고인돌의 경우는 큰 규모의 돌로 고인돌을 만들던 축조 방법 및 기술을 확인할 수 있고, 남방식에서 북방식에 이르는 다양한 고인돌이 대규모로 밀집하고 있다는 점에서 매우 신비롭기도 하다. 강화도 부근리 고인돌은 남한 최대의 탁자식(북방식) 고인돌이라는 점에서 세계문화유산으로 등록됐다.

요동 지역과 한반도 서북 지방에는 잘 다듬은 판돌로 만들어진, 한반도 남쪽의 고인돌보다 대형의 고인돌이 분포하고 있다. 요동 지역 석붕산이나 황해도 은율 고인돌처럼 뚜껑돌이 8미터가 넘는 대형의 고인돌은 무덤이라기보다는 일종의 제단이나 당시의 종교적 상징물로 볼 수 있을 정도로 잘 건축된 조형물 형태를 하고 있다. 이것들 또한 비록 세계 문화유산에 등재되지 않았지만 한반도 남쪽의 고인돌과 함께 세계

강화 부근리 탁자식 고인돌. 남한 내 고인돌 가운데 가장 무겁고 큰 고인돌이다. 강화도 부근리 고려산 일대에는 이러한 탁자식 고인돌이 많이 분포하고 있다.

문화유산으로 등재해서 보존해야 될 중요한 우리의 문화 유산이라 할 수 있다.

이러한 한국의 고인돌은 그 형태 및 분포상 외국의 고인돌과 차이가 크며, 순수 고인돌이 한반도에 가장 집중되어 있다. 세계 여러 곳에 널려 있는 수많은 거석 기념물을 형태별로 나누어보면, 대체로 여섯 가지 종류가 있다. 자연석이나 일부 가공한 긴 기둥 모양의 돌 하나를 지상에 수직으로 세운 멘히르(menhir), 일명 선돌과 돌기둥을 두 개 세우고 그 위에 평평한 돌을 한 개 가로로 얹은 형태의 거석 유물인 트릴리톤(trilithon)이 있다. 그리고 돌을 여러 개 세운 위에 평평한 거석을 개석(蓋石, 뚜껑돌)으로 얹은 형태로서 탁자 모양처럼 생긴 돌멘(dolmen), 일명 '지석묘(支石墓)'와 돌멘 앞에 거석으로 출입하는 통로, 즉 이도(夷道)를 구축하고 봉토(封土)를 쌓은 분묘를 말하는 코로도툼(corridor-tomb)이 있다. 이외에 기둥 모양의 돌을 여러 줄 배열한 알리뉴망(alignements), 일명 '열석(列石)'이 있고, 여러 개의 돌을 일정한 간격에 따라 원형으로 둘러서게 한 구조물인 크롬렉(cromlech) 또는 '환석(環

石. stone circle)'이 있다.

무덤이나 제사 장소로 추정되는 이들 거석 기념물은 지역마다 형태나 조영의 목적에서 차이가 있지만 대체로 농경 생활에 기초한 정착 사회 단계에 들어서서 집중적으로 나타난다. 아마도 농경 사회의 기념물로 세워진 것들로 보인다.

우리 나라 고인돌은 세계의 다른 거석물과 달리 형태가 독특하다. 그것은 무덤방을 이룬 탁자 모양을 하거나 굄돌 위에 뚜껑돌을 덮어 무덤방을 만드는 등, 죽은 자를 장사 지내고 그 주검을 묻은 무덤으로서 기능을 하고 있다. 같은 거석 기념물이지만 그 기능에 있어서 세계의 것들과는 차이가 있다.

고인돌은 또한 한반도 서북 지방과 전라도 지역에 가장 집중하고 있어 당시 그곳에 존재했던 주민 집단과 정치체의 모습을 유추해보는 자료가 되고 있다. 문헌 자료에 근거하면 당시 서북한 지역에는 고조선이 위치했고, 전라도 지역에는 삼한이 있었다. 따라서 고인돌은 우리 역사에서 청동기시대 사회상과 초기 국가의 출현 모습, 나아가 청동기시대 사람들의 생활과 정신 세계를 분석하는 데 소중한 자료이다.

최근 고인돌 뚜껑돌에 그려진 성혈(性穴. cup mark)에 관심을 두고 청동기시대 사람들이 별자리를 관측하여 그려넣은 것이라는 주장이 북한 학계를 중심으로 제기되고 있다. 그러나 그것은 자세히 보면 후대에 금속기를 이용해 흔적을 남겼던 것처럼 보이고, 후손들이 고인돌에 와서 종교적 제의를 행하던 과정에서 나온 산물일 가능성이 크다는 점에서 그것을 별자리로 보는 것은 신중을 요한다.

외국 학계에서는 한국 땅에 세계 고인돌의 40퍼센트 이상이 남아 있어 기적이라고 한다. 일본의 고모토 마사유키(甲元眞之) 교수는 1960년대

평양 귀일리 탁자식 고인돌(위)과 귀일리 고인돌 별자리 추정 구멍(아래). 전형적인 탁자식 고인돌로 얇게 잘 다듬어진 뚜껑돌 위에 북한학계에서 북두칠성으로 추정하는 홈 구멍이 파여 있다.

한반도에는 고인돌이 8만 개 이상 있었는데 40년 정도 지나면서 6만 개 정도가 파괴됐다고 한다. 그러한 의미에서 한국은 고인돌 최다 보유국이지만 부끄럽게도 고인돌을 가장 많이 파괴하는 나라이기도 하다. 아마도 주변에 흔하다 보니 그 중요성을 인식하지 못한 때문일 것이다. 그리고 선돌(立石)과 석상(石像)도 과거에 다수 있었으나 건설 공사용 골재나 각 문중의 비석감 등으로 채취되면서 많이 파괴됐다. 과거 마을의 이름이 '입석리'나 '선돌부락'이라는 곳에는 선돌이 있었을 것이다. 오늘에라도 그 가치와 중요성을 깨달아 한국에도 거석문화협회가 만들어지기를 기대하며, 세계문화유산으로 등재도 됐으니 한반도에서 거석 문화가 재발견되고 그 역사적 의미를 재평가하는 것은 의미 있을 것이다.

고인돌의 사회적 기능은 어떠했나

고인돌은 해안가에도 있으나 그보다는 주로 해안에서 내륙으로 들어온 지역의 하천 등을 따라 분포한다. 고인돌은 주변을 멀리 내다볼 수 있고 아래에서 올려다볼 수 있는 높은 곳에 있다. 이렇게 높은 곳에 무덤을 쓴 것은 바로 죽은 자의 위엄을 과시하기 위해서이고, 죽은 후에 하늘과 곧바로 연결되기 위해서일 것이다. 한편 고인돌은 사방 1~2킬로미터 정도 설치하여 위엄을 과시하기도 하지만 가족 전체가 공동 무덤에 묻히는 경우가 많다. 특히 마을 공동체 사람 모두가 일정한 무덤 구역 안에 묻히는 경우가 많아 고인돌은 대개 한 곳에 수십 기가 모여 있게 된 것 같다.

고인돌은 집단적으로 무덤 구역(묘역)이 조성되어 있는 것이 특징이다. 한반도에서 고인돌이 가장 밀집한 곳은 앞에서도 밝혔듯이 평안남도와 황해도 등 서북 지방과 전라남·북도 등 서해안 지방이다. 전라남도에는 1,900여 군데에서 모두 16,000기가 넘는 고인돌이 분포한다. 이러한 고인돌 가운데 한두 기나 다섯 기 정도가 일정 지역에 단독으로 분포되어 있는 경우가 많고, 또 소형이 적지 않으며, 시신과 함께 묻은 유물이 빈약한 경우도 많아 모두 지배자의 무덤이라는 종전의 설은 설득력을 잃게 됐다. 또한 지하에 무덤 칸이 설치되지 않은 것이 있어서 고인돌 가운데 일부는 묘역을 상징하는 표지석으로 세워지고, 일부는 장례 의식을 행하던 제단으로 사용된 것으로 보인다.

특히 요동 지역의 탁자식 고인돌은 주변보다 특별히 높은 구릉상에 단독으로 분포하며, 잘 다듬은 얇은 판돌로 벽체를 만들고 그 위에 뚜껑돌을 덮어 일종의 제단과 같은 형태를 하고 있으므로, 종교 활동과 관련된 상징물로 볼 수 있다. 많은 고인돌이 무덤이 아닌 청동기시대 농경 사회의 기념물로서 한 공간을 점유하면서 장기적으로 의례를 수행함으로써 그 역할과 의미가 지속되어온 경우도 있는 것이다.

공동체 성원 모두의 매장 의례가 고인돌을 축조하면서 혹은 고인돌 떼 내에서 이루어졌는지는 알 수 없다. 이른 시기 고인돌떼의 경우 개별 고인돌의 위계를 설명해주는 유적은 전혀 없다. 그렇다고 해서 고인돌이 공동체 전체를 위해서 축조됐고 그 사회가 무리 사회, 부족 사회라고 간단히 결론 내릴 수는 없다.

거대한 규모의 고인돌을 축조하는 데 충분한 기술력과 노동력을 보유한 고인돌 사회에는 지역 간의 전파와 교역을 담당하는 전문가 집단 및 이들을 통제하는 정치 권력이 존재했을 것이다. 고인돌은 지배 계층 또는 그에 상응하는 경제적·정치적 능력을 지닌 자들의 공동 묘지로, 고인돌의 밀집 분포는 그들의 지배 영역의 범위와 부합되는데, 고인돌 사회를 유지하는 사회·경제적 배경은 농경, 특히 벼농사에 바탕을 둔 잉여 생산이었다. 따라서 고인돌 사회는 정치·사회적 진화 발전상으로는 엘먼 서비스(Elman R. Service. 인류의 발전이 무리 사회(band)에서 부족 사회(tribe), 족장 사회(chiefdom), 국가(state) 단계로 발전하는 것으로 파악한 신진화론자)가 제시한 족장 사회 단계에 해당한다고 보는 입장이 현재도 유효하다.

형태적으로 볼 때 고인돌의 구조적인 변화도 흥미롭다. 고인돌의 발

평양 상원군 장리 고인돌. 청동 교예 장식품이 나와 유명해진 장리 고인돌은 무거운 덮개돌을 정교하고 얇게 다듬어진 받침돌이 지탱하고 있어 청동기시대 고인돌 조영 및 건축 기술 수준이 매우 높았음을 짐작케 해준다.

전 단계는 대개 돌무지 사이에 돌관을 두는 공동체 무덤 단계에서 고인돌의 구조적 3요소인 뚜껑돌, 매장 시설, 무덤 구역이 각자 분리되면서 거대화되는 방향으로 발전한다. 예컨대 무덤 구역은 뚜껑돌 직하부에 매장 시설을 두른 형태에서 출발하여 창원 덕천리 1호 고인돌처럼 일정 지역을 성역화하고 주인공 무덤을 보호·부각시키는 형태로 발전한다. 이러한 변화의 방향을 단순히 해석할 수는 없지만 공동체 의례 중에서도 족장 개인을 위해 배려된 부분이 강조되는 것이라고 볼 수 있다. 이처럼 혈연, 경작지와 영역, 공동의 의례 수행 등을 통해 집단의 관계를 심화시키고 확대시켜온 농경 사회의 주민들에게 고인돌 떼는 다른 어떤 시설물보다도 중요한 사회적·이념적 의미를 가졌을 것이다.

고인돌은 어떻게 만들어졌나

　탁자식(북방식)은 석실이 지상에 있어 석실을 축조하는 데 힘들었을 것이고 바둑판식(남방식)은 거대한 뚜껑돌을 이동하는 것이 어려웠을 것이다. 운반되어온 뚜껑돌은 지상이나 지하의 석실 또는 굄돌에 적당히 흙을 경사지게 돋운 뒤 그 위로 그것을 끌어올린 후 흙을 제거한 것으로 추정된다. 이는 뚜껑돌과 굄돌 사이에 종종 흙으로 메워져 있는 흔적이 증명한다. 뚜껑돌을 옮기는 데 얼마나 많은 사람들이 동원됐는가 하는 것은 옮겨온 거리나 무게에 따라 약간의 차이는 있으나 전북 고창과 진안에서 실시한 실험고고학에 의해 어느 정도 밝혀지고 있다.
　떼어낸 뚜껑돌을 옮기는 방법은 큰 돌 밑에 나무를 넣어 옮기는 지렛대식, 돌을 묶어 사람들이 어깨에 메고 옮기는 목도식, 지렛대식에 사람들이 앞에서 끌어 옮기는 끌기식, 강물이나 바닷물에 뗏목으로 옮기는 방식, 겨울철에 눈이나 미끄러운 얼음을 이용하는 방식 등이 있었을 것이다. 그리고 가까운 거리에서는 지렛대식이나 목도식이, 먼 거리에서는 강물이나 바닷물을 이용하는 방법 또는 끌기식이 쓰였을 것이다. 특히 통나무 바닥에는 그 밑에 철도 레일식으로 이동 방향에 맞춰 나무를 깔고 그 위에 통나무를 놓아 돌을 끌어 당겼음을 알 수 있었다. 실험 결과 그냥 통나무만 깔고 옮겼을 때는 85명이 70여 미터를 옮기는 데 4시간이 소요됐다. 즉 10분에 3미터 정도 갈 수 있었다. 반면 레일 식으로 나무 위에 통나무를 깔고 옮길 때는 불과 40명만으로도 10분에 18미터를 옮길 수 있어 무려 6배 정도 수월하게 작업을 마칠 수 있었다.
　지배자들의 무덤인 고인돌의 덮개에는 요즘 하늘에서 관찰되는 북두칠성 같은 별자리나 의미를 알 수 없는 표지가 있다. 이것을 두고 일부

요동 해성시 석목성 고인돌 채석장. 석목성 고인돌 옆에 있는 채석장으로 요즘에 채석을 한 곳이지만 청동기 시대에도 이러한 형태로 돌을 떼어내 고인돌을 조영했을 것이다.

에서는 고조선시대에 천문학이 발달했다고 하기도 한다. 고인돌은 분명 무덤이지만 제사를 지냈던 제단으로도 사용됐던 것으로 보아 덮개에 새겨진 별자리로 보이는 마크는 만일 그것이 당시에 그려진 것이라면 고인돌에 묻힌 사람이 저승에 가서 잘 살 수 있도록 기도하는 의미에서 새겨졌을 것이다.

고인돌 위의 구멍에 대해서는 불을 피울 때 사용하던 발화석이라는 주장에서부터 고인돌이 세워지던 시기보다 후대에 만들어진 것으로 성(性)을 상징하는 구멍이라는 등 다양한 해석이 있다. 여러 주장을 종합해보면 대개 뚜껑돌에 새겨진 구멍은 고인돌이 조영된 이후 후대 사람들이 그것을 종교적인 장소로 이용하면서 그들의 기원을 담은 일정한 행위의 산물로 보는 것이 타당할 듯하다. 왜냐하면 고인돌을 조영하는 처음 목적은 무덤으로서의 기능이고, 또한 바위산에서 돌을 떼어내다가 무덤을 조영하는 것조차 힘든 상황에서 별자리를 새겨넣기에는 무리라는 생각이 들기 때문이다. 그러나 그것이 고인돌 조영 시기에 새겨진 것으로 볼 수도 있고 실제 별자리와 유사한 것이 많아서 그 가능성을 완전히 배제할 수는 없을 것이다. 앞으로 좀더 논의가 필요한 주제이다.

고인돌은 고조선을 읽는 자료

요동 및 한반도 지역의 고인돌 분포를 보면 그 지역에는 상당히 장기간에 걸쳐서 거대한 고인돌을 세우는 것이 가능한 대수장 혹은 족장이 존재했으리라 생각된다. 이것을 인정한다면 고인돌이 분포

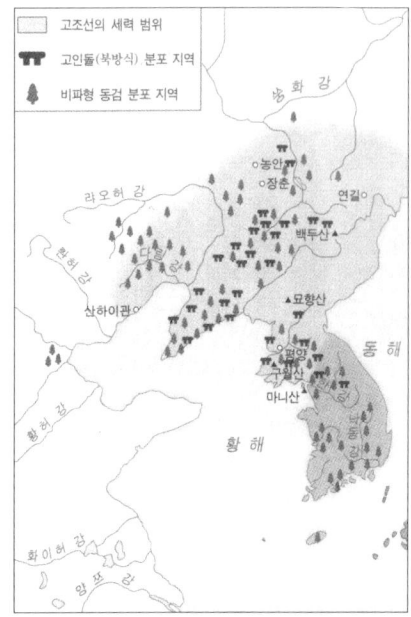

고인돌 분포 지도. 중학교 국사 교과서에 실려 있는 고인돌 분포 지도이다. 요동에서 한반도에 걸쳐 특징적으로 분포하고 있는 것이 눈에 띈다.

하는 지점에는 토착민 호족의 정치 세력이 상당히 장기간 지속됐을 것이다.

지금까지의 조사 결과에 의하면 중국 동북 지역의 고인돌 분포는 특정 지역에 집중되어 있다. 요령 지역은 요하 동부 지역의 전역에서 조사됐으며, 천산산맥 언저리와 요동반도를 중심으로 한 요하 남부 지구의 해성, 개주, 대련에 집중되어 있다. 또 길림 지방은 합달령 남부와 장백산지의 동쪽에서 대부분 조사됐으며, 특히 분수령 부근의 휘발하 유역에 밀집 분포하고 있다. 그런데 주목되는 것은 요령 지역 고인돌 분포가 비파형(요령식) 동검 분포권과 비슷하다는 것이다. 요동반도의 신금현 쌍방, 한반도의 대전 비례동과 신대동, 여천 적량동 고인돌에서

평양 상원군 방울뫼 묵방리 고인돌. 고인돌은 마지막 단계에 지하에 매장 시설을 두고 굄돌 없이 곧바로 뚜껑돌을 덮는 묵방리 고인돌로 변한다. 남한학계에서 말하는 개석식 고인돌이다.

는 비파형 동검도 출토되어 역시 주목된다. 이는 비파형 동검 문화가 고인돌과 상당히 밀접한 관계라는 것을 보여준다.

요동~서북한 지역의 청동기 문화를 분석하면서 주목할 만한 또 하나의 현상은 요동반도의 고인돌이 전형적인 북방식 고인돌이 주류를 이루고 있으며, 이것이 한반도의 북방식 고인돌과 상통한다는 점이다. 이는 곧 요동반도와 한반도의 주민 집단이 동일한 문화 단계에서 생활했음을 보여준다. 따라서 고인돌은 요동 지역과 한반도에 걸쳐 살았던 같은 계통의 주민 집단이 남긴 유물로서 하나의 문화권을 설정케 하는 고고학 자료라고 볼 수 있다.

전체적으로 요동반도 고인돌에서 반출된 유물들은 돌도끼, 붉은간토기조각, 돌화살촉, 가락바퀴 등이다. 이 유물들은 전부 청동기시대 유물에 해당하며 한반도의 고인돌에서 출토되는 것들과 유사하다. 그러므로 한반도와 요동반도의 전형적인 고인돌의 경우, 반출되는 유물이나 구조 형식으로 보아 거의 동일한 시기, 동일 계통의 유적임을 알 수 있다.

한반도의 고인돌이 개석식(북한학계의 묵방리형) 고인돌이라는 변형 고인돌이 되어간 것처럼, 요동반도 지역의 고인돌은 대석개묘(큰돌 덮인 돌널무덤) 등으로 변해갔는데, 이 점 역시 같은 문화권 내에서의 변화를 보여준다. 그리고 서북한 지역과 요동반도 지역의 고인돌만이 커다랗고 정연하며 입구가 분명하고 동시에 세 면을 막음하는 방식으로 조영됐다. 이처럼 구조상 서로 밀접한 관계를 가지고 있는 것은 양 지역의 대형 고인돌이 같은 계통의 것이라고 볼 수 있는 근거가 된다.

결국 서북한 지역의 이른바 북방식 대형 고인돌과 요동반도의 대형 고인돌은 동일 유형으로 분류될 수 있기 때문에, 대형 고인돌은 고인돌 사회 후기에 등장했고 동일 계통 주민 집단의 소산이라고 볼 수 있다. 이것은 요동반도 동쪽과 북쪽 지역의 낮고 평평한 지역에서 돌널무덤과 미송리형 토기 문화가 중점적으로 발전하는 것과 구별된다고 할 수 있다.

요동반도 및 한반도의 거대 고인돌은 대부분 평지보다 20~30미터 높은 산등성이에 독립적으로 존재하고 있다는 특징이 있다. 실제 요동~서북한 지역의 고인돌 분포지는 크게 요동반도, 혼하, 서북한 지역이라는 세 중심지로 나뉜다. 그중 서북한 지역과 요동반도는 형식과 분포상이 유사해서 거의 동시기에 존재한 무덤 양식이라고 생각된다. 반면 혼하 지역은 분포가 조밀하지 못하고 대석개묘가 많이 분포하는 점에서 같은 요동 지역 안에서도 요동반도~서북한 지역의 고인돌보다 나중에 형성됐음을 알 수 있다.

그렇다면 무덤 양식으로서 고인돌과 돌널무덤이 일정 지역에 집중 분포하는 것은 어떠한 의미를 가질까. 아마도 그 일대에 하나의 유사한 계통의 종족과 주민 집단이 있었음을 말해주는 것은 아닐까. 선진(先

秦) 문헌인 《관자》, 《산해경(山海經)》, 《전국책》에는 늦어도 기원전 4세기 중반 이전에 발해 연안 지대에 존재한 종족으로서 산융을 중심으로 한 여러 융적들과 그 동쪽에 '조선'이 존재했다고 나온다. 이들 중 산융을 비롯한 영지·고죽·도하 등 융적들은 기원전 8~7세기경 장성·열하 일대에서 난하·요서 일대에 위치하고 있었음이 문헌과 고고학 자료를 통해 입증됐다.

최근 몇몇 논자들은 요동반도 지역의 고인돌이 한반도 서북 지방의 고인돌과 유사한 점을 들어 두 지역이 동일한 문화권을 이루면서 단일한 정치체에 속해 있었다는 주장을 조심스럽게 제기하고 있다. 즉 전형적인 탁자식 고인돌을 조영하던 예맥 계통의 주민 집단이 황해 이북 연안 지역을 끼고 환상적인 배열을 하고 있는데, 이것이 일정한 국가나 정치 집단을 이루고 있었다는 것이다.

황해 이북 연안 지역은 중국인의 시각에서 볼 때 동이족이 살고 있었던 것으로 여겨지는 지역으로 일찍이 "오랑캐와 예족의 고향(夷穢之鄕)"으로 표기됐다. 그곳은 정치 집단으로 말하면 '조선'으로 표현되는 세력의 거주 지역이라고 볼 수 있다. 그러나 압록강 유역에서 청천강에 이르는 지역에서 아직까지 고인돌 유적이 확인되지 않는 등 요동반도 지역과 서북한 지역 사이에 문화적 공백이 있어 뚜렷한 입장을 제시하기는 어렵다. 또한 압록강 일대 단동 지구에는 이른바 공귀리형 토기를 사용하는 집단이 있었으므로 이들 세력 집단을 포함하여 과연 요동반도에서 서북한에 이르는 지역이 단일한 정치체에 속해 있었는지는 계속 고찰해봐야 할 것이다.

고인돌은 전 세계에 보편적으로 분포한다. 한반도에 존재하는 것과 다르지만 거석 기념물, 멘히르(Menhir)라 불리는 기념물들이 전 세계에 걸쳐 있다. 유럽을 비롯해 인도, 동남아, 중국의 절강성 및 요령성, 일본의 규슈 지방에 이르기까지 넓은 지역에서 발견되고 있지만, 특히 우리 나라에 가장 많이 분포하고 있다.(약 35,000여 기) 우리에게 고인돌은 생활 주변에서 흔하게 볼 수 있는 돌멩이이기에 살아 있는 역사로 느끼기 힘든지도 모른다. 고인돌은 시골 마을의 한복판에 있으면서 고추를 널어 말리거나 삼삼오오 모여앉아 바둑을 두는 쉼터가 되곤 한다. 그러나 우리 가까이에 있는 그것이 바로 세계문화유산으로 등록된 고인돌이다. 우리 나라 고인돌은 세계의 다른 거석물과 다른 독특한 형태를 갖고 있고, 그것이 요동 지역 중 한반도에 가장 집중하고 있기에 당시 일정한 주민 집단의 존재를 확인할 수 있어 청동기시대 우리 나라 사회의 모습을 복원하는 데 가장 중요한 문화적 지표라 할 수 있다.

지금처럼 무관심 속에 방치돼서 계속 파괴되어간다면 고인돌은 언젠가는 사라지고 말 것이다. 그것은 우리 역사 가운데 청동기시대의 역사와 사회를 제대로 복원하지 못하는 결과로 이어질 것이다.

역사학자의 눈으로 본 오늘의 평양과 고조선 유적

북한의 고인돌을 찾아서

나는 2002년 9월 16일부터 9월 28일까지 12박 13일 일정으로 평양과 그 주변 지역을 돌아보았다. 방북이 쉽지 않은 현실 속에서 최근 활발한 남북간 민간 교류의 바람을 타고 KBS-TV〈역사스페셜〉팀과 함께 평양에 다녀올 수 있었다.

방북의 주된 목적은 북한에 있는 고인돌 유적의 현황을 파악하는 것이었다. 한반도에 분포하는 고인돌은 세계에 자랑할 만한 인류의 문화유산이다. 남한의 고인돌은 지난 2000년에 이미 세계문화유산으로 등록됐지만 북한의 고인돌은 아직 등록되지 못했다. 현재 북한에는 세계유산으로 등록된 유적이 없다. 이에 남한의 고인돌 관계자와 전문학자들이 북한을 방문하여 북한 고인돌의 세계문화유산 등록을 위한 남북 공동추진위원회를 발족하고, 고인돌 및 단군릉 등 고조선 관련 유적을 공동으로 탐방하며, 고인돌과 고조선사를 주제로 토론회를 개최하는 일정을 잡았다. 이런 일정 속에는 이번 방북 이후 학술대회 및 각종 행사 추진 등 전 과정을 프로그램으로 제작해서 남북 역사 교류의 새 장을 여는 계기를 마련하자는 취지가 담겨 있었다.

여전히 이념과 체제 간 장벽이 있어 관심있는 것을 모두 볼 수는 없었지만 그동안 방송과 글로만 보고 듣던 북한에 부는 새 바람을 일부 목격할 수 있었다. 또한 북한학계에서 주장하는 내용이 우리 역사를 좀 더 적극적으로 해석하려는 노력의 산물이며, 한편으로는 주체사관을 재정립하는 과정에서 정치적 해석이 많이 포함됐다는 사실도 확인할 수 있었다.

방북 목적은 한반도의 고인돌 및 고대사 관련 유적을 탐방하여 방송 프로그램을 제작하기 위한 것이었기 때문에 대개 한국 고대사 관련 유적을 돌아보았다. 그러나 일정의 반은 고대 유적이 아닌 평양 주변의 역사 유적을 돌아보는 데 할애됐다. 게다가 북한학계의 학자들과 만나 처음으로 토론회를 열고 사심 없는 대화를 나누면서 현재 북한학계의 관심 분야 등에 대해서도 알 수 있었다.

조선중앙력사박물관을 돌아보다

조선중앙력사박물관은 인민대학습당 앞의 승리거리 김일성 광장 한쪽에 있는데, 광장을 사이에 두고 맞은편에는 조선미술박물관이 있다. 전시는 2층과 3층에서 이루어지고 있었다. 모두 19개 방의 전시실이 있는데 원시·고대·고려시대의 것은 2층에, 조선·근대 혁명운동사까지는 3층에 전시되어 있었다. 2시간여의 짧은 관람 시간과 방송 촬영까지 겹치다 보니 모든 전시실을 꼼꼼히 볼 수는 없었고, 내 관심사인 고

조선중앙력사박물관. 북한의 대표적 역사박물관으로 원시시대에서 현대까지 우리 나라 역사를 한눈에 볼 수 있게 유물을 전시하고 있다.

조선·고구려실만은 자세히 돌아보았다.

원시시대는 모두 3개 방이었다. 구석기실에는 1962년 웅기 굴포리 유적 이래 북한에서 조사한 구석기 유적과 인골 등이 체계적으로 정리되어 있었다. 특히 구석기시대를 전기, 중기, 후기의 발전 단계로 구분하고 있었고, 전기에는 상원 검은모루동굴 유적과 연천 전곡리 유적이 전시되어 있었다.

신석기실에서는 그 시작을 이전의 남한학계와 마찬가지로 기원전 6000~5000년으로 보고 있으며, 대표 유적으로 봉산군 지탑리 유적을 들고 있었다. 지탑리 1호 주거지가 복원되어 있었는데, 빗살무늬토기의 아가리 부분이 전부 땅에 박혀 있어, 바닥에 구멍을 파고 그곳에 빗살무늬토기를 꽂아 사용했다는 남한학계의 주장과는 다른 해석의 여지를 주고 있었다.

네 번째 방부터는 고대 국가실이었다. 북한학계에서는 그동안 평양·대동강 유역 일대가 고조선의 중심 지역이라고 하면서도 그 실물자료를 제대로 보여주지 못했다. 그러나 1994년 단군릉 개건 이후의 발굴 성과를 포함하여, 고인돌, 비파형 동검, 미송리형 토기, 팽이형 토기

역사학자의 눈으로 본 오늘의 평양과 고조선 유적 _101

등 고조선 관련 유물이 많이 전시되어 있어 고조선 문화와 역사에 대한 이해를 높이고 있었다. 특히 최근 단군릉 개건과 함께 단군조선시대의 유물로 소개되는 상원군 용곡리 출토 비파형 창끝과 청동 단추 등을 포함해 용산리 순장무덤 출토 금, 금동귀걸이도 함께 전시되어 있었다. 북한학계에서는 이 청동 유물을 기원전 3000년~4000년 사이 단군조선의 것으로 보지만, 관찰 결과 북한의 주장과 달리 모두 기원전 1000년기 이후의 청동 유물이었고, 금제품은 북한의 주장과 달리 모두 고구려의 것이었다. 그리고 고조선시대의 토기로 순창리 굴바위 4호 돌관무덤 출토 나팔 주둥이 단지와 11호 돌관무덤 출토 배부른 단지, 강동군 태장리 1호 출토 도기 접시와 회색 도기단지, 문선당 5호 출토 뚜껑 달린 단지와 1호·7호 돌관무덤 출토 배부른 단지, 순창리 진계동 1호 돌관무덤 출토 토기합 등이 전시되어 있었다. 도면으로만 봤을 때에도 나는 그것이 고구려 토기일 가능성을 일찍이 말한 바 있는데 실물을 살펴본 결과 모두 전형적인 고구려 토기임을 확인할 수 있었다.

다섯 번째 방 고대 전시실에는 비파형 단검과 비파형 창끝 등 서북한 지역에서 나온 비파형 단검 문화 유물이 전시되어 있어 고조선의 청동기 문화를 이해하는 데 상당한 도움을 받았다. 다음의 낙랑 전시실에는 1980년대 통일거리를 조성하면서 발굴된 나무곽무덤과 귀틀무덤 및 벽돌무덤 출토의 유물이 체계적으로 전시되어 있었다. 화분형 단지와 유약 바른 단지 및 수레부속구, 황금 허리띠고리, 부조예군 도장 등 낙랑 도록에서만 보던 실물들을 눈으로 직접 볼 수 있었다. 북한학계에서는 낙랑의 유물들을 호동왕자와 낙랑공주의 설화가 배경인 최리의 낙랑국 유물로 보고 있다. 즉 이것들을 고조선을 계승한 낙랑국의 유물이라 보고 있는 것이다. 낙랑이 고조선을 계승한 독자적인 나라라고 해석하는 것은 대동강 유역의 발굴 결과를 무시하는 단순한 논리라 하지 않을 수 없다.

여섯 번째 방은 고구려실이다. 고구려 유물은 6~9호 방까지 모두 4개의 방에 전시되어 있었다. 특히 고산군 철령 출토 기마모형 철제 말 54마리가 눈에 띄었다. 8호 방에는 이른 시기의 벽화 무덤인 안악 3호분이 고국원왕릉이라는 이름으로 복원되어 있었다. 이 밖에도 덕흥리 무덤, 약수리무덤의 사냥하는 그림과 고구려 개마무사가 복원되어 있었고, 9호 방에는 사신도가 그려져 있는 강서대묘(강서 큰무덤)가 고구려 제29대 양원왕릉이라는 이름으로 복원되어 있었다. 4개의 방이 벽화 무덤을 중심으로 전시되어 있었지만 안학궁과 평양성 등 고구려 도성 유적과 광개토왕릉비 그리고 철제 유물 및 토기 등 고구려사 관련 실물들이 잘 전시되어 있었다.

10호 방은 백제·신라·가야실이고, 11호 방은 발해실이다. 발해실은 비록 전시방은 하나이지만 청해토성 및 오매리절골 유적과 출토 유물이 전시되어 있고, 상경성에서 출토된 보상화 무늬 벽돌이나 넝쿨 무늬 벽돌, 치미, 구름 모양 자배기와 치미, 복두 입은 인물이 그려진 벼루, 기둥 밑 장식 등의 레플리카(복제품)가 실물처럼 복원되어 있었다.

12~14호 방은 중세·고려실이다. 15호 방은 조선시대, 16~17호 방은 조선시대에서 19세기 중엽에 걸친 시대와 관련된 역사 유적이 전시되어 있었다. 18~19호 방은 근세시기로 19세기 중엽에서 20세기 초엽의 역사 관련 내용이 전시되어 있었다.

북한의 조선중앙력사박물관은 남한의 박물관들이 고고미술품 위주로 전시하고 있는 것에 비한다면 원시시대에서 근대 시기까지 그야말로 역사박물관으로서의 위상을 보여주고 있었다. 그리고 중앙력사박물관을 포함해 조선미술관, 민속박물관 등이 평양의 한복판인 김일성광장 좌우에 있는 중요 건물이어서 역사를 중시하고 문화 유산을 애호하는 북한 주민들의 정서를 엿볼 수 있었다.

북한의 문흥리 · 관산리 고인돌을 답사하다

내가 방북한 가장 큰 목적은 남북학자들이 함께 북한 지역 고인돌을 조사하기 위해서였다. 북한 체류 중에 현장을 방문하여 조사한 고인돌은 평양시 외곽 강동군 문흥리에 있는 고인돌, 황해도 은율군 관산리 고인돌, 평남 상원군 방울뫼 · 귀일리 · 매미골 · 장리 고인돌, 평양시 만경대 구역 고인돌 발굴 현장 등이다.

고인돌은 최근 북한학계에서 초기 고조선의 문화로 주목하고 있다. 특히 이른바 탁자식(북방식) 고인돌이 요동 지역과 서북한 지역에 집중하는데, 이것이 바로 한국 최초의 국가 고조선의 세력 범위와 일치한다고 보는 나로서는 북한 지역의 탁자식 고인돌을 눈으로 직접 보고 답사한다는 사실 자체가 흥분되는 일이었다.

북한의 고인돌은 단군릉을 개건한 이후부터 특히 주목받아 유적 주변이 잘 정비 · 관리되고 있었다. 단군릉이 복원된 평양시 강동군 문흥리 고인돌과 황해도 은율 관산리 고인돌은 덮개돌 크기가 9미터에 이르는 것으로 그 규모나 입지 자체로 볼 때 상당히 큰 세력을 지닌 지배자의 존재를 상정할 수 있었다. 북한학계에서는 최근 고인돌을 단군조선 문화 중 하나로 규정하면서 커다란 탁자식 고인돌을 단군조선 왕의 무덤으로 해석하고 있다.

황해도 은률 관산리 탁자식 고인돌. 북한에 주로 분포하는 대표적 탁자식 고인돌로 10여 미터에 이르는 뚜껑돌을 2미터 높이의 받침돌이 받치고 있을 정도로 뛰어난 건축술을 보여준다.

대개 북한에는 보고된 고인돌만 1만 5천여 기인데 최근 조사 결과 3만 기가 넘는다고 한다. 정확한 통계가 나와봐야 알겠지만 일부 지역을 답사하면서 얻은 정보에 의하면 그 규모나 조영의 정교함에서 고조선의 초기 중심지로 비정하는 요동 지역의 대형 고인돌보다 더 뛰어나다고 할 수 있었다. 특히 서북한 지역은 요동 지역에 비해 대형 탁자식 고인돌이 집중되어 있어 주목된다. 이는 청동기시대에 한반도 서북 지방 일대가 고인돌 축조의 중심이었고, 고인돌이라는 것이 청동기시대 지배자의 무덤이면서 종교적 제의가 행해지던 신성한 장소의 기능도 했으므로 평양 대동강 일대에 커다란 정치 세력이 존재했음을 말해준다.

북한학계에서는 단군릉을 개건한 이후 단군 신화를 사실로 보고 그 시대를 증명할 역사 유적을 찾았다. 그러한 그들의 노력에 가장 부합하는 것이 고인돌이었다. 왜냐하면 고인돌은 청동기시대 지배자의 무덤임이 어느 정도 밝혀져 있기 때문이다. 고인돌이 고조선 문화의 지표임은 분명하다. 다만 그것이 기원전 2000년 전으로 올라갈 정도의 연대냐 하는 것인데, 이는 무리이다. 그것은 고인돌 내부나 주변에서 나온 청동기 및 팽이형 토기의 연대가 모두 기원전 10세기 이후로 비정되기 때

평양 만경대 1호 고인돌. 2센티미터 정도의 얇은 점판암으로 내부 관 시설을 만들고 옆면에 자갈돌을 채운 뒤 뚜껑돌을 덮은 새로운 형식을 하고 있어 주목된다.

문이다. 따라서 고인돌을 단군의 무덤이라고 보고 있는 지금의 북한학계 입장은 역사적 사실과 맞지 않는 지극히 정치적인 해석을 담고 있는 것이다.

나는 일전에 평양 일대에 분포하는 고인돌과 요동 지역의 고인돌이 형태가 유사하다는 점을 내세워 이 일대에 초기 고조선의 영역을 비정해 보았다. 비록 상원군 일대의 고인돌과 황해도 은율 관산리 일대를 돌아보는 데 그쳤지만 이번 고인돌 유적을 돌아보며 그동안 갖고 있던 내 입론이 어느 정도 사실임을 확인할 수 있다.

만경대 고인돌 발굴 현장을 찾다

답사단은 우연히 조선중앙 텔레비전을 시청하던 중 김일성종합대학 고고학 강좌장(남한의 학과장에 해당)이 나와 평양에서 고인돌이 처음 발견됐다고 보도하는 것을 보았다. 답사단의 방북 일정과 관련하여 북한 고고학계에서 현재 진행 중인 발굴 현장을 참관하는 것은 여러 면에서 의미가 있다고 판단하여 안내자를 어렵사리 설득한 끝에 현장을 찾았다.

김일성종합대학 고고학 강좌장 남일룡 교수의 안내로 찾은 현장에는 고인돌과 돌널무덤이 결합된 듯한 특이한 형태의 고인돌이 발굴 중이었다. 지하에 매장 시설을 설치하고 주위에 돌무지를 한 뒤 뚜껑돌을 덮은 형태였다. 유적은 평양시 만경대가 바라보이는 농촌 마을 과수원에 위치했다. 만경대 유적을 돌아보는 시간은 평양시 일대에서 처음으로 고인돌 조사가 이루어졌다는 점과 고인돌의 형식이나 관련 내용을 남북 학자가 처음으로 현장에서 논의했다는 점에서 답사 기간 중 가장 의미가 있었다.

고인돌은 용산이라는 주산에서 뻗어내려온 여러 산줄기에 수십 기가 분포하고 있었는데, 현재는 한 산자락의 과수원에 있는 7기만을 조사하고 있다고 했다. 1호와 2호로 명명된 고인돌은 지하에 조성된 널이 돌널무덤 형태를 하고 있어 나는 이것이 고인돌과 돌널무덤이 결합된 형식으로 고인돌 양식상 후대의 것이 아닐까 싶었다. 함께 답사한 세종대 하문식 교수는 지하에 매장 시설이 들어가고 주위에 돌무지를 하는 침촌형 고인돌이 개별 무덤 형태로 변해가는 것 같다는 견해를 밝혔다.

만경대 고인돌 유적은 남북한을 통틀어 처음 발견된 형식이어서 앞으로 고인돌의 형식 분류와 그 변천 과정을 연구하는 데 중요할 것이다. 특히 1호 고인돌에서 출토된 돌검 하나와 돌화살촉 7점 그리고 인골 조각에 대한 검토와 연대 측정의 결과는 고인돌의 형식과 변천에 대한 중요한 정보를 얻을 수 있을 것이다.

단군릉과 대동강변의 단군조선 수도를 찾다

고조선 관련 유적도 답사했다. 관심과는 달리 많은 것을 볼 수 없었지만 평양시 강동군 문흥리에 세워진 단군릉과 대동강변의 단군조선

수도라고 하는 청암리 토성과 낙랑 토성, 낙랑 무덤떼를 답사할 수 있었다.

단군 무덤은 원래 돌로 무덤 칸을 만들고 흙으로 덮은 이른바 굴식돌방무덤(석실봉토분)으로 크기는 동서 273센티미터, 남북 276센티미터의 작은 무덤이었다. 무덤 벽에는 본래 벽화가 그려져 있었다고 하며 모줄임 천장을 하고 있었다. 벽화에는 '옛 선인'과 '신기한 장수'가 그려져 있었다고 하니 5세기 이후 단계의 고구려 고분벽화임이 분명하다. 그런데도 북한학계에서는 고구려 귀족의 무덤을 왜 단군의 무덤이라 주장하는가. 그것은 앞에서도 이미 살펴보았듯이 무덤 내부에서 출토된 인골에 대한 연대 측정에 결정적으로 근거하고 있다.

현재 북한학계에서는 이를 바탕으로 북한 역사학의 모든 성과들을 재해석하고 있다. 북한학계에서는 형질인류학적 연구를 통해 한민족이 북한 지역에서 기원했다는 단일기원설을 입증하고, 평양 일대가 그 중심이었다고 강조하고 있다. 또한 북한학계는 평양이 고조선의 중심지일 뿐만 아니라, 평양을 중심으로 하는 대동강 유역이 인류 기원지 가운데 하나이며 한민족의 발상지이고, 세계 4대 문명에 뒤지지 않고 오히려 더 우수한 문명(대동강문명)을 꽃피워서 또 하나의 세계 문명을 시작한 곳이라고 보고 있다. 방북 기간 동안 여러 서점에서 구입한 책 가운데 《조선 민족의 원시조 단군》(그림책, 김병룡, 조선출판물교류협회, 1999), 《조선 민족의 발상지 평양》(장우진, 사회과학출판사, 2000), 《조선 민족의 력사적 뿌리》(장우진, 사회과학출판사, 2002) 등은 바로 이러한 일련의 작업의 산물로 보였다.

한데 앞에서 살펴보았듯이 단군의 무덤을 고구려 때 개축했다는 근거는 전혀 없으므로 북한의 주장을 그대로 믿기는 어려울 것이다. 또한 단군릉이 이미 일제 강점기에 도굴되어 파헤쳐져서 학술적 결론을 내리기가 어렵다는 사실을 기억해야 할 것이다. 이러한 여러 의문을 뒤로한 채 북한학계는 오로지 연대 측정 결과에만 매달려 단군의 실존을 주장하고 있다.

북한학계에서는 단군조선 왕이 통치하던 도성으로 대동강변의 평양성에 붙어 있는 청암리 토성을 들고 있다. 현재 단군조선의 수도와 관련해서는 많은 논의가 진행 중이라고 하는데, 한때는 대동강 상류 쪽의 황대성을 주목하다가 최근에는 평양성이라고 주장하기도 했지만 청암리 토성이 가장 유력한 설로 정립됐다고 한다. 이러한 주장이 어느 정도 사실성을 가지는지는 현장을 돌아보지 못했기 때문에 말하기 어렵다. 다만 청암리 토성 바닥에 이른 시기의 성벽이 있고 유물 연대가 올라간다고 하는 북한학계의 주장이 신빙성을 갖기 위해서는 발굴 보고의 내용이 좀더 치밀해야 하고 단군 신화에 대한 사실성 여부 등 많은 논의가 필요할 것이다.

북한학계의 고조선과 낙랑에 대한 새로운 주장은 남북 대립의 현 분단 구도에서 정권의 정통성을 강조하려는 노력의 결과라고 볼 수 있다.

묘향산 보현사와 청천강을 보다

고대 유적을 답사하는 중에 고려시대 불교박물관이라는 묘향산 보현사를 답사했다. 보현사까지는 안주평야를 지나 평양에서 향산까지 새로 난 고속도로를 타고 가야 한다. 고속도로는 굽이쳐 흐르는 청천강의 중하류와 상류 지역을 두 번 가로질러 지났다. 답사단 일행은 중간에

묘향산 보현사 전경. 조선시대 서산대사가 활동했던 보현사에는 북한 전역에 있던 불교 관련 유물이 많이 모셔져 있다.

차를 세우고 청천강과 그 주변 지역을 살펴봤다.

고조선시대에는 미송리형 토기 문화와 팽이형 토기 문화, 명도전 및 중국 철기 문화와 세형 동검 문화가 청천강을 사이에 두고 나누어질 정도로 이 지역은 문화적 경계 지역이었다. 이러한 고고학적인 현상을 두고 나는 고조선과 중국 한나라의 경계로 설정된 패수가 청천강이라는 글을 쓴 적이 있다. 그 사실 여부는 앞으로 학계의 논의를 통해 검증받아야 하겠지만 청천강은 생각했던 것 이상으로 강폭이 크고 주변 평야 지역도 넓었다.

청천강은 고구려 장수 을지문덕의 살수대첩으로도 유명하다. 북한학계에서는 살수대첩이 있었던 살수를 중국 요령성 요하라 하면서 고구려가 만주 일대에서 활약했던 사실을 강조한다. 그러나 고구려가 평양에 도읍하고 있을 당시 살수대첩이 있던 지역이 청천강이라는 사실은 문헌 기록이나 여러 자료가 뒷받침하고 있다. 이처럼 청천강은 평양을 도읍으로 하고 있던 고대 국가들의 북방 진출의 일차적 거점이 되는 큰

보현사의 대웅전과 탑.

강이었다. 청천강 주변에는 북한이 자랑하는 제일의 곡창 지대인 안주·재령평야가 펼쳐져 있는데, 지도에서 보던 것과는 달리 주변 평야 지대가 매우 넓었고 강 주변을 따라 마을과 농지가 펼쳐져 있었다.

청천강의 상류 지역에 있는 향산 마을을 지나면 묘향산 보현사에 들어선다. 보현사에는 고려시대 8각 13층탑이나 금강산 유점사의 동종 및 1935년에 찍은 《팔만대장경》 등 불교 관련 유물 유적이 3,500여 점 이상 보관되어 있어 가히 북한의 불교박물관이라 불릴 만했다.

보현사가 위치한 묘향산에는 고조선사와 관련하여 중요한 단군 관련 전설과 단군굴 및 단군 사당이 많이 있다. 실제 묘향산에 갔을 때는 일정이 촉박하여 단군 관련 이야기가 얽혀 있는 곳을 가보지 못했다. 다만 안내원의 설명을 통해 묘향산 일대가 일찍부터 단군 관련 전설이 있었던 곳으로 단군 신화의 배경 지역으로 중시되고 있음을 알 수 있었다. 나는 우연히 관광 상품을 파는 매점에서 묘향산에서 출토됐다는 단군상 그림을 살 수 있었다. 그림에는 솔거가 그린 단군의 모습과 함께

남북 고인돌 사진 합동 전시회장에서. 평양에서 남북 고인돌 사진 50장씩 전시회를 개최했을 때 참가한 북한학자들이다.

단군조선시대의 신지 문자(최근 북한학계나 재야사학자들이 단군조선시대에 사용했다고 주장하는 글자로 갑골문보다 오래된 문자로 보고 있다)가 표기되어 있었다. 북한에서는 평양이 단군조선의 중심이라고 보고 있지만 과거 묘향산에서도 단군신앙이 싹텄음을 인정하고 있는 것이라 짐작된다.

남북 고인돌 합동 전시회 및 남북 역사학자 토론회

2002년 9월 26일에는 세계거석문화협회와 사회과학원 고고학연구소 주최로 세계문화유산으로 등록된 남한의 고인돌과 북한의 대표적인 고인돌의 사진 액자를 각각 50점씩 제작하여 평양 시내 윤이상음악당에서 3일간 전시회를 열었다.

남북에 흩어져 있는 고인돌을 사진으로나마 함께 진열된 것을 보면서 남북한의 고인돌 형태에 큰 차이가 없음을 확인했다. 남한학계에서는 그동안 남방식과 북방식 고인돌이 한강 유역을 기준으로 구분된다는 일제 강점기 이래의 용어를 사용해왔는데 한반도 남쪽에서도 북방식(탁자식) 고인돌이 많이 나오고 있어 그러한 구분이 전혀 의미 없음을 알 수 있었다. 또 북한에 있는 고인돌 가운데는 크기가 크고 건축 수법이 정교한 것들이 많고 요동 지역의 탁자식 고인돌과 같은 형식을 취하고 있음을 다시 확인할 수 있었다.

　남북학자 간의 토론은 고인돌 전시회에 이은 행사여서 주제를 고인돌 및 고조선사와 관련된 것으로 한정했다. 단국대 서영수 교수의 사회로 고인돌의 분포 상태, 고인돌의 유형과 명칭, 고인돌을 만들 당시의 사회 구조와 성격, 건립 시기, 보존 방법 등으로 나누어 두 시간 정도 토론을 이어나갔다. 고인돌을 세운 시기나 그 성격 등에 있어서는 많은 차이를 보였으나 고인돌이 고조선과 관련된 문화이고 우리 민족의 독창적인 문화 유산이며 요동에서 한반도 지역이 같은 문화를 가졌다는 것을 남북학자 모두 확인하는 계기가 됐다.

　토론 결과 남북간에는 연구 방법론 및 학술 운영 체제 등이 다르지만 우리 민족사를 체계화한다는 공동 목표 하에 앞으로 자주 만나 공동 학술토론회를 개최할 필요성에 대해 절실히 공감했다. 답사 내내 안내원의 통제를 받아야 하고, 북한학자와 함께 식사를 한다는 것조차 힘든 상황이었기에 토론이 자유로웠다고는 생각되지 않으나 북한학자들의 인상은 개인적으로는 비교적 자유로운 인식을 가지고 있었다고 보았다.

　끝으로 지극히 형식적인 전달이었지만 한국고대사학회에서 북한학계에 보내는 건의문을 건네주었다. 그 건의문에는 이념을 초월한 고대문화의 공동 연구를 통해 우리 민족 문화의 동질성을 회복하는 것이 민족 공동체를 복원하는 길이라는 내용이 담겨 있었다. 이를 위해 ① 오랜 기간 민족 공동체의 상징이었던 단군의 공동 연구, ② 고조선을 비롯한 고대 우리 문화의 동원성, 독자성, 유구성의 상징인 고인돌의 공동 조사 연구, ③ 역동적인 고구려와 발해 유적의 공동 조사와 발굴 연구를 제안했다.

남북 공동 학술 교류의 활성화를 기약하며

나는 2주일 동안 역사학자로서 북한을 방문했다. 남북 학자 간의 학문 교류가 없는 만큼 학자 간의 견해차가 너무나 크다는 것을 느꼈다. 그러나 민족 분단의 현실 속에서 어떤 분야보다도 역사학자의 교류가 절실하다는 생각을 하게 됐다. 남북한이 민족 동질성을 회복하는 데는 여러 분야에서 함께 노력해야 하지만 역사학자들 또한 민족 공동체 의식을 함께 정리하고 연구하는 것이 시급할 것이다.

아직도 휴전 협정 상태에 있는 우리는 민족 분단의 문제에서 자유롭지 못하다. 이 상태를 하루빨리 극복하고 항구적인 평화 공존의 시대를 열도록 각 분야에서 노력해야 할 것이고 이를 위해서는 일차적으로 남북간에 자주 만나는 것이 가장 중요할 것이며 공동의 토론회나 문화 행사 교류 및 체육 행사 등 다각적인 노력이 필요할 것이다. 이러한 노력과 함께 단군이나 고구려 등 우리 민족의 정체성과 동질성을 찾는 데 긴요한 역사 주제를 가지고 학자들이 계속해서 만나는 것이 그 어떤 행사보다도 중요할 것으로 생각한다.

제 2 부

단군과 고조선사, 어떻게 볼 것인가

단군, 신화 속 인물인가 실존 인물인가

우리가 물이라면 새암이 있고
우리가 나무라면 뿌리가 있다
이 나라 한아버님은 단군이시니
이 나라 한아버님은 단군이시니

위당 정인보 선생이 지은 〈개천절 노래〉이다. 해마다 10월 3일 개천절이 되면 우리는 이 노래를 부르면서 단군을 한아버님, 즉 우리 모두의 아버님으로 다시 한번 기억한다. 과연 이 노래 가사처럼 단군은 우리의 시조요, 국조(國祖)인가. 우리 민족이 식민지 치하에 있을 때는 단군의 이름으로 모두가 하나된 마음이 되어 조국의 해방을 염원하며 독립 운동을 했다. 지금도 나라가 혼란스러워지면 단군 정신을 통해 민족의 하나됨을 외치는 목소리가 높아진다. 단군은 이처럼 민족의 정체성을 뒷받침하는 존재로 인식됐고, 단군에 대한 인식은 민족의 실존과 직결되는 중요한 문제였다.

고조선은 우리 민족이 처음 세운 국가이다. 따라서 단군은 우리 민족 최초의 지배자요, 건국 시조라 할 수 있다. 문제는 단군이 신화 속의 인물로 등장한다는 점이다. 바로 여기서 단군은 신화 속에 등장하는 하나의 상징적인 표현이라는 기존 학계의 입장과 단군 신화는 역사적 사실이며 단군은 실존 인물이라는 재야사학자의 입장과의 대립이 생긴다.

신화와 역사

단군과 단군조선 문제에서 우선적으로 고려해야 하는 것은 신화의 의미이다. 왜냐하면 단군과 단군조선 문제가 신화의 형태로 표현됐기 때문이다. 신화란 원시·고대인들이 자신들의 정신적 논리 구조에 따라 어떤 사실을 표현하고 설명하는 방식이다. 구체적으로 기록할 수 없는 먼 옛날의 역사들은 숱한 세월을 거치면서 그들의 과거에 대한 총체적 관념인 신화의 형태로 기록되어왔다.

따라서 신화가 역사적 사실을 있는 그대로 전하고 있다고 보기는 어렵다. 신화 속에는 원형 자체와 그것의 변형 그리고 부가된 요소가 혼재되어 있다. 이것들을 구분해내는 일은 쉽지 않다. 원형을 찾아냈다고 해도 그것 역시 신화가 발생한 당시 인간들의, 아득한 과거에 대한 이해를 반영하고 있는 것인 만큼 그것 자체를 사실로 받아들이는 것은 곤란하다. 따라서 신화에서는 역사의 구체적인 사실을 고스란히 찾기보다 상징적인 시대상을 추출하는 데 그칠 수밖에 없다.

대부분의 신화는 오랜 기간 구전(口傳)되면서 후대의 여러 관념과 융합되고 변형되고 윤색되어서 문헌 기록으로 정착된다. 고대 사회의 지배자들은 이러한 신화를 건국 신화로 만들어 자신들의 지배가 신성하고 정당하다는 점을 홍보하는 이데올로기로 이용했다. 단군 신화 역시 고조선이라는 국가가 세워지고 난 이후 만들어진 건국 신화가 구전되다가 고려시대에 정리된 것이다. 단군 신화는 물론 주몽신화 등도 주인공의 신성성을 부각시키면서 왕권의 계승자임을 내세우는 것이 숨은 목적이다. 즉 지배자의 정치 권력에 정당성을 부여하는 역할을 했다는 해석이 이제 거의 통설로 되고 있다.

단군 신화는 고조선 사회의 원초적인 모습을 암시하는 내용도 있고, 또 후대의 종교적인 윤색도 가미되어 있다. 가령 단군 신화에 환인(桓因)이 '제석(帝釋)'을 가리킨다고 한 《삼국유사》의 주기(註記)는 후세에 불교적인 요소가 가미됐음을 증거한다. 또한 단군이 뒤에 아사달의 산신이 됐다는 《고기(古記)》의 기록은 후세에 산신 숭배 사상에 의해 윤색·가필됐음을 알려준다. 이와 함께 단군 신화에는 분명 우리 역사상 최초의 국가인 고조선이 세워지는 과정에서 일어난 중요한 사건들이 상징적으로 들어 있다.

건국 신화로서 단군 신화

신화와 역사에 대한 진실을 찾아가는 동안, 단군 신화는 무엇을 설명하려는 신화이며, 또 우리 역사에서 최초의 국가인 고조선 사회에서 어떤 의미로 기능했는가 하는 점을 우리는 주목해야 한다.

세계 모든 나라에는 그 나라가 처음 어떻게 생겨났는지를 이야기하는 신화가 전해내려온다. 우리 나라에는 첫 번째 국가인 고조선 건국에 관한 내용을 담고 있는 단군 신화가 전해진다. 고려시대에 일연(1206~

《제왕운기》 동국 군왕 연대 전조선 후조선 내용. 1287년에 이승휴가 쓴《제왕운기》에서는 단군 ⇨ 기자 ⇨ 위만으로 이어지는 삼조선설을 채택했고, 특히 고조선사를 전조선(단군조선)과 후조선(기자조선)으로 인식했다.

89) 스님이 옛 역사 이야기를 모아 책으로 펴낸《삼국유사》가 단군 신화에 관한 가장 오래된 기록인데, 이후의 문헌들은 단군을 고조선의 건국 시조로 적고 있다. 그러나 단군 전승은 자료에 따라 내용이《삼국유사》유형,《제왕운기(帝王韻紀)》유형,《응제시(應製詩)》유형,《규원사화(葵園史話)》유형으로 나누어진다. 이 가운데 단군의 출생과 건국 과정이 문헌 기록 당시의 관념으로 변형되지 않고 고대 고조선 당시의 전승에 가까운 것은《삼국유사》에 언급된 단군 신화이다. 나머지 유형은《삼국유사》에 인용된 단군 신화를 저술 당시의 관념으로 윤색한 것들이다. 그렇다면 단군 신화에 대한 연구는《삼국유사》에 실려 있는 기록을 중심으로 이루어져야 할 것이다.

그렇다고 해서《삼국유사》유형을 고조선 당시의 전승 그대로라고 볼 수는 없다. 왜냐하면 단군의 조부를 불교적인 용어인 환인으로 표현하는 등 후대의 윤색이 보이기 때문이다. 이것은 과거 일제 식민사학자들이 단군 신화를 후대의 날조로 보는 근거이기도 했다. 그러나 단군 신화를 고려시대의 작품으로 보기는 어렵다. 천손강림신화(天孫降臨神話)는 동북아시아 지역 고대 국가들의 건국 신화로서 널리 분포하고 있다. 그리고 단군 신화에 보이는 인간(환웅)과 짐승(곰)이 결합하는 내용은 고대 사회의 건국 신화에서나 나오는 것이다. 따라서 식민사학자들이 말하는 단군 신화 날조 주장은 성립 불가능한 것으로 판명됐다. 그럼에도 《삼국유사》에 후대의 윤색이 반영되어 있다는 점은 충분히 고려할 필요가 있다.

단군 신화는 말 그대로 단군과 관계된 단군을 주인공으로 하는 신화이다. 그리고 신화와 역사는 별개의 것이다. 단군 신화의 내용대로 하늘에서 내려온 자(환웅)와 곰에서 변신한 여자와의 결합은 현실적으로 불가능하며 인간(단군)의 생존 연수가 1천 년을 훌쩍 넘을 수도 없다. 따라서 단군 신화를 말 그대로 받아들이는 것은 종교적 차원에서는 가능할지 몰라도 과학적 연구 차원에서는 일정 부분 경계해야 한다.

단군 신화는 어떻게 구성되어 있나

《삼국유사》에 전하는 단군 신화는 구성의 특징에 따라 크게 세 부분으로 나누어볼 수 있다. 즉 환인·환웅 설화, 단군 출생 신화, 단군 건국 기사로 구분된다.

단군 신화의 첫째 부분은 "옛날에 환인이 있었는데 서자 환웅이 (중략) 무릇 인간의 360여 가지 일을 주관하고 세상에 살면서 정치와 교화를 했다"라는 대목까지로, 환웅천왕에 관한 내용이다. 이 부분은 하늘신이 지상에 하강하여 신정을 베푼다는 내용이다. 둘째 부분은 "곰 한 마

《삼국유사》〈고조선조〉. 《삼국유사》에서 일연은 단군이 세운 왕검조선을 고조선이라 불러 위만조선과 구분하고 단군 신화를 통해 단군조선 사회를 기술하고 있다.

리와 호랑이 한 마리가 있어 (중략) 산신이 되어 1,958세까지 살았다"라는 대목까지로, 단군 출생에 관한 내용이다. 둘째 단군 부분은 조선 왕조 건국 시조의 탄생 설화 내용이다. 셋째 부분은 조선의 건국 및 치세에 관한 내력으로, 조선 왕조의 변천 과정을 약간 덧붙여놓았다.

일연은 이상의 단군 신화 내용을 스스로 창작한 것이 아니라 《위서(魏書)》와 《고기(古記)》에서 인용했다고 한다. 단군 신화 첫 부분은 《위서》를 인용하여 2천 년 전 단군이 고조선을 건국했다고 언급하고 있다. 여기서 2천 년이라는 연수는 어느 시기를 기준으로 하여 계산된 것인지는 알 수 없다. 결국 이 대목은 중국 역사책 어딘가에 조선(朝鮮)의 건국 전설이 적혀 있었다는 사실만을 알려줄 뿐이다.

반면 《고기》를 인용한 부분은 단군이 출생하는 과정, 고조선의 국도 변천, 단군의 최후 등 더 다양한 사실을 전하고 있다. 내용으로 보아 《고기》는 단군의 전설보다는 주로 고조선의 역사를 기록한 책인 듯하다. 《고기》를 인용한 대목에는 천왕(天王)시대의 기간이 표시되어 있지 않으나 단군왕검시대는 1,500년이라고 분명히 기록되어 있다. 이것은 단군 개인의 재위 기간으로 볼 수 없다. 1,500년이란 기간은 '단군(檀君)'으로 불리던 지배자의 후손들이 통치하는 왕조의 기간으로 보는 것이 타당할 것이다.

환인, 환웅, 단군

　단군 신화의 내용을 좀더 분석해보자. 단군 신화는 천신이며 지고신인 환인의 서자 환웅이 아버지에게 천부인 세 개를 받고 인간 세상을 다스리기 위해 태백산 신단수로 내려오면서 시작된다. 우리 나라의 고대 건국 신화에는 외부에서 유입된 유이민이 중심 역할을 하는 경우가 많다. 고구려의 주몽, 백제의 온조와 비류, 신라의 혁거세·알지, 가야의 수로 등이 모두 그러하다. 이들 유이민 집단들은 원주지에서의 변동, 예컨대 생활 조건의 악화, 정치적 패배나 박해 등의 이유로 이동했을 것이다. 그 결과 원주지에서의 위치도 적자가 아닌 서자이거나 혹은 이와 유사한 처지로 묘사되는 경우가 많다. 주몽과 온조가 그렇다. 환인의 서자인 환웅과 그가 거느리고 온 3천 명의 무리들도 이와 비슷했을 것이다. 이러한 상황이 천부인 3개나 풍백, 우사, 운사 등의 존재로 표현됐을 것이다.

　단군 신화에 나오는 환인이라는 단어는 천제(天帝)·일신(日神)을 뜻하는 불교식 칭호로서, 오늘날의 하느님과 같은 단어이다. 이는 천상의 세계를 광명의 세계, 선신의 세계로 보는 샤머니즘의 우주관과도 일치한다. 따라서 단군 신화의 세계는 역시 샤머니즘으로 설명될 수밖에 없고, 고조선의 지배자는 태양족의 후예로 자처하는 주술자적 성격이 강한 군장(君長)이었음을 확인할 수 있다. 이러한 인식에서 한 단계 나아가 환인은 지고신으로서 하늘신이고 환웅은 인격화한 하늘신, 곧 최초의 문화 영웅으로 이해된다.

　이러한 주장을 따른다면 홍익인간이라는 이념은 환웅과 무리 3천의 하강이라는 줄거리를 함께 고려할 때 고조선 사회의 계급적 지배 원리로 해석할 수 있다. 아울러 환웅이 인간의 수명이나 병, 선악 등과 같은 자연적 현상뿐만 아니라 형벌을 주관했다는 점은 중요한 의미를 갖는다. 공동체 내부의 관습적인 규범만으로는 더 이상 사회가 유지될 수 없을 정도로 계층화됐고, 죄인을 처벌할 수 있는 공식적이고 강제적인 권력이 나타났음을 뜻하기 때문이다. 따라서 단군 신화의 환웅 기사에 반영된 모습을 통해서 우리는 어느 정도 체계화된 농경 집단의 모습을 엿볼 수 있다. 건국의 주체가 되는 집단들은 선주민들을 정복, 통합해 나가며 국가를 건설하는 과정에서 자신들의 지배를 합리화하기 위해 하늘에서 내려온 천신족임을 자처했던 것이다.

단군이 출생하는 과정을 보면 곰과 호랑이가 등장하는 등 토테미즘과 결부되어 있다. 이 부분은 조선이 건국되는 과정, 즉 정치 권력이 형성되는 과정에서 천부족, 웅부족, 호부족 등 특정 토템을 가진 집단이 등장하고 있음을 말한다. 이것은 고조선 연맹체 사회가 형성되면서 혼인을 통해 부족간에 결합하는 과정을 기록한 것이라 볼 수 있다. 마치 고구려의 5부, 신라의 6촌과 같은 여러 부족이 모여 초기 국가를 세우는 과정과 같다.

《삼국유사》에 나오는 단군의 정식 명칭은 단군왕검이다. 여기서 단군은 무당(제사장)이라는 말을 한자로 차용(借用)하여 표기한 것이다. 한자로는 제단 단(壇)자를 쓰는데, 《삼국유사》 이후에 씌어진 문헌에는 박달나무 단(檀)자로 바뀌어 기록된다. 제단이나 박달나무 모두 신성한 의미를 갖고 있기에 주목되는데, '단'이라는 말의 뜻은 그렇게 중요한 것이 아니다. 그것은 단지 몽골말로 하늘이나 제사장(무당)을 뜻하는 '텡그리(Thengri)'나 '탱려(撐黎)'라는 말을 한자로 표기한 것뿐이다. 왕검은 임금이라는 뜻으로 정치적 지배자를 뜻한다. 따라서 '단군

왕검'이라는 말은 우리 역사에서 계급이 발생하는 시기의 지배자가 무당(제사장)이면서 임금(왕검)과 같은 역할을 했음을 암시한다.

단군조선시대에 단군이라는 고유한 인물이 존재했다고 보기 어렵다. 단지 여러 명의 단군(제사장)이 여러 지역에서 부족 국가를 이끌었던 것이 초기 국가를 형성하던 단계의 우리 역사 모습인 것이다. 그리고 초기 부족 사회가 주변 지역을 점차 정복하고 통합하는 과정에서 '단군왕검'이 고조선의 최고 지배자를 가리키는 호칭이 됐다.

이처럼 단군 신화에 인용된 《고기》 내용을 토대로 할 때, 단군 신화는 바로 고조선이란 나라가 어떻게 해서 생성, 발전하게 됐는가를 설명해주는 기록이라 할 수 있겠다.

한국 역사의 특수 사례, 단군

고조선을 세운 지배자들은 자신들이 하늘의 선택을 받았고 백성을 잘 다스릴 수 있다고 생각했다. 그들은 이러한 사상을 가지고 일반 백성을 다스렸다. 단군왕검은 1,500년 동안 나라를 다스렸다고 한다. 인간의 목숨은 100년을 넘기기가 힘든데 어떻게 1,500년 동안 나라를 다스릴 수 있었을까? 물론 이 수치는 사실이 아니다. 다만 옛날부터 우리 조상들은 단군조선의 역사가 오래됐다고 믿었으며 그것을 1,500년이라는 긴 시간으로 표현한 것이다. 또한 이것은 고조선의 역대 단군(지배자)들이 대를 이어가며 통치했음을 말해주기도 한다.

전 근대시기에 일반 백성뿐만 아니라 왕실에서도 빈번하게 거행됐던 굿에 관한 기록인 《무당내력(巫堂來歷)》에서는 단군을 무조(巫祖)로 기

서울대 고도서본(古圖書本)《무당내력》. 그림 설명에는 10월 3일 태백산 단목 아래에 단군이 내려와 신교의 가르침을 펼쳤다고 한다.

록하고 있어 주목을 끈다. 이 책은 19세기에 기록된 것으로 전해지는데, 한국 신교(神敎. 巫敎)의 기원과 굿의 구조를 요약한 것으로, 특히 굿의 종류와 무당의 모습을 그림으로 그려놓았다. 이에 따르면 신교는 태백산 단목(檀木) 아래에 내려온 단군에서 시작됐으며, 민속의 부루단지(扶婁壇地. 해마다 10월의 햇곡식을 담아 치성을 드리던 돌단지)와 업주가리(業主嘉利. 부루단지에 치성을 바친 사람이 계(戒)를 받아 그것을 자신의 주업으로 삼는다는 뜻)는 단군의 장자인 부루에서 유래한 것이다. 또 단군을 삼신제석(三神帝釋)이라고 하는데, 고구려 산상왕(山上王)이 아들이 없어 삼신에게 빌어서 귀자(貴子)를 얻었기 때문에 그 후 삼신에게 아들을 기원하는 습속이 생겼다고 한다. 기층 사회에서의 단군은 이렇듯 개국 시조로서보다 신으로서 인식되고 있었다.

분명 단군 신화는 우리 겨레가 처음으로 나라를 창건했던 역사적 경험을 신들의 이야기, 즉 신화의 형식으로 재구성한 것이다. 따라서 신화의 내용은 전적으로 꾸며낸 것도 아니고, 그렇다고 역사적으로 존재했던 사실 그대로도 아니다. 단군 신화는 청동기 문화를 기반으로 하는 정치 세력이 여러 부족을 통합하고 고조선을 일으키면서, 자신들의 집권이 정당하고 합법적인 절차에 의한 것이었음을 뒷받침하기 위한 사상으로 제시된 것이다.

세계 어느 나라나 건국 신화와 시조에 대한 관념은 있다. 그런데 유독 우리 나라에서만 국가의 시조가 민족의 시조로 승화되어 실재한 것으로 믿는 사람들이 많다. 왜일까. 이것은 한국 역사의 특수성을 고려할 때에만 이해될 수 있다. 즉 해방 후 남북간에 분단된 상황을 이용하여 군사 독재 정부가 출현하고, 그들은 우리 민족의 역사가 가장 위대하고 오래됐다고 강조하는 민족주체사관을 부르짖었다. 이때 이들의 역사 인식에 영합하는 일련의 재야사학자들이 등장했고, 이들은 단군의 실존과 단군 신화를 역사적 사실로 인정하는 이른바 웅대한 한민족사를 주장했던 것이다.

목 잘린 플라스틱 단군상.

2000년도 가을에는 수십 개의 플라스틱 단군상이 초·중·고등학교에 세워졌다. 재야사학자들의 모임인 한문화운동연합에서 세운 것인데, 이 플라스틱 단군상의 목이 밤새 톱으로 잘린 사건이 일어났다. 범인은 일부 개신교 신도들로 드러났다. 옹졸하게 목을 자른 자들도 문제이지만, 가치관이 확립되지 않은 어린 학생들에게 학계에서 검증도 되지 않은 단군을 민족의 '우상'으로 각인시키고자 하는 이들에게도 문제가 크다. 어찌 보면 이것은 단군을 순수한 민족 시조로 보지 않고 종교적 상징과 개조(開祖)로 인식하는 과정에서 발생한 해프닝에 지나지 않는 것이다.

우리 역사는 단군을 어떻게 인식했나

단군 인식, 왜 중요한가

　단군과 고조선사에 대한 한민족의 특별한 관심은 한국 최초의 국가이며 역사를 의미하는 고조선사에서 민족의 뿌리, 출발을 읽고자 하는 열망이 크기 때문인 듯하다. 특히 단군의 자손이라는 한 핏줄 의식은 외침 등 국가적 위기 속에서 모든 백성들을 하나로 묶어준 구심체 역할을 톡톡히 해냈다. 따라서 단군과 고조선사에 대한 인식은 민족, 민족의식 등과 관련하여 대단히 중요한 의미가 있다.
　단군에 대한 기록으로 가장 오래된 문헌인《삼국유사》와《제왕운기》에 의하면, 단군은 개국(開國)의 시조이자 초자연적 능력을 지닌 신성한 존재이다. 단군에 대한 이러한 인식은 신화 속의 단군 모습 그대로 남아 있지 않다. 단군은 각 시대마다의 사회적 요구에 따라 다양하게 인식되어왔다. 때로는 실제 인물인 개국 시조로 부각되고, 때로는 신인(神人)으로 인식되기도 했다. 오늘날에도 단군에 대한 인식은 다양한 형태로 표출되고 있다.

대개는 단군을 개국 시조에서 민족 시조로, 실존 인물로서 민족 고유 종교의 창시자이며 소원을 이루어주는 신적인 존재로 묘사한다. 학계에서는 대체로 역사적이고 합리적인 해석에 의해 당시 사회에서 종교와 정치를 주관하는 제정일치 사회의 군장이었다고 본다. 그러나 단군 민족주의를 부르짖으며 한국 고대사의 영광된 역사를 되찾으려는 일부 사람들은 단군을 실재 인물이면서도 초인격적인 존재라 하며, 그 시대의 문화를 우리 역사의 어느 시대보다도 신성시하고 찬란하게 서술하고 있다.

고조선의 시조로 등장하는 단군은 민족사와 고조선사의 기원에 대한 관심과 결부되어 각 시기마다 다양하게 인식됐다. 이런 다양한 인식들은 그것이 실제 역사적 사실과 부합하느냐 하는 것과는 별도로 각 시기마다 우리 선인들의 역사 의식을 반영하고 있다는 점에서 주목된다. 주로 단군 신화와 기자 전설에 대한 이해와 결부된 단군에 대한 인식은 각 시기마다 실제로 많은 영향을 끼쳤다.

이처럼 단군이 우리 민족사의 출발과 관련하여 특별한 의미가 있는 이상, 그를 올바로 인식하는 것은 우리 역사의 시조 문제를 포함하여 한민족사 출발 단계의 사회상을 제대로 이해하는 데 매우 중요하다. 나아가 우리 역사의 정통성을 어디에 둘 것인지에 대한 문제에서도 단군에 대한 이해가 차지하는 비중이 지대하다.

단군과 단군 신화에 대한 연구 방법으로는 여러 가지가 있겠지만 단군 자체에 대한 인식이 어떻게 이어져왔는가를 살펴보는 것 또한 중요할 것이다.

고조선에서 통일신라까지 단군을 어떻게 인식했나

고대 사회에 거주한 주민 집단은 자신들의 기원과 중요한 역사적 경험을 기억하여 그것을 후세에 전했다. 문자가 없던 청동기시대 이전에는 자신들의 경험을 후세에 구전(口傳)했다. 고조선시대 사람들도 자신들의 역사와 생활 그리고 그것을 가능케 했던 경험들을 당대의 세계관에 의해 나름대로 설명했을 것이다. 그것이 바로 단군 신화이다.

고조선이 망한 뒤에 등장한 고구려·백제·신라 삼국은 고조선 사회의 외곽에서 성장했다. 당시 삼국의 지배층은 그들 국가의 기원에 있어서, 하늘에서 내려온 신성한 종족이 세웠다는 독자적인 건국 신화가 있었다. 고구려 주몽 신화를 예로 들어보면 당시 고구려인들은 천제(天帝)의 아들이 고구려를 세웠다고 인식하고 있었다. 따라서 삼국시대 사람들의 단군에 대한 인식은 그다지 뚜렷하지 않았으리라 생각된다. 오히려 삼국의 지배층은 조상의 뿌리가 같다고 생각하기보다는 상대국에 강렬한 적개심을 가지고 치열한 영토 전쟁을 벌여나갔던 것 같다.

하지만 삼국은 고조선 사회와 완전히 단절된 상태에서 성립·발전한 것이 아니므로, 단군에 관한 전승은 어떠한 형태로든 민간에 이어져왔을 것이다. 그것은 고구려 지역에서 주로 계승됐을 것이다. 왜냐하면 고려시대에서 조선시대까지 단군 신앙의 중심지가 모두 고구려의 옛 지역인 평양과 구월산 일대였기 때문이다. 그리고 평안북도 묘향산에는 아직도 단군과 관련된 수많은 전설이 남아 있고, 고구려의 시조 주몽이나 부여의 부루왕을 단군의 아들이라 한 전승이 계속 이어왔다. 때문에 예로부터 단군은 평양 지역의 지역신으로 믿어져왔다고 보는 주

단군 전설이 전해오는 묘향산. 묘향산은 단군 신화에 나오는 태백산에 비정되며, 아직도 이곳에는 단군이 살았다는 단군굴과 단군성동 등이 있다.

장이 설득력 있다.

고려시대에는 단군을 어떻게 인식했나

고려가 후삼국을 통일한 후, 고려 정부는 자기 왕조 정통성의 주요 근거 가운데 하나로 '삼한일통(三韓一統)'을 강조했다. 우리 민족의 역사적 연원이 삼한에서 시작한다고 보았는데, 그 전 시기의 단군과 고조선에 대한 인식은 뚜렷이 보이지 않는다.

삼한을 민족사의 시작으로 보는 역사 계승 의식은 결국 삼국의 정통성 시비 논란으로 불거지고, 고려 중기 무신란과 농민·천민 봉기의 파장이 이어지던 혼란기에는 지방의 반란군에 의해 각국의 부흥을 내세우는 형태로 표출되기도 했다. 이처럼 삼한 계승 의식이 뿌리 깊게 존재하던 고려시대에 삼국 이전 시기의 민족의 공통 경험을 찾는다는 것은 그다지 쉽지 않았을 것이다.

그렇지만 일부에서는 단군에 대한 전승이나 신앙이 잊혀지지 않고 전해져왔던 것 같다. 《삼국사기》에 평양은 본래 '선인왕검(仙人王儉)의 집(宅)'이라는 기록이 나오는데, 선인왕검은 아마도 단군왕검을 당시의 관념에 따라 신성시한 표현인 것 같다. 평양이 본래 선인왕검의 집이었다는 기록은 단군이 평양 지역의 시조였음을 전하는 것이라 생각된다. 또한 《고려사(高麗史)》〈묘청전(妙淸傳)〉의 8성당(八聖堂) 관계 기사에서도 8성 중 네 번째로 '구려평양선인(驅麗平壤仙人)'이 나오는데, 이 구려평양선인도 평양과 관련되는 신(神)이란 점에서 단군의 또 다른 표현일 것이다. 이러한 사실은 당시 단군이 한국의 국조(國祖)로 인식됐다기보다는 평양의 신이나 고구려와 관계있는 존재로 인식됐음을 말해준다.

고려인들이 삼국 이전 시기의 역사와 단군에 대해 인식하게 된 것은 몽골의 침입과 간섭을 받으면서부터였다. 고려인들은 30여 년 간의 치열한 대몽 항쟁 과정에서 민족의 정체성을 강조하고 전통 문화의 가치에 대해 재인식하게 됐다. 이것은 단군과 단군조선에 대한 새로운 조명으로 나타났다. 13세기 말, 몽골의 간섭기에 단군과 단군조선에 관한 상세한 기록은 《삼국유사》와 《제왕운기》에 보인다.

《삼국유사》〈기이편(紀異篇)〉에서는 우리 민족 역사의 맨 처음을 단군조선이라 밝혀놓았다. 단군조선을 세운 이가 단군이었으니, 단군은 곧 우리 민족의 역사를 남긴 최초의 군주로 여겨졌다. 이러한 인식은 《제왕운기》에서도 나타난다. 이처럼 《삼국유사》와 《제왕운기》의 저자인 일연과 이승휴가 신화 속의 단군과 단군조선을 인정하고, 나아가 우리 민족 최고(最古)의 군주와 국가였음을 밝힌 것은 당시 단군에 대한 인식이 널리 퍼져 있었음을 말해준다.

이민족의 침략과 지배를 받던 고려시대에는 삼한 계승 의식을 극복

구월산 단군바위. 구월산에는 단군과 관련된 전설이 많이 남아 있는데, 사진은 단군이 글을 익혔다는 학습터라고 전해오는 바위이다.

하고 단군과 고조선을 민족사의 출발이자 원류로 인식한 것이다. 이는 외세의 간섭 상황에서 민족 의식을 불러일으키고 전통에 대한 새로운 정리가 필요했기 때문일 것이다.

조선시대는 단군을 어떻게 인식했나

고조선에 대한 인식은 고려 말기에 접어들면서 점차 확산되어갔다. 신흥 사대부와 신흥 군벌이 연합하여 새로운 왕조가 개창됐을 때, 국호를 조선(朝鮮)으로 정한 것은 이와 같은 역사 의식의 진전과 무관하지 않았을 것이다.

조선시대 각종 사서에서 고조선은 우리 역사의 기원으로 확고히 자리잡았다. 단군조선, 기자조선, 위만조선으로 이어지는 3조선이 다시 삼한에서 삼국으로 계승되는 고대사 체계가 바로 그것이다. 왕조 중심으로 역사를 이해하는 중세 사람들은 고조선에 대해서도 주로 단군 신

평양 숭령전(왼쪽)과 숭령전 내부 단군 영정(오른쪽). 단군을 제사하는 사당으로 1429년에 고구려 시조 동명왕과 함께 제사를 지내기 시작했다고 한다.

화와 기자 전설에 의거해 이해하였다.

조선 초기에는 단군을 '동방에서 처음으로 천명을 받은 주인(東方始受命之主)', '단군은 실로 우리 동방의 시조(檀君實吾東方始祖)'로 인식하고, 평양에 단군 사당을 건립하여 단군을 개국 시조로 또한 실존 인물로 보고 공식적인 제사를 모셨다. 그러나 조선 왕실에서는 고려 초기부터 민간 신앙의 차원에서 모셔왔던 황해도 구월산의 단군 제사를 유교 이념에 저촉된다고 하여 성종 때까지도 인정하지 않았다. 조선 왕조가 개국 시조로서의 단군을 유교식으로 숭배했던 반면 황해도 구월산 삼성사(三聖祠)에서는 환인·환웅·단군을 신으로 신봉했던 것이다.

조선 왕조의 지배 세력들은 단군과 관련된 비합리적인 요소를 제거하고 개국 시조로서의 존재를 부각하고자 했다. 민간신앙적 숭배 대상으로서 단군의 제사를 지내던 기존의 구월산 삼성당을 폐지하고 평양에다 단군을 개국조로 모셔 치제(致祭)하는 단군 사당을 건립했다. 한편 강화도 삼랑성(三郎城)의 축조, 아들 부루의 중국 파견 등과 같은 군주로서 단군의 구체적인 치적을 거론했다.

나아가 단군 신화 자체를 합리적인 방향으로 개작하려 했다.《삼국유사》나《제왕운기》에서 단군 개인의 재위 연수를 1천 년 이상으로 간주한 것을 두고, 권근의《응제시》이후《동국세년가(東國世年歌)》,《삼국사절요(三國史節要)》,《동국통감》같은 조선시대 관찬 사서에서는 단군의 자손이 세습적으로 나라를 다스린 연수로 이해하고 있다. 그러므로 단군이 민족의 시조로 자리잡은 것은 바로 조선시대에 고조선에 대한 인식을 새롭게 하면서 이루어진 결과로 볼 수 있다.

16세기 이후로는 존화 사상에 심취한 성리학자들에 의해 단군보다는 기자 숭배에 대한 인식이 재고되기도 했다. 그러나 왜·호란을 겪으면서 민족적 정체성을 확인하기 위하여 단군을 중심으로 한 상고사 연구가 다시 재연됐다. 17세기 중엽의 허목(許穆)과 18세기의 홍만종(洪萬宗), 이익(李瀷)이 단군조선과 그 문화를 적극적으로 재평가한 것이 대표적 예이다. 이들은 단군 이전의 환인씨(桓因氏)와 신시씨(神市氏)의 시대까지 설정하고, 단군의 대내외적인 치적을 인정하며 그 중심지도 요하 부근으로 인식했다.

이후 실학자들 사이에서는 당면한 내외 모순의 극복 방향을 모색하는 가운데 조선의 독자성에 대한 재인식이 이루어지고, 민족의 생활권으로서 우리의 옛 역사 무대에 대한 관심이 깊어졌다. 거기에 문헌 고증을 통해 역사적 사실을 탐구하려는 합리적인 연구 방법이 결부됨으로써 고대사에 대한 여러 논고들이 나오게 됐다. 고조선사에 대해서도 그 위치와 변천을 다루는 한백겸(韓百謙), 정약용(丁若鏞) 등의 논고가 발표됐다.

한백겸, 정약용 등의 실학자들은 자신들이 살던 조선시대의 입장에서 얻어진 영토 의식을 역사 속에 투영하면서 상고 이래 한반도는 원래 우리의 영토였다고 주장했다. 특히 이익과 안정복의 고대사에 대한 관심에는 문화적 자부심과 잃어버린 만주 땅에 대한 애착이 담겨 있다. 조선시대 실학자들은 한백겸의《동국지리지》이래로 활기를 띠기 시작한 역사지리 연구 및 사실 고증의 성과들을 집대성하여, 우리 나라 역사의 중국사에 대한 독자성을 체계화하기 위해 노력을 기울였다. 한편 정약용과 한치윤(韓致奫)은 고기류(古記類)의 기록을 불신하여 단군조선의 실재를 의심하고 오히려 기자조선과 삼한을 이해하는 데 공헌했다. 그러나 새로이 시도된 이러한 연구 경향은 충분히 심화되지 못한 채 개항 이후의 새로운 시대적 상황을 맞았다.

한편 정부와 지식인들에 의해 부정당했던 단군의 신화적·초인간적 측면을 강조하는 단군 인식은 기층 사회에서 꾸준히 이어졌다. 단군을 환인·환웅과 함께 신으로 숭배하고 제사지내는 구월산 삼성사는 고려시대부터 있었을 것으로 여겨지는데, 조선시대에 들어와서도 일반인에게 신앙의 중심지 역할을 했다. 그러나 조선시대에 들어오면서는 순수한 개국 시조이자, 실존 인물로서 단군을 인정하지 않았으며, 더구나 환인·환웅도 인정하지 않았다. 따라서 환인·환웅·단군을 모신 구월산의 삼성사에 대한 공식적인 제사는 폐지됐다.

실학자들의 글 속에는 비록 소박한 형태로 개진됐지만 20세기 들어 치열한 논쟁의 대상이 된 주제 즉 고조선의 중심지 위치에 대한 세 가지 설이 이미 모두 나타나고 있다. 만약 실학자들의 실증적인 학풍이 계승·발전되어갔다면 단군과 고조선사를 포함한 논의는 더 바람직한 방향으로 진전됐을 것이다. 그러나 조선 역사는 일제 식민지로 귀결됐고 실학자들의 문헌고증적 연구 흐름 또한 단절되고 말았다.

일제 강점기에는 단군을 어떻게 인식했나

대한제국시기 민족과 국가가 위기 상황에 놓이게 되자 단군에 대한 인식은 더욱 높아졌다. 이 시기의 민족주의적 애국 운동은 단군 숭배와 밀접한 관련이 있었다. 특히 단군을 구심점으로 삼은 대종교는 이후 1910년대까지 민족주의 운동에 큰 영향을 끼쳤다.

단군이 민족 운동의 정신적 구심점이 됐기 때문에 일제는 단군을 부정하려 했다. 그러나 민족주의 진영에서는 단군이라는 구심점 없는 민족 정신의 확립은 있을 수 없다고 보았기 때문에, 단군말살론을 적극 반대했다. 대한제국기에서 일제 강점기까지 단군교·대종교 운동 및 '단군민족주의 운동'이 일어난 것은 바로 이 때문이다. 특히 단군 및 단군조선 역사가 대종교 계통의 신채호 등에 의해 새롭게 인식된 것은 주목할 만하다.

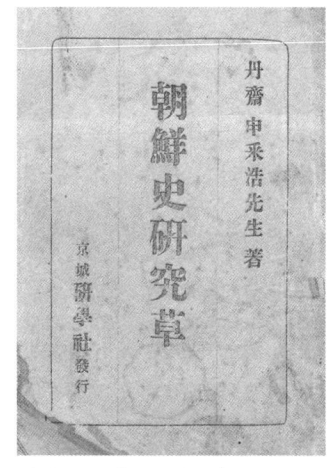

신채호가 쓴 《조선사연구초》. 책 내용 가운데 〈전후삼한고〉에는 단군이 세운 조선이 뒷날 삼조선, 즉 삼한으로 분립되어 만주 지역에 존재했는데 이들을 전삼한이라 일컬었고, 이들이 이동하여 한반도 남쪽에서 후삼한(삼한)을 형성했다고 적혀 있다.

이 시기 민족주의자들은 만주의 지배 족속이었던 여진·거란·몽골 등을 모두 배달족이라는 이름 아래 동족으로 간주하고, 배달족 전체의 시조를 단군에서 찾으며, 단군 이래의 고유 신앙을 민족 문화의 핵심으로 높이 선양했다. 당시 박은식, 신채호 등 민족주의 역사가들의 단군 인식도 여기에서 크게 벗어나지 않았다.

초기 민족주의 역사가들이 그린 고조선사의 모습은 만주와 한반도를 아우른, 광대한 영역의 단군조선제국이었다. 고조선의 수도 또한 만주 지역에 있었고 고조선 멸망 후에 세워진 한군현(처음에 낙랑군, 진번군, 임둔군, 현도군 등 4개의 군이 설치되어 한사군이라고도 부른다)의 위치도 남만주 지역이었음을 강조했다. 나아가 '웅대한 고조선'의 역사상을 통해 민족 정신을 진작시키고 조국 광복을 되찾자는 민족 운동 차원에서 고조선사가 연구됐다.

이러한 단군 인식은 1920년대 이후 일제 식민사학자들과 마르크스주의 사학자들에게 비판을 받았지만 당시로서는 민족 정신의 고양이라는 점에서 일정하게 기여한 것도 사실이다. 이 시기 단군 인식의 고양은 고려시대 몽골 지배 하에서, 또 조선시대 이민족의 침입을 겪은 이후에 민족 의식을 고취시키는 구심점으로 단군에 대한 인식이 자리잡게 되는 점과 일맥상통한다.

1920년대 이후에는 조선사편수회 등을 중심으로 일본 관학자들이 일제의 지원을 받으면서 조선사를 연구했다. 이들은 한국 고대사를 인식하는 데 있어 공통점을 보이고 있는데 그것은 다름 아닌 조선의 민족 의식과 직결되는 단군과 단군조선을 부정하는 것이다. 일제 관학자들은 《위서(魏書)》에 나온다는 단군 전설이 현재 남아 있는 25사(史)의 한 책인 《위서》에 보이지 않으니 허구라고 주장했다. 게다가 고려 중기에 편찬된 《고려도경(高麗圖經)》이나 《삼국사기》 등에도 단군에 관한 언급이 없고, 《삼국유사》에 처음 보이는 것으로 보아 단군 신화는 《삼국유사》 편찬 당시 만들어져 유포된 것으로 보았다. 또한 내용상으로도 황당할 뿐더러 불교 이야기가 많이 섞여 있어 승려 일연이 조작한 것이라고 보았다.

민족주의 사학자들은 이를 조선 민족의 정신을 말살하려는 것으로 여겨 반대했다. 한편에서는 새로운 학문의 경향을 수용하여 단군 신화와 단군을 좀더 합리적으로 해석함으로써, 단군에 대한 새로운 인식의 장을 열었다. 1910년대의 신비적인 경향에서 조금씩 벗어나 단군과 그 시대를 고대 사회의 발전 과정에서 초기 단계로 인식하려는 움직임도 생겼다.

당시 비교종교학, 비교언어학 등 해박한 지식과 민속학에 대한 폭넓은 이해를 바탕으로 단군에 대한 여러 논고를 발표한 최남선은 일본인의 단군부정론을 조목조목 비판했다. 일본인 학자들의 단군론은 문헌이나 문자에 편중하고 있고, 민속학적 고찰이 미흡해서 나온 결과라고 진단했다. 최남선은 단군왕검을 주술적 주권자 혹은 제정일치 사회의 통제자를 이름한 것이라 보았는데, 이러한 단군 인식은 오늘날 학계의 단군 인식에 큰 영향을 주었다.

한편 민간에서의 단군은 1909년 나철이 단군교를 조직하면서 창설된 대종교에서 보는 것처럼 신앙적인 대상이었다. 무속을 신봉하는 민간에서 단군은 역사적 인물이라기보다 우리 민족의 고유 종교를 창시한 신인(神人)으로 여겨지고 있었다.

해방 후에는 단군을 어떻게 인식했나

일제 강점기 동안 마음대로 신봉할 수 없었던 단군은 해방이 되고 독립 국가를 세우면서부터 국가 제도 속에 공식적으로 자리잡게 된다. 단군이 가지고 있던 민족주의적 의미는 대한민국 정부가 수립된 이후 다시 주목받았다. 단군은 새로운 국가의 유구한 뿌리를 과시하고 민족 주체성을 고양하려는 취지에서 주목받았고, 국가적 의식 속에 공식적으로 정착하게 됐다.

　새 정부에 참여했던 이들은 〈개천절 노래〉에서 지적하고 있듯이 "다시 핀 단목잎"을 "잘 받아 빛내야 한다"는 문제 의식을 공유하고 있었다. 그 같은 문제 의식은 단군민족주의를 국가 제도 속에 끌어들이는 선택으로 이어진다. 대한민국 정부 수립 후 단군민족주의는 ① 개천절 국경일, ② 홍익인간 교육 이념, ③ 단기(檀紀) 연호 등 국가의 제도 의례 속에 대표적으로 반영됐다. 나아가 전국체전 때 성화를 단군이 제천(祭天)한 곳인 마니산에서 채화하는 것이나 정부 공인의 단군 영정을 제작한 것들은 단군을 민족 통합의 상징 기제로 인정하여 역할을 부여한 사례들로 꼽을 수 있을 것이다.

　해방 후 단군이 민족의 단결을 촉진하는 상징 기제로 등장하게 된 것은 일민주의(一民主義)와 결합하면서부터이다. 1950년대에 주로 주창된 일민주의는 하나의 민족, 하나의 국토, 하나의 정신, 하나의 생활을 강조했다. 이러한 주장은 당시 현대 사회를 이끌어갈 정신적 방향으로서 안호상 등에 의해 주창됐으나 체계적인 논리를 갖춘 이념이라기보다는 이승만 정부의 정치적 입장이나 선전 차원의 주장이었다.

　일민주의에서는 단군에 대한 인식이 매우 중요했다. 혹자는 한 핏줄인 단군의 자손 전체가 동일한 권리와 의무를 가지며 동일한 대접을 받아야 한다고 주장하기도 했다. 이는 한마디로 전체주의적 사고에서 촉발된 것으로서, 전혀 현실성 없는 정치적 목적을 따르는 주장에 불과한 것이다.

　일민주의를 부르짖은 대표적 인물인 안호상은 대종교의 간부로서 한 핏줄인 배달 민족의 번영은 단결로써 가능하며, 그 단결은 철저한 명령의 복종을 통해서 가능하다고 주장했다. 여기서 명령은 대통령 이승만의 의지를 말한다. 하나의 조상 단군(檀君), 하나의 조국, 하나의 국토, 하나의 운명, 하나의 지도자로 이어지는 논리를 가지고 안호상은 일민주의를 부르짖었다. 그러나 신화의 세계인 단군조선 역사에서 현대 사회를 운영할 구체적인 방안이 어찌 도출될 수 있었겠는가.

살펴본 바와 같이 이렇게 저렇게 단군은 그동안 우리 민족의 가슴속에 흐르는 정체성의 구심점으로 작용해왔다. 또한 외침 등으로 민족이 시련을 겪을 때 우리를 하나로 묶어주는 주요 기제로 작용했다. 지금 분단이라는 민족 모순을 겪고 있는 우리로서는 통일이라는 지상 과제 앞에서 단군 정신을 통한 남북간의 화해와 공동체 의식의 회복을 위한 노력이 절실하다. 그러나 이러한 노력 속에서 반드시 유념해야 될 것은 재야사학자처럼 단군과 단군조선을 실재한 역사로 인식해서는 안 된다는 것이다. 그 속에 담긴 역사적 의미를 재음미하는 것이 중요하다.

1970년대 이후 최근까지 여전히 재야사학자라 불리는 사람들에 의해 단군민족주의가 우리 사회에 영향을 끼치고 있다. 그들은 특히 학교 교과서에 실린 고대사와 단군조선에 대한 서술이 좀더 민족주의적이어야 한다고 주장하고 있다. 결국 이들의 주장이 반영되어 우리 중·고등학교 교과서는 단군 신화가 실재한 역사처럼 소개되어 있고, 한민족의 우수한 능력과 소질에 긍지를 가지고 새로운 민족사 창조에 능동적으로 기여할 수 있는 자세를 배워야 한다고 서술하고 있다. 이것은 지나치게 민족주의적이고 지배자 위주의 역사관이라는 문제점을 안고 있다. 학생들은 이러한 역사 서술을 무겁게 받아들이고 외면한다. 이제는 조상들의 생활을 생생하게 보여주는 진솔한 역사 서술이 필요한 시점이다.

고조선을 둘러싼 다양한 논의들

고조선사 연구는 왜 '위치' 문제에 주목하는가

지금까지 고조선사와 관련한 주요 쟁점은 단군 신화를 비롯하여 건국 시기 문제, 기자조선 문제, 강역(疆域) 문제 그리고 지배 체제와 사회 성격 문제 등이다. 이 가운데 가장 논란이 되고 있는 것은 역시 고조선의 위치와 사회 성격의 문제라고 할 수 있다.

다른 시기의 역사와 달리 고조선사에서 위치 문제가 유달리 주목받는 이유는 간단하다. 그것은 고조선사를 포함하여 고대사 연구의 기본 한계 때문이라고 할 수 있다. 고조선사 연구에 문헌 자료가 절대적으로 부족하고 모호하기 때문에 고고학 자료를 이용할 수밖에 없다. 그동안 많은 연구자들은 고조선사와 관련된 많은 의문을 고고학 자료에 대한 적극적 해석으로 보충했다. 먼저 문헌 자료를 이용해 고조선의 위치를 비정하고, 비정된 지역에서 출토하는 청동기·철기시대의 고고학 자료를 고조선의 문화로 해석하여 고조선 사회상을 그려왔던 것이다. 고고학 자료를 통해 고조선사의 여러 문제를 해결하려고 할 때,

기본적으로 고조선의 위치 문제가 해결되어야만 고고학 자료들이 자료로서 가치를 가졌다. 그렇기 때문에 자연스럽게 고조선 중심지에 대한 논의가 많았다.

고조선사 연구에서 위치 문제가 주목받은 데에는 이 같은 학문적 이유 때문만은 아니다. 우리 역사에서 최초의 국가가 출현했던 고조선의 사회상에 대한 지나친 환상과 강한 민족 의식이 고조선사 연구에 투영됐기 때문이기도 하다. 고조선사 연구에는 한국사의 유구함과 영토의 광대함을 밝히고자 하는 욕구가 암암리에 작용하고 있는 것이다.

고조선사를 제대로 복원하기 위해서는 단편적인 문헌 자료 및 남만주 일대의 고고학 자료들을 광범위하게 수집하여 그것들을 체계적이고 종합적으로 분석해야 한다. 종래 고조선에 대한 연구는 단군 신화를 포함하여 후대의 고조선 사료에 대한 총체적이고 비판적인 이해를 결여하고 있다. 그러나 고조선사 연구의 최종적인 판단은 문헌에 근거를 두어야 하며, 가장 염두에 두어야 할 것은 후대의 믿을 만한 사료에 근거해야 한다는 점이다.

조선 후기 실학자들은 어떻게 연구했나

고조선에 관한 연구는 중국 정사(正史)에 인용된 고조선 사료에서부터 논란이 일기 시작하여, 당시의 역사 인식과 관련하여 조선 중·후기 실학자들에 의해 위치 문제가 본격적으로 논의됐다.

실학자들의 연구에서 특히 주목할 만한 것은 고조선의 강역 부분이다. 먼저 고조선의 위치 문제에 주목한 것은 한백겸의 《동국지리지》이

청천강 중상류. 고대에는 지금보다 수심이 깊고 강폭도 넓었을 것이다. 강 주변에는 낮은 구릉 산지와 마을이 있다.

다. 한백겸은 주자성리학의 도덕적 편사(編史) 규범에 구애받지 않고 우리 나라 고대의 강역을 문헌 고증의 방법으로 해명하는 데 주력했다. 그는 삼국 이전 시기에는 한반도의 역사가 한강을 중심으로 남과 북으로 나뉘어 독자적으로 역사가 전개된 것으로 이해했다. 고조선과 중국의 경계인 패수(浿水)는 청천강, 왕검성이 위치한 열수(洌水)는 한강이라고 주장했다. 이러한 주장이 정약용의 '패수=압록강설'로 이어지면서 고조선의 중심지를 한반도에 비정하는 입장의 논의가 깊어졌다.

한백겸, 정약용 등은 조선시대의 입장에 서서 받아들인 영토 의식을 역사 속에 투영하면서 상고 이래 한반도는 원래 우리의 영토였음을 주장했다. 그런데 이익과 안정복은 이러한 입장과 달리 평양 일대를 도읍으로 하여 단군조선과 기자조선이 있었고, 이들의 강역은 요동 지역까지를 포함하고 있었는데, 연 세력의 침략 후 대동강을 경계로 했다고 보았다. 이익과 안정복의 고대사에 대한 관심에는 문화적 자부심과 잃어버린 만주 땅에 대한 애착이 담겨 있었다.

고구려 평양성의 가장 높은 최승대에서 바라본 대동강과 평양성. 최근 북한학계에서는 평양성 안의 청암리토성이 단군조선의 도읍지라고 주장하고 있다.

 이처럼 18세기 말 이후의 학자들이 한국 고대사의 중심 무대를 한반도에 비정하려고 했던 것은 한국사를 축소하기 위해서가 아니라 오히려 청나라에 대해 주체성을 견지하고자 하는 민족주의에서 비롯한 것으로 보기도 한다.

 그런데 정약용 등 실학자들이 고조선의 강역을 평양을 중심으로 한 압록강 이남 지역에 비정한 것과 달리 이종휘는 고조선의 서쪽 경계가 요동 지역에까지 미쳤던 것으로 보았다. 이종휘는 단군 이래의 유교 전통과 삼강오륜의 기강을 재확립하고 잃어버린 만주 땅을 수복하여 부국강병을 달성해야 한다는 입장에서 만주와 한반도를 하나의 국토로 인식하고 그 풍토적 특성과 생활권·문화권을 강조했다. 이러한 인식을 하게 되는 것은 임진왜란 이후 18세기 중엽까지 만주에 대한 관심이 높아져 상고사 연구에도 만주 지방과 관련하여 해석하는 경향이 높아졌기 때문이다.

 실학자들은 조선 후기의 사회 변동 속에서 한반도에 대한 재인식과 만주 지역의 고대사에 대한 관심을 고조선의 위치 문제와 관련하여 피력했다.

일본 관학자와 민족주의 역사학

전통 역사학자들의 논의는 일제 강점기까지 이어졌다. 고조선사 연구에서는 일본학자들과 민족주의 사학자로 나뉘어 각자의 민족적 · 현실적 처지와 관련하여 고조선의 평양중심설과 요동중심설이 대립했다.

식민사학자들의 고조선에 대한 연구는 재평양설에 입각한 조선시대 실학자들의 연구를 바탕으로 하면서 평양 지역의 고고학적 발굴 성과까지 참고했다. 이들의 연구는 한사군 및 위만조선 연구에만 집중했고, 고조선은 평양 지역에서 한국식(세형) 동검 사용 단계에 등장했다고 보았다.

이러한 식민사학의 주장과 달리 식민지 초기 전 근대적 · 식민주의적 한국사 인식에 대항하면서 우리 근대 역사학을 확립한 것은 민족주의 역사학이었다. 민족 해방 운동 차원에서 역사학을 연구한 이들에게는 20세기 초반 식민지라는 상황에서 항일 독립 운동의 중요한 정신적 지주로서 이른바 '단군민족주의'가 주요한 연구 주제였다. 대표적 인물 신채호는 단군조선과 진(眞) · 번(番) · 막(莫) 삼조선 분립 시대의 주 무대를 요동과 만주에 비정했다.

초기 민족주의 역사가들이 그린 고조선의 모습은 만주와 한반도를 아우르는, 광대한 영역의 고조선 제국이었다. 고조선의 수도 또한 만주 지역에 있었고 낙랑군 등 한군현의 위치도 남만주 지역이었다고 강조했다. 나아가 '웅대한 고조선'의 역사를 통해 민족 정신을 진작시키고 조국 광복을 되찾자는 민족 운동 차원에서 고조선사를 연구했다.

신채호 등 민족주의 사학자의 역사지리 고증은 조선시대 실학자들의 논의 수준에 머물던 일본 관학자들의 한국사 인식 체계를 한 단계 넘어선 것이었다. 다만 그 논의는 우리 민족의 주체 의식을 강화하려는 목적을 두고 이루어졌기 때문에 실상보다는 과장되고 사실성 여부가 확인되지 않은 부분이 많다.

해방 후 북한학계는 어떻게 움직였나

해방 직후 남북한학계에서는 한국 고대사에 대한 연구가 활발해지면서 고조선에 대한 논의도 많아졌다. 먼저 북한학계에서는 민족사의 체계적인 정리와 고고학 자료를 새로이 개발·재평가하는 연구 사업을 하면서 민족 형성과 고조선의 위치 및 사회 성격 문제를 집중적으로 연구했다.

북한 역사학계는 먼저 삼국을 중세 '봉건 사회'로 규정하고 그 이전 단계인 고조선·부여·진국을 '고대 사회'라는 관점에서 바라보았다. 결국 많은 논쟁 끝에 리지린의 《고조선 연구》(1963)가 출간됐는데, 이후부터 고조선은 만주 요령성 일대에 위치하고 있었고 노예제 사회였다는 주장이 정설로 채택되어 1990년대 초까지 유지됐다.

북한학계의 연구를 뒷받침해준 중요한 근거는 물론 단편적인 문헌 자료였다. 리지린은 고조선을 세운 민족은 예맥이었고 이들은 동호(東胡)라는 이름으로 불리기도 하면서 고조선이라는 국가를 요령성 일대

강상묘(위)·루상묘(아래). 한 변의 길이가 30미터나 되는 무덤 구역 안에 수많은 청동기와 100명 이상이 불에 타 죽은 채로 발견되어 고조선이 노예 소유자 사회였고 순장이 행해졌다는 근거가 되는 유적이다.

에 건설했다고 보았다. 리지린 이후 북한학계는 고고학 자료, 즉 비파형 동검 문화에 대한 적극적 해석을 통해 그 문화의 출발지와 중심지가 요동이고 요령성과 길림성 일부, 한반도 서북 지방의 비파형 동검 문화 지역을 고조선의 영역으로 설명했다. 그 사회는 한 변의 길이가 30여 미터나 되는 무덤 구역 안에 많은 청동기와 100여 명 이상의 인골이 불에 탄 채로 매장된 강상묘·루상묘를 예로 들어 노예를 순장하던 노예제 사회였다고 설명했다.

북한학계는 1960년대 유행한 문화의 전파론과 외인론을 배격하고, 한국 문화 및 민족의 독자적 발생설과 내재적 발전론에 일방적으로 경도됐다. 이러한 입장은 주체사관이 확립되면서 더욱 강화됐다. 북한학계의 주장은 문헌과 고고학 자료에 대한 치밀한 접근을 통해 논리적으로 설득력을 갖고 있다. 그러나 기본적으로 후대의 명확한 고조선의 위치 및 고고학 자료를 배제하고 문헌 기록 가운데 요령성 지역으로 비정해도 가능한 자료만을 논리적으로 구성하는 과정에서 실상과 다른 확대된 고조선상을 낳고 말았다. 또한 북한학계의 고조선사 연구는 우리 민족사의 유구성과 위대함을 드러내고자 하는 목적을 갖고 시작됐기 때문에 지나친 확대 해석을 피할 수 없었다.

최근 북한학계에서는 1993년 조사된 단군릉을 근거로 단군과 단군조선을 인정하고 5천여 년 전 평양 일대에서 고조선이라는 고대 국가가 성립됐다고 주장하고 있다. 전성기 영역 문제와 관련해서는 이전과 마찬가지로 요령성·길림성 일부라고 주장하며 자연히 평양이 고조선의 중심이었다고 주장한다. 이렇듯 논의가 바뀌게 된 것은 경제 위기 등을 극복하기 위해 주체사상을 강조하고 평양 지역을 우리 역사의 발상지로 인식하게 되면서부터이다. 그러나 신화를 역사적 사실로 인정하거나 세계 인류의 기원지조차 북한이라는 식의 주장은 지나친 애국주의의 발로라 할 것이다.

이러한 북한학계의 주장에 비교할 수 있는 것이 남한의 재야사학자이다. 그들 또한 민족주의를 표방하며, 단군 신화를 역사적 사실로 받아들이고 있다. 재야사학자들은 자신들의 주장이 경제적 위기 속에서 세계 속의 한민족 공동체의 동질성을 찾고 제국주의 세력에 대항하는 민족주의 운동의 일환이라고 본다. 그러나 그 주장이 종교 운동이나 사상 차원이 아닌 학문적 영역에까지 들어와 단군의 역사적 실재를 주장하고 교과서 서술 문제까지 개입하려는 것은 오히려 역사학의 발전을 저해하고 역행하는 일이다.

근대 역사학은 학문적 토대를 사료에 대한 객관적이고 합리적 해석에 두고 있는데, 엄정한 사료 비판과 실증이야말로 그것을 구현하는 구체적인 방법이다. 이것을 바탕으로 하지 않는 한, 그 어떤 주장도 공허한 메아리에 불과하며, 과거에 대한 환상만을 불러일으킬 것이다.

해방 후 남한학계는 어떻게 움직였나

남한학계에서는 해방 직후의 연구 성과를 바탕으로 전통적인 고조선 평양중심설이 1970년대에 주장되어 1980년대에도 계속됐다. 이 주장은 기본적으로 신뢰할 수 있는 문헌 자료에 기초를 두고, 초기 고조선사와 관련된 단군 신화나 기자조선을 부정하며 고조선사의 진정한 출발을 기원전 4세기 이후인 전국시대부터라고 보고 있다. 그리고 평양에 중심을 둔 고조선 사회는 연맹적 상태인 부족 국가라고 주장한다. 결과적으로 이 입장에 따라 연구할 경우 만주 일대에 분포하는 청동기 문화와 초기 고조선사에 대한 관심을 가질 수 없었다.

1980년대 중반에 이르러 남한학계에는 북한학계의 요동중심설에 관한 견해가 소개되면서 고조선에 대한 새로운 관심과 논쟁이 일어나고, 고조선 중심지가 평양에 있었다는 설 외에 요령성중심설 및 중심지이동설이 다시 검토됐다.

남한학계의 요령성중심설은 윤내현 교수(단국대)가 주로 주장하는 것으로, 기본적으로 고조선은 단군조선만을 말하며 기자조선과 위만조선은 중국의 망명 세력으로서 고조선 역사와 무관한 것이라 보고 있다. 그리고 요서 지역의 초기 청동기 문화인 하가점 하층 문화를 고조선의 문화로 해석한다. 그리하여 고조선은 일찍부터 남만주 일대에 광대한 영역을 가진 제국을 형성했고, 그 사회는 노예제 사회였다는 논리를 펴고 있다.

이 주장은 기본적으로 단군 신화를 신화가 아닌 사실이라는 가정 하에 기원전 2000년경에 해당하는 고고학 자료는 모두 고조선의 유물로 해석한다. 그러나 고고학적으로 하가점 하층 문화는 중국 동북방의 소수 유목 종족의 문화이며, 하가점 상층 문화는 청동기시대 동호나 산융으로 표기되는 유목 종족의 문화라는 사실은 재론의 여지가 없다. 윤내현은 한마디로 신석기시대 유목 종족의 집자리를 청동기시대 고조선인의 생활 유적과 도성 유적이라 하고 있는 것이다. 나아가 시간과 지역을 초월하여 유물을 무차별적으로 비교함으로써 중국과 고조선 유물(사실 고조선 유물은 거의 없다)이 유사하고 고조선의 것이 1천 년 이상 앞서므로 중국 문화의 원류가 고조선이라고 주장하고 있다.

과연 청동기시대 초기에 흑룡강성, 하북성, 요령성, 길림성을 모두 관할하는 제국이 존재했을까. 그랬을 리는 만무하고, 그것이 또한 고조선 영역이 될 수 없는 것은 분명하다. 즉 고조선이 제국이라는 논리는 동아시아 고대 역사에서 고조선만이 존재했다는 주장에 다름 아니며, 이미 역사의 발전 과정에 대한 기본적인 상식을 뛰어넘은 맹목적인 주장이라 할 수 있다.

이른바 요령성중심설은 고조선과 관련된 후대의 확실한 문헌 및 고고학 자료를 배제한 채 단군 신화와 중국 동북 지역에서 활동하던 군소 유목 종족의 문화를 고조선의 문화라고 미리 설정하여 논리를 전개한다. 특히 신화에 대한 합리적 이해를 부정하고 웅대한 고조선상을 머릿속에 그린 다음에 논리를 전개하다 보니 고조선상을 과장되게 그리고 있다.

반면 고조선의 중심지이동설은 이제 남한학계의 지배적인 통설이 되고 있다. 고조선의 중심지이동설은 고조선이 초기 단계에는 요동 지역에서 비파형(요령식) 동검 문화를 주도하다가 연(燕) 세력과 충돌하여 그 중심부를 대동강 유역의 평양 지역으로 옮겼다고 보는 것이다. 그 사회도 연맹적인 성격이 강하고 초기 국가 모습이었다고 주장한다. 이 주장은 종래의 고조선 중심지 평양설과 요동설의 문제점을 극복하기 위한 노력의 결과로서, 문헌 사료에 대한 비판적 이해를 바탕으로 문헌에 기록되지 않은 초기 고조선사에 해당되는 부분은 고고학 자료를 적극적으로 활용한 것이다.

고조선의 지배 체제와 사회 성격

지금까지 살펴본 위치·강역 문제 이외에 최근에는 고조선의 지배 체제와 사회 성격에 대한 연구 성과가 나오고 있다. 그동안 고고학 자료를 통한 고조선사 연구는 대부분 묘제와 청동 유물·토기 등의 분포 및 특성 비교를 통해 종족, 주민 간에 일정한 정치 집단이나 국가로 상정해왔다. 그러나 아직도 고조선의 국가 형성 지역과 중심지에 대한 이해도 제대로 이루어지지 않았고, 특히 기존 연구가 주로 위치 문제에 관심을 두고 있기 때문에 그것을 바탕으로 한 국가 및 사회의 성격 문제는 더욱 해명되지 않고 있다.

남한학계에서는 고대 국가에 선행한 '소국'을 두고 부족 국가로 보자는 논의가 있었고, 이후 부족 국가의 개념에 문제점을 지적하면서 성읍 국가설과 군장사회(Chiefdom)설이 제기됐다. 1980년대 이후에는 신진화론의 입장에서 국가 기원을 연구하는 연구방법론이 위만조선과 고조선의 국가 형성 연구에도 적용됐다.

이러한 과정에서 청동기시대 초기부터 고조선의 국가 형성을 주장하는가 하면, 철기시대에 들어와야 국가 형성의 맹아가 보인다는 인식도 있다. 혹자는 삼국시대와의 계기성을 고려하여 고조선 사회가 원시 사회 최말기에서 고대로의 이행기에 해당한다고 보기도 한다. 이러한 입장 차이는 근본적으로 국가 형성 이론에 대한 인식 차이와 사료의 부족에서 기인한다.

고조선은 청동기시대부터 존재했지만 철기시대에 이르러 국가 단계로 성장했음을 염두에 둔다면 청동기·철기시대의 고고학 자료를 통해 그 전 과정을 체계적으로 이해하는 것이 반드시 필요하다.

고조선이 언제 국가를 형성했는지에 대해서는 좀더 논의가 필요하다. 많은 학자들이 기원전 4~3세기 《위략》에 나오는 조선후(朝鮮侯)가 왕을 칭하는 기록에 주목한다. 최고 지배자를 '왕(王)'으로 칭한다는 것은 국력이 이전 단계보다 성장했음을 말해주며 그것은 대개 국가적 성장을 의미한다. 이처럼 기원전 4~3세기 당시 고조선이 국가를 형성했다면 그 고고학적 증거는 당시에 요동에서 서북한 일대에 출현하는 한국식(세형) 동검 문화라고 할 수 있다. 특히 이전에 유행하던 돌무덤으로부터 움무덤으로 무덤 양식이 변화하는 것은 한국식 동검 문화의 시작 및 철기의 보급과 더불어 지역 단위 정치체가 성장하는 모습을 보여주는 것이다. 이러한 여러 지역 단위 정치체의 통합은 결국 '고조선'이라는 중앙 국가 권력의 출현으로 나아간 것으로 볼 수 있다.

특히 고조선의 국가 형성 문제와 관련하여 기원전 7세기경 강상묘(돌무지무덤)의 주인공이 고조선 왕이고, 그는 여러 명의 노예를 순장할 정도로 강한

《한서》〈지리지〉 연조 범금팔조. 범금팔조는 《한서》 〈지리지〉 연나라 조항에 낙랑군 조선현 지역에서 실시하던 법으로 기록되어 있다.

힘을 가졌기 때문에 고조선은 강력한 노예 소유자 국가라는 주장이 북한학계에서 제기됐다. 그리고 많은 남한학자들이 이 주장에 동조하고 있다. 그러나 강상묘는 한 사람의 주인공을 위해 한 번에 만든 무덤이라기보다 구덩이를 만든 시기의 차이가 보이는 점에서 요동반도 지역의 하나의 공동체 사회 무덤이라 보는 것이 보다 합리적일 것이다. 그것이 설령 순장 무덤이라 해도 고조선 사회는 노예가 주된 생산 동력인 노예제 사회는 아니었다고 보아야 한다. 그것은 고조선 사회가 그리스나 로마와 같이 노예가 사회의 모든 생산을 담당한 것이 아니기 때문이다.

이와 관련하여 범금팔조(犯禁八條)의 해석 또한 관건인데, 범금팔조는 지배자의 특권을 보장하고 노비가 발생할 수 있는 상황에 대한 처리를 규정하고 있다는 점에서 고조선 사회가 노예제적 요소를 가진 사회임을 입증하는 것 이상으로 확대 해석하기는 어렵다.

고조선사 연구, 종합적 시각이 필요하다

고조선사가 하나의 일관된 입장으로 정리되지 못하는 것은 한국 고대사의 발전 단계에 대한 기본적인 시각 차이에서 기인할 것이다. 대개 삼국 초기부터 고대 국가 성립을 주장하는 논자들은 고조선도 일찍부터 발전된 국가였다고 보고 있다. 반면 삼국 초기는 아직 부(部)가 중심이 되어 중앙집권적 고대 국가를 수립하지 못했다고 보는 논자들은 고조선을 삼국 초기 단계와 비슷한 초기 국가 단계로 이해한다. 이러한 인식 차이가 고조선사의 해석에도 그대로 적용된 것이다. 따라서 고조선사에 대한 해명은 이러한 한국 고대사에 대한 기본 인식을 포함하여 그 발전 논리가 명확히 정리되면 좀더 체계를 잡을 수 있을 것으로 기대된다.

종래 고조선사 연구는 민족주의적 시각에서 접근하는 논자들에 의해 지나치게 확대 해석되거나 이른 시기부터 과장된 역사상을 가진 나라로 언급되어왔다. 우리 민족사의 출발이라는 점에서 이러한 관심은 당연한 결과이지만 과연 그것이 실제 고조선의 역사를 반영하는 것인지는 진지하게 고민할 필요가 있다.

고조선사에 대한 연구는 각 시대의 역사 인식과 연구 과제에 따라 그 관심과 방법론이 변화됐고 앞으로도 계속 그럴 것이다. 그러나 고조선사가 한국 고대사의 한 시기이고 첫 국가인 만큼 이제는 고조선사의 실상이 무엇이고 한국 고대사 전체 체계 속에서 차지하는 위치는 어떠한가를 고증하기 위해 고고학·문헌 자료를 종합한 진지하고 보다 치밀한 연구가 요구된다.

기자조선은 실재했는가

평양에는 기자묘(箕子墓)라고 전해지는 무덤과, 기자가 실시했다고 하는 정전제(井田制)의 옛터가 남아 있다. 또한 한씨(韓氏)·기씨(箕氏)·선우씨(鮮于氏)의 족보에는 기자가 시조로 되어 있다. 모두 '기자조선'과 연관된 흔적들이다.

게다가 고려와 조선시대 유학자들은 기자가 조선 땅에 와서 왕이 됐다는 전설을 그대로 믿었다. 그리고 평양에 기자묘(箕子廟)를 세운 뒤 이를 자랑스럽게 여겼다. 이상 열거한 인식은 기자조선에 대한 이해가 있었기에 가능했다. 그러나 오늘날에는 남북한학계 모두 기자가 조선에 왔다는 사실을 부인하고 있다. 단적인 예를 들면 제6차 교육과정 중·고등학교 국사 교과서에는 각주의 형태로 소개되던 기자조선이 제7차 교육과정 중·고등학교 국사 교과서에는 아예 빠져버렸다. 만일 학교에서 수업을 하는 교사가 우리 학계에서 논의되는 것 중에 기자조선의 존재도 있다는 것을 굳이 알려주지 않는 한 학생들은 기자조선에 대해서 전혀 알지 못하게 되어버렸다.

기자동래설

기자가 동쪽으로 와 조선에서 왕이 됐다는 이야기가 실려 있는 최초의 책은 한나라 때의 《상서대전(尙書大典)》이다. 이후 사마천의 《사기》나 반고의 《한서》에도 비슷한 내용이 실렸는데, 그 내용은 대략 다음과 같다.

기자 초상. 윤두수의 《기자지》에 수록된 기자의 초상이다. 조선시대 유학자들은 기자를 조선 문명화의 시조로 인식하고 예를 올렸다.

은나라 말엽에 '기자'라는 현인이 있었는데 주왕(紂王)의 폭정을 말리다가 투옥됐다. 은나라를 멸망시킨 주나라 무왕이 풀어주었으나 그는 곧 '조선'으로 도망했다. 나중에 이를 알게 된 무왕은 그를 조선왕으로 책봉했다. 기자는 조선의 제도와 문화를 발전시켰고, 범금 8조를 제정하여 조선 사람들에게 그것을 지키도록 계몽했다. 후에 기자는 무왕을 찾아가서 '홍범구주(洪範九疇)'를 전수하여 통치의 기본 규범으로 삼도록 권유했다. 기원전 194년 위만에 의해 쫓겨난 조선의 준왕은 기자의 후예이다.

고려·조선의 유학자들은 이것을 그대로 믿었다. 기자를 우리 나라에 예의범절을 가르친 성현으로 숭배하면서, 그 교화를 입은 문화 국가라는 것을 자랑으로 여겼던 것이다. "중국과 우리 나라는 기자 이래 문화적으로 한 집안을 이루었으므로 외국으로 보기 어려우며, 우리의 문화 수준은 중국의 그것에 조금도 뒤지지 않는다"고 생각했다. 기자가 조선왕에 책봉됐다는 사실은, 대외적으로는 명나라와의 사대 관계를 역사적으로 정당화해주는 한편, 조선이 중국과 대등한 문명국이라는 '소중화(小中華)' 의식을 갖게 했다.

기자 전설, 사실인가

20세기에 접어들어 민족 의식이 더욱 강해짐에 따라 기자가 조선으로 왔다는 전설은 부정됐다. 그 근거로 기자 전설을 기록한 문헌들이 모두 기원전 3세기 이후에 씌어졌다는 점이 가장 먼저 거론됐다. 기자는 기원전 1000년 전후 즉 은나라 멸망기 주왕의 신하로 실존 인물이었다. 따라서 만일 기자가 한반도 지역에 와서 기자조선을 세웠다면, 기원전 3세기 이전에 저술된 역사책《논어(論語)》나《죽서기년(竹書紀年)》등에 '기자가 조선으로 갔다'는 기록이 당연히 보일 법한데 그렇지 않다. 다만 주나라 무왕대에 '기자가 존재했다'는 기사만 나타난다. 한편 기자의 무덤이 하남성이나 산동성 등지에 있었다는 기록도 있다. 이러한 기록을 감안하면, '기자가 조선에 왔다'는 전설은 실제 사실이 아니라 기원전 3~2세기 무렵에 한나라 사람들이 꾸며낸 것이 아닐까 생각된다.

고고학적으로도 고조선 등 동북아시아의 청동기 문화는 계통상 황하 유역의 그것과 뚜렷한 차이가 있다. 만약 기자 집단이 어떤 경로를 통해서든 조선에 와서 왕조를 세웠다면 두 지역의 청동기 문화에 긴밀한 상관성이 보여야 한다. 그러나 사정은 그 정반대이다. 한반도 지역에서 출토되는 청동기시대 고고학 자료 가운데 기자의 이동을 입증할 만한 은주(殷周)시대 청동기 자료는 전혀 나오지 않고 있다.

세계의 중심은 중국이고 그 교화를 받아서 주변 민족(오랑캐)들이 문명개화(文明開化)했다는 '중화 사상'은 한나라 때 성립됐다. 기자가 조선에 와서 왕이 됐다는 전설은 이러한 배경에서 자유롭지 못하다.

한 무제는 기원전 108년에 고조선을 멸망시킨 뒤 그곳에 군현(한사군)을 설치했다. 토착 세력들은 이에 크게 반발했다. 진번군과 임둔군이 곧 폐지된 것도 토착 세력의 반발 때문이었다. 따라서 한(漢)의 역사가들이 중국의 군현 설치를 합리화하고, 토착 세력의 반발을 무마하기 위해 기자가 유교 문명을 가지고 조선에 왔다는 전설을 만들어냈을 가능성이 크다.

은주시기, 대릉하 유역의 청동기 저장갱과 기자조선

기자는 특정 개인의 이름이 아니라 '기국의 제후'를 가리키는 말이라는 견해도 있다. 이것은 중국 고대의 문헌을 근거로 한 것이다. 《춘추좌씨전(春秋左氏傳)》에는 주나라 초기의 제후국으로 '기국(箕國)'이 있었고 '기자'가 춘추시대 진나라의 장래 문제를 논한 대목이 나온다. 또 《국어(國語)》라는 책에는 기국을 정복한 진나라 고대의 성씨에 기씨가 있다는 사실이 전해진다. 한편 사마천의 《사기》에는 "기자가 양국(梁國) 몽현에서 죽었고, 거기에 그의 묘가 전해진다"고 쓰어 있다.

이와 더불어 기후(箕侯)를 중심으로 한 기씨 일족이 주나라 초에 연후(燕侯)를 따라 북방을 정복하다가 후에 산서에서 산동으로 이봉(移

封)됐고, 일시 주나라 소공(召公)을 따라 북방 정벌에 참가하기도 했다고 한다.

기후의 존재는 고고학 유물들을 통해 실제로 확인할 수 있다. 대릉하 유역의 객좌현 고산(孤山) 북동 유적 중 은대 청동 예기(禮器)에는 '기후(箕侯)'와 '고죽(孤竹)'이라는 명문(銘文)이 있었다. 이를 근거로 요서 객좌현 일대가 기후와 관계있고 여기서 기후는 기자와 동일 인물이라는 주장이 일찍이 제기됐다. 그리고 기후명 청동 예기가 한 곳에서 나온 것으로 보아 기씨조선이 처음에는 고죽국 혹은 그 인근 지역에 있었고 문헌에 나오는 기자조선과 관계된 것은 사실이라고 보고 있다.

이처럼 요서 객좌현 일대를 중심으로 한 지역에는 연후(燕侯)의 이름이 새겨진 청동 예기 등 연나라와의 관계를 명확하게 보여주는 그릇이나, 고죽이라고 해석되는 이름의 그릇 등 당시 중국 동북 지역을 인식하는 데 중요한 자료가 출토되고 있어 주목된다.

은·주 청동기들은 요서 대릉하 연안의 30킬로미터 범위 안에 밀집되어 있으며 현재까지 약 70여 점이 출토됐다. 상·주 청동 예기는 이 지역의 토착 청동기 문화인 하가점 문화 분포 범위 안에서, 특히 객좌현 일대를 중심으로 요하 유역 및 내몽골 지역까지 분포하고 있다. 그런데 이 유적들은 대개 현지의 토착 문화와 함께 묻혀 있지 않다. 보통 저장 구덩이 상태로 발굴되며, 토기 등을 동반하지 않는 것이 특징이다. 따라서 그 사용자 집단의 성격에 대해 많은 혼란이 초래되고 있다.

북동촌 저장갱을 현지 답사한 결과, 청동기 저장갱의 입지는 대릉하에 임한 곳으로 관망하기에 좋다. 그 외에 마창구(馬廠溝) 저장갱이나 산만자(山灣子) 저장갱의 경우도 구릉 사면인데 관망에 유리하다. 또 저장갱 주위에는 주거 공간이 있다. 이를 통해 청동기를 가진 집단

객좌 북동촌 출토 청동 예기. 요서 대릉하 근처에 위치한 객좌현에는 은·주 유이민이 남긴 것으로 보이는 청동 예기 유적이 집중되어 있다. 특히 북동촌에서는 '기후(箕侯)' 명을 가진 청동 예기가 나와 기자조선과 관련하여 주목된다.

은 거주지의 주변에 어떤 이유에선가 청동기를 매납했던 것으로 볼 수 있다.

기후와 관련하여 상족(商族)의 존재를 이해할 필요가 있다. 최근 북경 유리하(琉璃河) 부근의 주초(周初) 상족 계통의 무덤에서는 연나라 소공(召公)을 '연(匽=燕)의 제후'로 봉(封)하는 명문이 새겨진 청동기가 출토됐다. 이를 통해 기원전 10세기를 전후한 시기(서주 초)에는 연의 문화가 확실히 이미 연산(燕山) 남록의 광대한 지구에 분포하고 있음을 알 수 있다. 그리고 《사기》〈주본기(周本紀)〉에 기록된 "소공(昭公) 석(奭)을 연(燕)에 봉한다"는 역사 기록이 믿을 만하다는 것을 입증해주었다.

당시 주나라에서 관할한 주요 지역은 하북(河北)의 역수(易水)에서 요서 대릉하 상류 일대로, 북경 서남의 계성(薊城)이 그 도성이었다. 전국시대 말기에는 또 연(燕) 하도(下都)를 무양(武陽. 지금의 하북성 역현(易縣) 남쪽)에 설치했다. 그리고 일대에서 출토한 일련의 청동기 명문으로 알 수 있는 것은 연후가 언제나 대릉하 유역에 있던 고죽 등의 우두머리에 대해 상(賞)으로 청동 예기를 하사했으며 그들은 정치상 예속 관계였다는 사실이다.

상·주 두 왕조는 모두 요서 지역에 제후국을 건립하고 중국의 문화를 전입시켰다. 상 왕조 분봉(分封. 봉건시대에 군주가 제후에게 땅을 주어 다스리게 하던 일)의 중심은 노룡(盧龍)의 고죽국(孤竹國)에 있었으며, 주 초 분봉의 중심은 북경의 연나라에 있었다. 이들은 현지의 소수 민족을 통치했다. 당시에 일부 유목 상태에 있던 소수의 토착 종족들이 그 주위에서 활동했는데, 특히 이북의 광활한 대지에서 많은 부락을 형성한 종족은 문헌 기록에 따르면, 오랑캐족(융적)이라 할 수 있다.

기족(箕族) 또는 그 한 지족(支族)은 서주 초기에 요서 지역에 있으면서 연후와 밀접한 관계에 있었다. 그들은 이후에도 동북방으로는 결코 이동하지 않았으며 그와 반대쪽인 산동성 지방으로 집결하여 영주(永住)했다는 사실이 더욱 중요시된다. 대릉하 유역에 정거하고 있던 은(殷) 유민들은 아마도 일시적인 변고 때문에 씨족을 상징하는 전승가보(傳承家寶. 집안이나 종족 대대로 귀중하게 간직해온 가보)를 황급히 땅에 묻고 다시 서쪽으로 이동했던 것으로 보인다.

기자족은 동방으로 이동했다?

기족의 존재에 대해 기자조선과 관련시켜 보는 경우도 있다. 이를테면 명문이 적힌 청동 예기를 통해 보건대 객좌현 일대는 은대 고죽국과 관련된 지역이고, 특히 이 지역은 '기후' 명을 가진 인물이 통치했다고 보는 것이다. 이는 한국 민족의 기원을 종족 이동이라는 시각에서 바라보면서 기자조선의 실재를 긍정적으로 보는 견해이다. 신채호의 조선족이동설을 바탕으로 한 이 주장은, 우리 민족의 원주지를 북중국 방면에까지 확대시켜 그 이동 경로를 살피고 있다. 이에 따르면, 기자 집단은 초기에는 화북 지방에 있다가 뒤에 점차 동쪽으로 조선 방면까지 이동하여 기자조선을 형성했다고 한다.

이때 기자는 개인의 이름이 아니라 주나라 계통과는 구별되는, 동이족 가운데 하나인 기자족을 일컫는다. 이들은 은(殷)이 멸망한 시기나 주(周)가 견융(犬戎)의 침입을 받아 수도를 동쪽으로 옮긴 때를 전후로 한 격동기에 북중국에서 남만주, 평양으로 이동하여 기자조선을 세우고 한반도에 청동기 문화를 보급하기 시작했다고 한다.

이 같은 내용의 기자족 동방이동설은 상당한 관심을 불러일으켰다. 다만 그 내용이 고고학적으로 명확하게 뒷받침되지 못한다는 약점이 있다. 앞서 언급한 '기국'이나 기자족이 사용한 청동기는 분명 은나라 및 주나라 계통의 것으로, 요동 지역이나 한반도의 청동기 문화에는 황하 유역 청동기 문화의 영향이 약하고, 영향의 흔적이 한참 후에야 나타난다. 현재의 자료로는 황하 계통의 청동기를 소유한 종족이 이동했다는 증거는 찾을 수 없다.

대릉하 유역에 기자조선이 있었다는 주장은 요서 지역 객좌현 일대 청동 예기 명문의 족명을 가진 씨족들을 '기자 집단'으로 이해한 것으로 기자조선에 대한 합리적인 해석의 결과로 보인다. 그러나 중국의 고대 문헌 어디에도 난하(灤河) 유역이나 대릉하 유역을 '조선(朝鮮)'이라고 일컬은 적이 없으며, 산융은 물론이고 거기에 거주한 영지(令支), 고죽, 도하(屠何) 등을 고조선의 주민으로 기록한 일도 없다. 더욱이 문헌상으로도 이들이 주나라 때 산동반도 동쪽에 있다가 주나라 소공을 따라 북방 정벌에 참가한 적이 있었다는 사실만 확인될 뿐, 동쪽으로 이동했다는 기록은 발견되지 않는다.

고조선이라는 지역 또는 종족 집단은 처음부터 '융적(戎狄. 산융, 영지, 고죽, 도하)'의 동쪽 지역에 있었으며, 고조선과 연이 접촉을 시작한 것도 융적들이 기원전 7세기경 연(燕)·제(齊)의 연합 세력에 의해 쇠약해지고 난 후 점차 연의 세력이 그 지역에 미치게 된 후부터의 일일 듯하다.

한국사는 기자조선을 어떻게 수용할 것인가

기자동래설 자체는 사실 여부와 관계없이 수백 년 동안 우리 조상들이 사실로 믿어왔다는 점에서 적잖은 의미가 있다. 조선 후기에 토지 제도 모순의 개혁 방안을 강구하던 일부 실학자들은 농민이 토지를 균등하게 나누어 가져야 한다는 주장의 역사적 근거를 정전제(井田制)에서 찾기도 했다. 그러나 그 정전제의 토지를 구획했던 흔적이라는 것은, 고구려 수도인 장안성의 방리(坊里)를 구획했던 흔적일 가능성이 크다.

앞에서 보았듯이 기자 전설을 구체적인 사실로 믿기는 어렵다. 기자를 대표로 하는 주민 집단의 존재는 인정할 수 있어도 요서 대릉하 유역이 기자조선이었다는 논리는 성립하기 어렵다. 기자조선과 관련하여 언급되는 고죽이나 기자 집단, 영지 등은 대개 은의 유이민이 중심이 된 집단이지만, 결국은 토착 융적 문화에 흡수되어 존재했던 것이다. 따라서 복생(伏生)의 《상서대전(尙書大傳)》에 처음으로 등장하는 "주 무왕이 은을 이기자 기자가 북쪽으로 향해 조선으로 갔다"는 고사는 기자조선의 존재를 입증하는 것이라기보다는 이 광대한 지역에 기후(箕侯)가 존재했고, 또 '상(商) 왕조'와 밀접한 관계가 있었음을 드러내 준다 하겠다.

당시의 역사적 상황을 염두에 두고 조심스럽게 살펴본다면, 기자조선에 대한 연구는 자료가 부족한 한국 상고사에 대한 이해의 폭을 넓혀줄 것이다. 실제로 중국 은·주시대에는 수많은 주민(은의 유민 또는 산동에 거주했던 동이족)들이 고조선으로 이동해왔다. 기자 전설은 이 같은 주민 이동과 그에 따른 고조선의 사회 변동과 어떤 형태로든 관계가 있어 보인다.

앞으로 좀더 면밀한 검토를 통해 기자의 '동래(東來)'를 인정하게 된다 할지라도, 그 후의 기자족은 오늘날의 한국인을 형성한 많은 요소 가운데 일부일 뿐임을 기억하자. 기자가 중국인이고 우리 문화 형성에 영향을 주었다고 해서 우리 역사의 정통성을 해치는 것은 아니다.

위만과 위만조선

위만은 누구인가

고조선의 마지막 왕조를 세웠던 위만(衛滿)의 생몰연대는 알 수 없다. 현존하는 어느 기록에도 그의 출생과 사망에 대한 정보가 없다. 고조선의 마지막 왕 우거는 위만의 손자라고 한다. 우거가 통치하던 시기에는 위만이 등장하지 않는 것으로 보아 위만은 이미 그 이전에 아들에게 왕위를 물려주고 어느 시기에 사망한 것으로 보인다.

위만이 기원전 194년 무렵에 고조선의 왕위를 탈취했다는 것에서 위만과 관련된 연대를 짐작할 수 있다. 《사기》〈조선열전〉에 따르면 위만은 기원전 194년 고조선의 서쪽 변방에서 세력을 키워 준왕을 몰아내고 새로운 왕조를 열었다. 위만이 집권한 이후 고조선은 그 손자인 우거왕 때까지 이어내려오다가 한나라의 공격을 받아 기원전 108년에 멸망했다.

위만의 출생지 역시 정확하지 않다. 다만 《사기》〈조선열전〉의 기록을 보면 위만은 중국 연나라 사람으로 현재의 북경에 위치한 연나라 왕

《사기》〈조선열전〉. 고조선에 관한 가장 이른 기록인 《사기》〈조선열전〉에는 위만과 위만조선에 관한 내용이 실려 있다.

노관(盧綰)의 부관(副官)으로 있다가 고조선으로 망명했다고 한다. 그러나 우리 학계에서는 위만의 출신지를 조선 땅으로 보아 그를 조선 사람으로 보기도 한다. 북한학계에서는 위만이 중국 사람임을 강조하기 위해 사마천이 위(衛)씨 성을 붙였다고 보고, 위만을 그냥 만(滿)이라고 불러야 한다고 주장한다. 위만조선 또는 위씨조선에 대한 호칭도 '만조선'이라 부른다. 만조선은 이전 왕조를 이어 강력한 철기 문화를 바탕으로 정복 국가를 세운 것으로 묘사되고 있다.

도대체 위만은 어떤 인물이었기에 그의 국적이 문제되는가. 다음은 위만에 관해 비교적 상세하게 서술하고 있는 《사기》〈조선열전〉의 일부 내용이다.

조선왕 위만은 옛날 연나라 사람이다.……(한나라가 일어난 뒤에) 연왕 노관이 (한나라를 배반하고) 흉노로 들어가자 부관으로 있던 위만도 망명했다. 무리 1천여 명을 모아 북상투에 오랑캐의 복장을 하고서 동쪽으로 도망했다. ……차츰 진번과 조선의 오랑캐 및 옛 연(燕)·제(齊) 지역의 망명자를 복속시켜 거느리고 왕이 됐으며, 왕검성에 도읍을 정했다. 그때가 마침 혜제(惠帝. 기원전 194～180) 때로서 천하가 처음으로 국경 밖의 오랑캐를 지켜 변경을 침략하지 못하게 하는 한편, 오랑캐의 군장(君長)들이 천자를 뵙고자 하면 막지 않도록 했다. 이로써 위만은 군사적 위세와 재물을 얻게 되어 주변 지역을 침략하여 항복시키니, 진번과 임둔도 모두 와서 복속하여 그 영역이 사방 수천 리가 됐다.

· 《사기》 권 115 〈조선열전〉 제55

한반도 서북 지방에는 이미 기원전 4～3세기 전국시대부터 하북 · 산동 방면의 중국인들이 이주해 있었고, 기원전 3세기 후반에는 이주민에 의한 정치 세력이 등장했던 것으로 보인다. 이러한 모습은 중국 사료나 고고학 유물에서 드러나고 있다. 예를 들어 《후한서(後漢書)》 76 〈왕경전(王景傳)〉에 의하면, 후한 초기에 낙랑군 출신의 수리가(水利家)로서 본국에서 크게 활약하던 왕경의 8세조 되는 왕중(王仲)이 제왕 유흥거의 반란(기원전 177년)에 연좌될 것을 두려워하여 본거지인 산동 지방의 낭야 땅에서 뱃길로 평양 부근의 낙랑 산중으로 흘러들어와 대대로 살았다고 한다. 이러한 역사적 움직임을 기반으로 하여 기원전 2세기 초에는 이 지방에 독립 정권이 세워졌는데, 그것이 바로 요동 방면에서 서북한 지역으로 망명해온 인물에 의해 수립된 위만조선이다.

'위만조선'은 언제 어떻게 세워졌나

기원전 403년 중국은 제후들 간에 토지 겸병 전쟁이 더욱 격렬해지는 전국시대를 맞는다. 이 시기에 '연(燕)' 세력이 팽창하면서 고조선과 중국은 깊은 관련을 맺게 된다. 당시 연의 동북부에는 동호(東胡)가 있었고, 그 동쪽에 고조선이 있었다. 이후 '연'은 동호와 고조선을 정벌하기 위해 전쟁을 일으켜 승리했고, 강역을 더욱 넓혔다.

《사기》〈흉노열전〉에 의하면 전국시대 연나라는 소왕(昭王)의 전성시대(기원전 3세기)를 맞아 장수 진개(秦開)를 보내 동호를 격파하고 장성(長城)을 쌓아 조양(지금의 하북성 회래현)에서 양평(지금의 요양시)에 이르기까지 다섯 군을 두었다. 연나라는 당시 고조선의 세력 하에 있었다고 보이는 요하 동쪽에 요동군을 세우고 현재의 요양(遼陽)까지 장성을 쌓아 북방 민족의 남하를 막으려 했다.

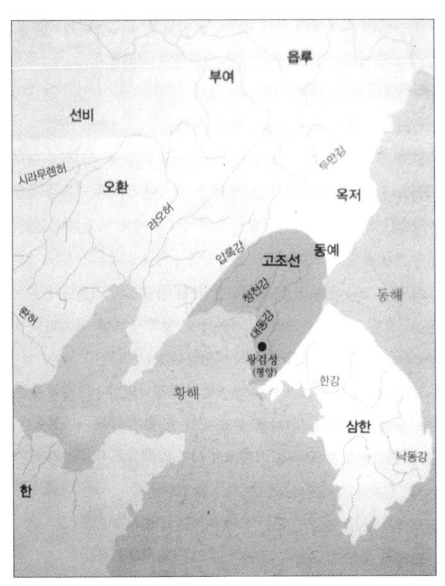

위만조선 영역. 고조선 후기 단계인 위만조선 때에는 사방 1천 리의 영역 범위를 가지고 임둔, 진번, 동옥저 등의 초기 국가에게 공납을 받으며 지배했다.

《산해경》에는 "조선은 열양의 동쪽에 있는데, 바다의 북쪽 산의 남쪽에 있다. 열양은 연에 속했다"고 했다. 이는 조선후(朝鮮侯)가 관할하는 넓은 지역이 이미 연의 통치 범위에 들어갔다는 것을 말해준다. 한편 《한서(漢書)》의 "연의 동쪽에는 어양·우북평·요서·요동······낙랑·현토 또한 마땅히 속한다"는 기록은 연의 세력이 이미 한반도 북부에 도달했다는 것을 말해준다. 물론 중원 지역 바깥의 변군(邊郡)의 성격에 대해서는 또 다른 고찰이 있어야 할 것이다.

이처럼 위만이 등장하던 시기에 중국은 이미 요령 지역에 진출하여 초소와 같은 장새(障塞)를 쌓고 그 일대를 관장하고 있었다. 연이 동호와 조선을 물리치고 쌓은 장새는 요동을 지나 패수에까지 이르렀다.

위만이 고조선으로 망명한 때는 한 고조 유방이 항우를 물리치고 천하를 통일한 뒤 얼마 지나지 않아서였다. 통일 후 유방은 휘하의 장군들을 지방의 제후로 임명했는데, 그때 연왕에 임명된 노관은 유방과 같은 고향 사람으로서 유씨 성이 아니면서도 제후에 봉해진 몇 안 되는 사람 가운데 하나였다. 그런데 정권의 안정을 위하여 유방이 한신 등의 이성제후(異姓諸侯)를 제거하기 시작하자, 노관은 흉노로 망명해 버렸다.

유방은 한나라를 세우는 데 일등 공신이었던 한신도 제거했다. 한신은 죽으면서 '토사구팽(兎死狗烹)'이라는 말을 남겨 유명하다. 노관은 유방과 죽마고우여서 연나라의 왕 노릇을 했지만 유방이 언제 자신을 내칠지 몰라 노심초사했다. 그러던 중 노관은 유방의 지시를 받아 한나라에 맞서 일어난 반역자들을 토벌하던 중 반역자들과 짜고 싸움을 오래 끌었다. 이 사실이 탄로나 유방이 노관을 문책하려들자 그는 군사력이 강력한 흉노로 도망친 것이다.

자신이 모시던 상관이 왕조 교체기의 혼란기에 오랑캐인 흉노 땅으로 달아나자 위만은 독자적인 길을 택한다. 중국 동북 지역 가운데 중국과 고조선의 경계 지대에 자신의 세력을 이끌고 거주한 것이다. 중국 세력의 동부와 고조선 서부 사이의 공백 지대는 진나라 때는 '공지(空地)'로 분류되어 관리의 손길이 미치지 않았다. 대개 장새(障塞)가 설치된 지역에는 사람의 흔적이 별로 없어 실제로는 공지였다. 사료에는

"진나라 때의 공터(秦故空地)에 있는 위아래 장새(上下障)"라고 표기되어 있다. 이 지역은 지리적으로 진한(秦漢)과 고조선 사이의 중간 지대였다.

위만이 처음 거주했던 진고공지(秦故空地)는 연(燕) · 진(秦) 장성(長城)이 끝나는 지점의 동쪽 땅이 될 것이다. 《사기》에는 위만이 요동 장새를 나와 패수를 건너 진고공지에 살았다고 기록되어 있다. 문헌 기록상 연북장성은 "조양에서 양평에 이른다(自造陽至襄平)"고 하는데, 오늘날에는 하북성 회래현에서 요령성 요양시에 이른다. 위만은 그 이동 지역에서 살다가 준왕을 몰아내고 왕위에 오른 것이다.

고조선 사회에서 위만 집권 시기처럼 국가 체제가 완비되기 이전에는 '진고공지'와 같은 일종의 공백 지대가 문화적 점이 지대로 있었던 것 같다. 이곳은 일정 세력에 의해 지배되지 않는 일반인의 거주가 가능한 곳으로, 역사상 다른 국가의 주민들이나 유망민이 자유롭게 거주하면서 세력을 키운 것으로 보인다.

현재 중국의 연 · 진시대 장성 위치를 보건대, 위만의 초기 거주 지역은 대체로 천산산맥 동쪽에서 청천강 일대에 이르는 너른 지역을 포괄했던 것으로 보인다. 바로 이 지역에 기원전 2세기 말경에 위만이 들어와 살면서 이른바 위만조선을 세웠다. 위만은 압록강 유역 일대에서 청천강 유역에 살고 있던 유이민과 토착민을 포섭하면서 세력을 키워나갔다. 그리고 이 과정에서 토착민이나 연 · 제에서 온 망명자를 복속시키고 남방으로 진출하여 왕검성(지금의 평양)을 근거지로 하여 나라를 세웠다.

우선 진고공지 지역에 망명한 위만은 준왕의 신임과 총애를 받아 박사직을 임명받고 100리의 땅을 받아 고조선의 서쪽을 수비하는 임무까

건평현 소과영자 전국시대 연(燕) 장성 유적. 요서 지역에는 아직도 기원전 4~3세기에 연(燕) 세력이 진출하는 과정에서 설치된 장성 유적이 남아 있다.

지 맡았다. 아마도 이때 위만은 진고공지에 거주하는 중국 유망민 세력을 통솔하는 책임을 부여받은 듯하다. 위만은 차츰 유이민을 끌어모아 세력을 키웠고, 기원전 194년경 즉 한의 여후 시기(기원전 194~180)에 한이 침공해오자 수도를 방어해야 한다는 구실을 내세워 군사를 이끌고 들어와 정권을 탈취했다.

먼저 위만은 준왕에게 한나라의 군대가 열 군데로 나뉘어 쳐들어온다고 거짓 보고를 했다. 그러고는 자기가 고조선의 도성인 왕검성을 지키는 데 힘이 되고 싶다면서 군대를 이끌고 도성으로 들어갈 수 있도록 왕의 허락을 받아낸 뒤 왕검성을 차지해버렸다. 이렇게 해서 위만이 이끄는 새로운 고조선 왕조가 탄생했다.

왕위를 빼앗긴 준왕은 할 수 없이 따르는 신하들과 일부 백성을 데리고 한강 이남으로 내려갔다. 그리고 그곳에 정착하여 한왕(韓王)이라 칭했다. 이제 한(韓)이라는 종족과 나라 이름을 사용하며 삼한시대를 새로이 열었다. 우리 역사에서 한 왕조는 준왕이 그 문을 연 것이다.

위만조선은 어떤 나라였나

위만이 이주민이나 토착민을 세력 하에 두고 위만조선을 세웠던 시기는 전한(前漢) 혜제 때, 즉 기원전 190년대의 일이다. 위만과 그 자손은 단지 평양을 중심으로 하는 한반도 서북 지방만이 아니라 남쪽이나 동쪽으로 세력을 확장하여 진번(眞番)과 임둔(臨屯)도 지배 하에 두었다. 그리고 그 이북에 위치한 동옥저도 한때 고조선 세력의 지배를 받았다. 이처럼 후기 고조선은 주변 지역을 정복하면서 지배 체제를 확립한 후, 지배권 하의 여러 부족이나 진번 곁에 위치했다는 중국(衆國. 삼한 이전 남쪽의 여러 소국(小國)들을 가리키며 진국(辰國)이라고도 한다) 등이 요동 지역의 중국 군현에 직접 조공하고 교역하는 것을 금했다.

위만조선의 이러한 태도는 무엇보다 자국의 실력에 의지했겠지만, 한편으로는 당시 북아시아에서 강대한 정치 세력을 형성했던 흉노 제국과 연결될 수 있다는 가능성이 또 하나의 힘으로 작용했다고도 볼 수 있다. 이러한 자신감을 바탕으로 위만조선은 수도인 왕검성을 중심으로 한 독자적인 문화도 탄생시켰다. 움무덤(土壙墓)에 이어 나무곽무덤(木槨墓)을 조영하고, 고조선만의 독특한 한국식 동검 문화를 창조한 것이 그렇다. 한국식 동검 문화는 나무곽무덤에 한국식 동검과 수레부속구 및 주조 철기를 특징적으로 부장하는 문화이며 이것이 바로 국가를 형성하던 시기의 고조선 문화라고 할 수 있다.

한편 위만조선의 지배층에는 이주해온 중국인이 많았다. 따라서 그들은 중국 계통의 문화를 유지하면서 발전시켰을 것으로 보인다. 그러나 서북한 지역은 중국 본토에서 멀리 떨어져 있고, 게다가 전국시대 문화 혹은 진(秦)·한초(漢初)의 문화는 중국 본국 문화에서 벗어나

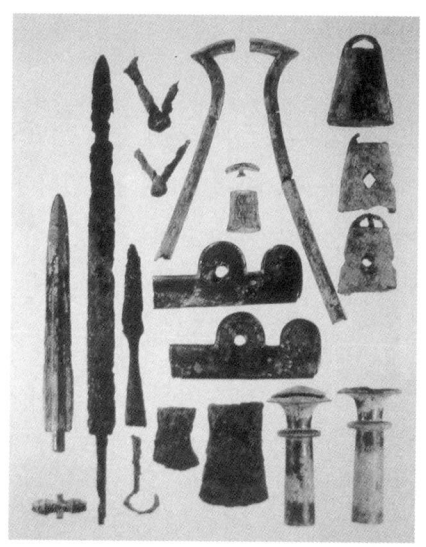
평양 상리 나무곽 무덤 출토 유물. 후기 고조선 시기 지배자의 무덤인 나무곽무덤에는 세형 동검과 주조 철기, 수레부속구 등이 부장되어 있다.

자립적인 발전을 시작해서 후에 독자적인 지역 문화를 형성하게 됐다. 이제 토착민 사이에서도 선진 문명 사회와 접촉하면서 새로운 문화를 누리며, 계급 사회가 성립했다. 이러한 변화 발전은 남만주에서 서북한에 걸쳐 새로운 단계의 무덤인 움무덤이 집중 발견되는 것에서도 알 수 있다. 이들 움무덤은 분명 토착민 유력자들이나 그 가족의 무덤일 것이다.

이처럼 기원전 2세기에 등장한 위만조선은 어떠한 나라였는가. 준왕을 몰아내고 왕위를 빼앗았으니 고조선과 다른 새로운 왕조로 보아야 하는가, 아니면 앞의 고조선 왕조를 계승한 나라로 보아야 하는가.

정권을 차지한 위만은 새로운 왕조를 유지하기 위해 중국에서 흘러 들어온 세력과 토착 고조선 사람들 모두를 관리로 임명하여, 두 세력

사이에 있을 수 있는 갈등과 대립을 최대한 줄이고 정치의 안정을 꾀했다. 그리고 중국의 철기 문화를 재빨리 받아들여 군사력을 키웠다.

당시 중국이 한나라로 통일되어 안정을 되찾아가자, 위만은 주변 종족들이 중국의 국경을 침범하지 못하게 하고 또 중국과의 교통은 막지 않는다는 조건으로 한나라와 화평한 관계를 맺었다. 한나라도 위만조선을 우리 겨레의 땅을 대표하는 나라로 인정하여 권위를 부여하고 물자를 지원하겠다고 약속했다.

덕분에 위만조선은 중국에서 흘러들어온 사람들과 함께 전래된 중국 문물을 수용하고, 한나라의 위세와 물자 지원을 활용해 군사력을 강하게 키웠다. 게다가 한반도 남부에 생겨난 여러 작은 나라가 한나라와 교역하는 것을 통제하면서 중계 무역을 통한 많은 이익을 챙겼다. 이윽고 더욱 굳세어진 힘을 바탕으로 이웃한 동옥저와 임둔, 진번 같은 부족 집단을 정복하여 사방 1천 리에 이르는 영토를 거느린 정복 국가가 됐다.

위만조선은 이웃한 진번 · 임둔 · 동옥저 등지에서 나오는 풍부한 물자를 확보하고 그것을 바탕으로 사회를 유지해갔다. 또한 철기 문화를 바탕으로 한 국가 성장 과정에서 주변 세력을 복속시키고 속민(屬民) 집단으로 편제하여 안정된 수취 기반을 확대해가는 데 주력했다. 한 문제(文帝. 기원전 179~157) 초에 장군 진무 등이 조선과 남월(南越. 남베트남)이 병력을 갖추고 중국을 엿보고 있으니 이를 치자고 요청한 기록이 있는 것으로 보아 당시 위만조선이 발달된 철기 문화와 철제 무기를 바탕으로 한반도 서북 지방에서 요동 방면으로 진출을 꾀한 것이 아닌가 짐작된다.

위만조선은 주변 지역을 정복했으나 그 지역에 곧바로 지방관을 파견하는 단계로는 성장하지 못했다. 정복 지역의 우두머리를 통해 그 지역을 통제하고 물자를 공납받아 정치적 통합을 유지해나갔다. 왕실에서는 일정한 위세품을 지방 수장에게 사여해주거나 증여해줌으로써 사방 1천 리 영역 내에 있는 여러 소국들을 통제하고, 그 소국들이 중국과 하던 무역을 독점함으로써 고조선 왕실의 왕권이나 지배력을 강화했다. 이러한 사실은 당시 이미 고조선 왕실의 권한이 어느 정도 확립되어 있었음을 보여준다.

위만조선은 준왕이 통치하던 때에 지방의 족장이었던 사람들을 중앙에 끌어들여 '상(相)'이라는 관직을 주고 나라의 일을 의논하도록 했다. 왕이라고 해서 모든 일을 마음대로 하지 않았고, 각 지방의 일은 어느 정도 그 지방 사회에 권한을 주었으며, 나라 전체에 관한 일은 상과 장군들이 모인 귀족 회의에서 결정했다. 고조선의 지방 족장이었던 역계경(歷谿卿)은 왕이 자기 말을 듣지 않자 자신이 거느린 부족 사람들을 모두 데리고 이웃 나라로 떠나기도 했다.

이 같은 논의를 바탕으로 할 때 '위만조선의 성립'은 준왕에서 위만으로 왕의 지위가 자연스럽게 이어지지는 않았지만 고조선이라는 나라의 틀 안에서 일어난 변화라고 볼 수 있다. 곧 위만조선은 준왕의 고조선 왕조를 계승한 나라라고 할 수 있다. 그리고 위만조선은 일정한 집권력을 갖추었고 지방 사회에 대해서는 공납을 받고 대외 교역이나 전쟁시 중앙 통제를 실시하는 단계에 있었다. 이것은 고대 국가 초기 단계의 일반적인 모습이라 할 수 있다.

수많은 고대사 책들은 위만이 고조선 출신이라고 서술하고 있다. 이는 위만이 준왕의 고조선 지역에 올 때 북상투를 틀고 오랑캐 복장을 했던 기록을 근거로 들고 있다. 그러나 사료에는 분명 위만이 중국 연인(燕人)이라 기록되어 있으며, 오랑캐 복장은 중국 외의 오랑캐들이 입는 옷을 일컫던 일반적 명사였다. 위만이 고조선 지역에 거주하다 보니 북상투를 틀었던 것으로 보인다. 이것을 두고 출신 지역 자체를 고조선 사람이라고 보는 것은 잘못이지만 이전 고조선의 제도와 문물을 그대로 계승·발전시켰다면 위만이 세운 왕조는 고조선사의 연장에서 이해할 수 있을 것이다. 한 나라의 성격을 판단할 때는 지배자의 출신보다 국가 운영 방식이 보다 중요한 것이다.

삼국은 멸망 후의 고조선을 어떻게 계승했나

전쟁의 기원

인간은 일정한 지역에서 부족 집단을 형성하면서부터 서로 우월한 위치에서 상대방을 지배하기 위해 전쟁을 일으켰다. 전쟁은 정치의 연장이라고도 한다. 이는 국가나 정치체의 자기 생존 전략 속에서 전쟁이 발생했음을 염두에 둔 발언일 것이다. 전쟁은 인류사에서 계급이 발생한 청동기시대 이래 본격적으로 시작됐다.

청동기시대가 도래하면서 집안의 어른인 가부장을 중심으로 하는 가족 단위의 생산 활동이 이루어졌다. 농업 기술이 발전해 수확량이 늘어나고, 잉여생산물에 대한 소유의 차이로 부유한 사람과 가난한 사람의 격차가 생겨났다. 평등한 신석기시대에는 사회를 이끌어가는 지도자가 있었을 뿐이지만 이제는 지배자가 등장했다. 하늘의 뜻을 대행한다는 지배자는 이제 다스리는 일을 할 뿐 스스로 농사를 짓지는 않았다. 자신을 위해 일해 줄 노예를 얻기 위해 그리고 노예를 부려서 수확할 자신의 땅을 넓히기 위해, 청동 무기를 소유한 지배자는 전쟁을 일으켜 이웃 족속을 정복했다.

　예전에는 부족 간에 다툼이 일어나면 이긴 부족은 패한 부족을 약탈하고 그 부족 사람들을 모두 죽이거나 자기 부족으로 받아들였다. 그러나 농업 생산력이 높아져 양식이 넉넉해지자 사람을 죽여버리는 것보다는 포로로 잡아와 일을 부리는 것이 더 이익이 됐다. 식량이 부족할 때는 입을 하나라도 줄여야 하지만, 이제는 사람이 많을수록 더 넓은 땅을 일굴 수 있기 때문에 노예를 확보하기 위한 전쟁을 더욱 격렬히 벌이게 됐다.

　전쟁은 자연 재해 때문에도 일어났다. 한 해 수확물 가운데 일부는 이듬해 농사를 짓기 위해 씨앗으로 남기는 풍습이 있었지만 가뭄이 들거나 홍수가 나서 추수량이 형편없으면 씨앗을 남길 여유가 없었다. 이럴 때는 이웃 마을로 쳐들어가 씨앗을 약탈해왔다. 약탈당한 마을 사람들은 또 다른 마을을 쳐들어갔다. 마을 전체의 생사가 걸린 문제였으므로 전쟁을 벌일 때에는 지배자들이 일반 백성을 직접 동원하여 싸움을 벌였다.

전쟁 무기가 발견되다

　고조선이 일정하게 정치체를 형성한 청동기시대 후기로 접어들면 우리 눈으로 확인할 수 있는 청동기시대 물건 중에는 이전에 볼 수 없었던 활과 화살·칼·창·과(戈. 나무 자루에 'ㄱ'자 형태로 날을 묶어 적의 목 등을 치는 무기로 꺾창이라고도 한다) 등 살상용 무기와 갑옷 등 방어용 무기들이 발견된다. 고조선의 무기는 마구류, 수레 부속품과 같은 제품들

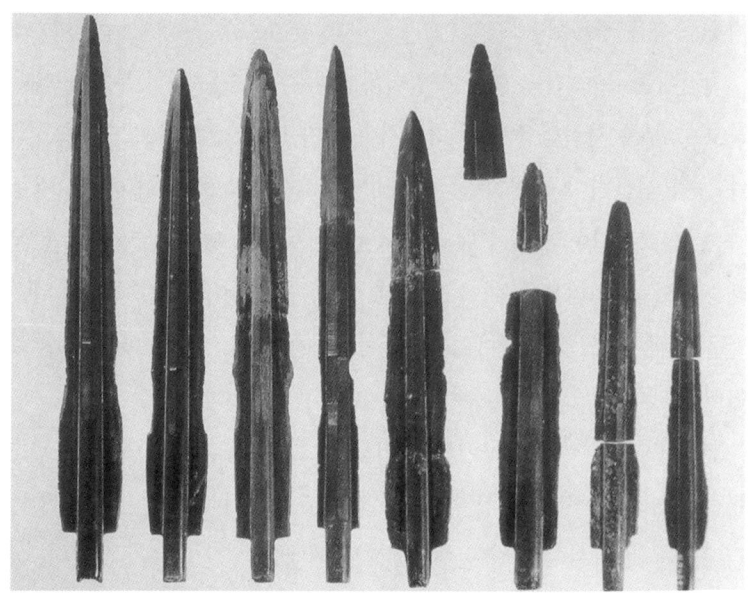

고조선의 무기인 세형 동검. 후기 고조선은 중국과 1년을 넘게 전쟁을 벌일 정도로 군사력이 강했다. 무기는 수레와 철제 창 및 세형 동검, 쇠뇌 등이 주로 사용됐다.

에서도 찾아볼 수 있다. 마구류에는 말관자를 비롯하여 말재갈, 재갈멈 추개, 고삐와 안장을 고정시키기 위한 고리와 장식품 등 다종다양한 물품이 발견된다. 이것은 이 시대에 약탈과 노예 확보를 위한 집단 간의 전투가 치열했음을 말해준다.

세형 동검을 사용하던 지배자들은 중국에서 쇠로 만든 무기와 위엄 있는 물건들을 새로 들여왔다. 위만이 중국에서 받았다는 '병위재물(兵威財物)'은 아마도 철기나 철제 무기처럼 전쟁이나 국가 체제를 유지하는 데 필요한 물자들이었을 것이다.

쇠를 사용하면서부터 무기는 쇠제품으로 바뀌고 전쟁은 더욱 치열해졌을 것이다. 쇠로 만든 긴 칼과 쇠뇌 등의 무기는 강도나 파괴력 면에서 이전과는 비교되지 않을 정도로 강했다. 그리고 마차까지 등장하여 전투의 양상이 신속해지고 기동력이 있어졌다. 고조선 사회의 병력도 기본적으로 이러한 무기를 모두 갖추고 있었음이 확인된다.

한나라와 고조선의 전쟁

기원전 108년 고조선은 한나라 무제가 보낸 군대에 의해 결국 멸망했다. 한 무제는 어떠한 목적에서 전쟁을 일으켜 고조선을 자신의 지배하에 두려 했던 것일까.

위만은 중국에서 받아들인 병위재물을 가지고 주변 지역을 정복했다. 손자인 우거대에 이르러서는 강력한 국력과 한에서 멀리 떨어진 지리적 조건을 이용하여 한의 조서(詔書)를 거부하고 독자적으로 주변 읍락 집단과 소국들을 통제했다. 이처럼 위만 왕조는 토착 고조선 사회에 바탕을 두고 독자적으로 발전을 추구해나갔다.

고조선의 왕은 중간 무역의 이익을 독점하기 위해 진국(辰國) 등 주변에 있던 여러 나라가 한과 직접 통교하는 것을 금지시켰다. 이 같은 고조선의 행위는 한나라 정부와 위만 사이에 맺은 이른바 '외신(外臣)'의 규정에 어긋나는 것이었으므로 한나라를 자극했을 것이다. 따라서 한 무제 이후, 조선과 한나라의 충돌은 조선 왕조가 중국의 정책대로 움직이지 않고 독자적 성장을 지속하는 한 필연적으로 일어날 수밖에 없었다.

고조선은 북방에 사는 흉노족과 손을 잡고 중국의 힘에서 벗어나 독자적인 세력권을 형성하려는 움직임도 보였다. 《사기》〈흉노열전〉에는 위만조선이 "흉노의 왼팔이 됐다"고 기록되어 있다. 이는 흉노와 고조선의 관계가 긴밀했음을 암시한다. 몽골고원의 흉노족은 중국 사람들을 오랫동안 괴롭혀왔다. 이러한 흉노와 고조선이 손을 잡고 세력을 키우며 주변 지역에 대한 관리자로서의 약속을 지키지 않자, 한나라는 숙적인 흉노와 위만조선의 연결을 끊고 동북아시아 지역을 석권하고자 전쟁을 일으켰다.

역사 자료를 바탕으로 고조선과 한의 전쟁을 복원해보자.

한나라의 지배자인 무제는 고조선을 회유해 흉노와 손을 끊게 섭하(涉河)를 사신으로 보냈다. 그러나 고조선은 한나라의 뜻을 따르지 않겠다고 했다. 성과 없이 귀국길에 오른 섭하는 배웅 나온 고조선 장수 장(長)을 살해하고 패수를 넘어 도망쳤다. 한 무제는 섭하에게 '요동군 동부도위'라는 벼슬을 내렸는데, 그것은 바로 고조선을 마주보는 요동 땅의 군사 책임자였다. 이에 분노한 고조선의 마지막 왕 우거는 군사를 동원해 섭하를 단칼에 죽였다.

이 사건을 계기로 고조선과 한나라의 관계는 극도로 나빠졌다. 무제는 정벌군을 조직했고, 기원전 108년 가을 육지와 바다 양쪽에서 고조선을 대대적으로 공격했다. 한나라의 누선장군 양복(楊僕)은 7천 명에 이르는 수군 병력을 이끌고 산동반도에서 고조선의 수도 왕검성을 향했다. 흉노를 정벌한 공이 있는 좌장군 순체(荀彘)는 5만 육군을 이끌고 공격에 나섰다. 그러나 고조선은 험한 곳에 군사를 배치하여 첫 싸움에서 대승을 거두었다.

전황이 불리해지자 무제는 위산을 사자로 보내 협상하려 했다. 한편 고조선에서도 잠시 여유를 얻기 위해 거짓으로 위산에게 항복하는 척했다. 우거왕은 한나라의 사신 위산에게 이렇게 말했다.

"저는 항복하기를 원했으나 순체와 양복 두 장군이 저를 속이고 죽일까 두려워 항복하지 못했습니다. 이제 중국 천자의 사신을 보았으니 항복하기를 청합니다."

우거왕은 한나라 군대에게 태자를 보내 들어가 사죄하게 하고 말 5천 필과 양식을 내주었다. 무리 1만여 명이 군량미와 무기를 가지고 막 패수(고조선과 한의 경계를 이루었다는 강)를 건너려고 할 때, 한의 사신 위산과 순체는 그들이 변을 일으킬까 두려워 고조선 태자에게 "이미 항복했으니 사람들에게 병기를 버리라고 명하시오"라고 했다. 그러나 고조선의 태자도 역시 한나라의 사신과 순체가 자기를 속이고 죽일까 의심하여 결국 패수를 건너지 않고 사람들을 이끌고 고조선 땅으로 돌아가 버렸다. 협상은 결렬되고 말았다. 한나라의 사신 위산이 이러한 사실을 돌아가 황제에게 보고하니 황제는 위산의 목을 베어버렸다.

그 후 간신히 왕검성 부근까지 도착한 순체의 육군과 양복의 수군은 왕검성을 포위했으나 고조선의 완강한 저항 앞에 별반 성과를 얻지 못했다. 게다가 한 군의 두 지휘관, 곧 순체와 양복 사이가 나빠지기 시작했다. 좌장군 순체는 한나라에서 다시 파견된 사신 공손수(公孫遂)와 상의하여 누선장군 양복을 잡아 가두고 두 장수의 군대를 합쳐 새로운 기세로 고조선을 맹렬히 공격했다.

그러나 고조선의 항전이 완강하여 시일만 끌자, 한나라는 정면 대결을 시도하는 한편 고조선의 지배층을 매수, 분열시키는 방법도 함께 추진했다. 한편 왕검성 안에서도 너무 오랫동안 포위당한 채 있게 되자 화친을 주장하는 세력과 결사 항전을 주장하는 세력으로 나뉘어 갈등이 심해졌다. 처음 누선장군 양복에게 항복하려고 했던 고조선의 대신들은 누선장군이 갇히고 좌장군이 계속 공격해오자, 맞서서 싸우기 두려워 항복하려 했다. 그러나 우거왕은 끝내 항복하려 하지 않았다.

상 벼슬을 하던 역계경은 우거왕이 한나라를 막기 위한 자신의 계책을 받아들이지 않자 2천여 호(戶)를 이끌고 한반도 남쪽의 진국으로 망명했다. 그리고 상 노인(路人)과 상 한음(韓陰), 니계상(尼谿相) 참(參), 장군 왕협(王狹)은 도망하여 한나라 군대에 항복했다. 그 가운데 노인은 항복하러 가는 도중에 죽었고 니계상 참은 사람을 보내어 우거왕을 살해하고 결국 투항했다.

왕자 장까지 투항했으나 왕검성은 함락되지 않고 있었다. 고조선의 대신 성기(成己)가 성의 백성들을 지휘하여 끝까지 항전했기 때문이다. 그러자 장과 노인의 아들 최는 백성들을 선동하여 성기를 살해하고 말았다. 이리하여 마침내 왕검성은 함락되고 고조선은 멸망했다. 기원전 108년 여름의 일이었다.

전쟁 기록을 보면 고조선의 군사력이 만만치 않았음을 알 수 있다. 한나라의 힘에 밀린 것이 아니라 왕실 내분에 의해 패망한 것이다. 사마천은 《사기》에서 이 전쟁을 "양군(육군과 수군)이 모두 욕을 당하고, 장수로서 공을 세워 후에 봉해진 자가 없었다"라고 평가함으로써, 비록 고조선이 멸망하기는 했지만 한나라가 그리 잘 싸우지 못했음을 인정했다.

전쟁 후 설치된 한군현

고조선이 멸망한 지역에는 한사군(漢四郡)이 설치됐다. 중·고등학교 국사 교과서에는 "고조선이 멸망하자 한은 고조선의 일부 지역에 군현을 설치하고 지배하고자 했으나 토착민의 강력한 반발에 부딪혔다.

그리하여 그 세력은 점차 약화됐고 결국 고구려의 공격을 받아 소멸됐다"라고 씌어 있다. 고등학교 국사 교과서에는 "설치하고 지배하고자 했으나……그 세력은 점차 약화됐고"라고 되어 있어, 한사군이 구체적으로 설치된 사실조차 없는 것으로 오해할 수 있도록 모호하게 서술하고 있다. 한사군에 대한 서술 분량도 1974년(제1차) 이래 점차 줄어갔다. 급기야 1990년판 이래 제7차 교과서에서는 4군의 명칭마저 사라졌다.

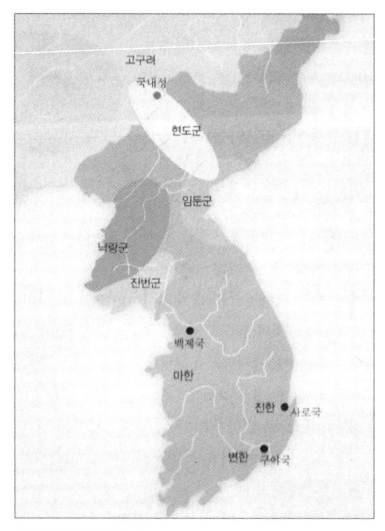
한사군 위치 지도.

이처럼 교과서에서는 고조선이 멸망한 뒤에 설치된 한사군과 그 가운데 대동강 유역에 중심을 둔 낙랑군에 대해 그 성격을 제대로 이해할 수 없도록 서술되어 있다. 교과서 서술은 한군현의 설치와 식민 지배라는 측면보다는 한민족의 반발과 축출 움직임 쪽에 초점을 두고 있다.

한나라가 고조선을 멸망시킨 후 고조선 땅에 '군(郡)'이라는 식민지를 둔 것은 사실이다. 4개의 군이 설치됐기 때문에 보통 한사군이라고 부른다. 그러나 낙랑, 임둔, 진번, 현도라는 4개 군 중 3개 군은 얼마 지나지 않아 폐지됐고, 낙랑군은 우여곡절을 겪으며 존속하다가 313년 고구려에 완전히 흡수됐다. 설치된 시기부터 멸망 때까지 여러 변화가 있었고 존속 기간이 400년을 넘었기 때문에 한군현, 특히 낙랑군을 어떻게 이해할 것인가 하는 문제는 한국 고대사를 연구하는 데 중요한 과제를 던지고 있다.

낙랑군 및 한군현은 한국 고대사의 일부로서 그 역사적 성격에 대해 많은 연구가 필요하다. 아직까지 학계의 통일된 의견이 없지만 기원전 108년에 설치되어 313년까지 무려 400년 이상 한반도 서북 지방에 존재한 낙랑군의 존재를 교과서에서 빼거나 지도에 표기하지 않는 것은 고대의 식민 경험을 현대의 식민지 경험과 동일시하여 그 사실을 은폐하려는 의식의 발상이다. 이것이야말로 또 다른 열등 의식의 표출이 아닐까.

낙랑군은 어디에 있었는가

한사군이 어디에 있었는가 하는 문제는 고조선의 위치와 떼어서 생각할 수 없다. 왜냐하면 고조선이 멸망당한 뒤 그곳에 설치된 것이 한사군이기 때문이다. 그런데 분명 고조선 멸망 당시의 수도 왕검성은 평양 일대 대동강 유역에 있었다. 그렇다면 왕검성이 있던 곳에 설치된 낙랑군(樂浪郡) 조선현(朝鮮縣)은 자연히 대동강 유역, 평양 일대로 볼 수밖에 없다.

낙랑군의 위치와 관련해서 주목해야 할 것은 바로 고조선 후기 단계(초기 철기시대)에 고조선의 문화와 한나라의 문화가 복합적으로 발견되는 곳이 어디인가 하는 점이다. 고조선 사람의 거주 지역에 한나라 사람들이 들어와 살았기 때문인데 낙랑군의 속현이었던 점제현의 신사비(神祠碑. 신령을 모셔놓은 사당 앞에 세운 비석)가 대동강 유역에서 나왔고, 한나라에서 유행한 벽돌무덤과 한나라 관리들이 거주한 토성이 현재에도 대동강 유역에 있다. 최근 대동강 남안 일대에 통일거리를 조성하면

낙랑토성. 한나라는 고조선 왕검성이 있던 지역에 낙랑군을 설치하고, 토성을 쌓아 요동 지역에서 온 관리가 거주했다.

서 수천 기의 낙랑 유물이 나왔다고 한다. 문헌 자료를 제외하고 고고학 자료만 보아도, 낙랑군이 위치했던 곳은 평양 대동강 유역임을 부정할 수 없다.

북한학계는 고조선 후예들이 고조선 국가의 후신인 낙랑국 또는 조선이라는 정치 세력을 이루었을 것이라고 보고 있다. 평양 일대에 있는 기원전 1세기경의 나무곽무덤과 이를 계승 발전한 무덤인 귀틀무덤, 벽돌무덤이 바로 그들이 남긴 것으로 본다. 내가 평양을 방문했을 때 낙랑 구역에 복원된 벽돌무덤을 설명하면서 석광준(사회과학원 고고학연구소 연구사)은 낙랑 및 낙랑 문화가 고조선을 계승한 것이라고 주장했다. 북한 학자들은 기원전 108년 전쟁 이후, 함락된 고조선 왕검성은 요동 지역에 있던 제2수도(부수도)이며, 평양 지역의 고조선은 망하지 않았다고 본다. 그리고 고조선의 후예인 낙랑국(낙랑공주와 최리)이 계속 존재했고, 그들이 남긴 유물이 현재 대동강 유역의 낙랑 유물이라고 한다. 이는 대동강 유역을 중심으로 한 단군조선이 만주 전역에 넓은

복원된 낙랑 벽돌무덤. 왼쪽 위는 대동강 남안에서 조사된 수천 기의 낙랑 무덤 가운데 늦은 시기의 벽돌무덤 7기를 현재 복원해놓은 사진이고, 왼쪽 아래 사진은 복원된 낙랑 벽돌무덤의 입구이다. 오른쪽 세로 사진은 복원된 낙랑 벽돌무덤 내부의 축조 모습으로 벽돌 세 장을 평평하게 옆으로 쌓은 뒤에 한 장을 세워 쌓는 방식으로 무덤 방을 꾸몄다.

영토를 가지고 존재하다가 요동 지역의 일부만을 중국에게 함락당했다는 주장이다.

현재 대동강 남쪽 낙랑 구역에는 낙랑토성이 잘 보존되어 있다. 그 주변에는 1980년대에 통일거리를 조성하면서 조사된 수천 기의 중국 한나라 무덤 가운데 벽돌무덤 7기를 자리를 옮겨 복원해놓았다. 그렇다면 낙랑군 주변에 위치한 현도군과 진번군, 임둔군의 위치도 자연스럽게 해명된다. 여러 자료를 종합해보건대 고구려현, 상은태현, 서개마현 등 3개 현을 가진 현도군은 압록강 유역과 요동 지역에 걸쳐 있었던 것으로 고증됐다. 진번군은 황해도에 위치했음이 분명하다. 임둔군은 강원도와 함경북도에 있었던 것으로 보인다.

고조선과 삼국은 어떻게 만나는가

고조선은 멸망 후 낙랑군으로 문화가 계승되면서 삼국 사회가 형성되는 데 기본 바탕이 됐다. 따라서 고조선의 유민들이 고구려나 신라의 국가 형성에 미친 영향과 그 차이점 등을 명확하게 하는 작업은 고조선 사회의 특성을 밝히는 데 반드시 필요하다.

고조선의 정치 체제는 기본적으로 삼국 초기의 그것과 유사하다. 즉 여러 지역 집단의 독자성이 강해 집단 간에 연맹을 통해 국가 체제를 유지했고, 따라서 왕권이 공동체적 예속에서 아직 벗어나지 못했다. 고조선 사회의 경우 중앙 왕실의 힘이 독자적으로 지방 사회를 통제할 정도의 집중력을 보이지 않는다. 고조선의 경우 왕위의 부자 상속은 어느 정도 확인되나 삼국 초기 단계처럼 건국 집단·핵심 집단의 설정 여부는 현재 자료상으로는 확인하기 어렵다. 이를 바탕으로 할 때 고조선의 지배 체제는 삼국 초기보다 집권력이 약한 단계인 것 같다.

그러나 고조선의 국가적 경험은 멸망 후에 한강 이남의 마한 사회에서 청동기 문화가 발전하는 데 기여했고, 또 고구려가 그 외곽에서 새롭게 성장하는 데 문화적 바탕이 됐다. 마한의 청동기 문화를 기반으로 백제가 성장했으며, 신라의 초기 국가 형성에도 고조선 유민이 커다란 역할을 했다.

삼국은 기원전 1세기 이후 고조선 사회의 외곽에서 중국 군현(郡縣)의 직·간접적인 지배에 저항하는 한편 중국 선진 문물의 영향을 받으면서 성립했다. 따라서 삼국의 성립은 선행했던 고조선·부여의 연장선상에서 이해할 필요가 있다. 예를 들어 고구려의 경우 고조선의 외곽 세력이었음이 예맥(濊貊)과 조선의 공존 기사나 한군현의 하나인 현도군의 속현(屬縣)에 고구려현이 존재했다는 사실에서 엿볼 수 있다. 신라의 경우도 고조선계 유이민들이 흘러들어와 발전했다는 기록이 있다.

따라서 고조선사를 연구하면서는 고조선과 그 이후의 여러 나라 그리고 그 국가적 경험이 이후 삼국시대에 구체적으로 어떻게 계승되었는가를 명확하게 설명해야 할 것이다. 그러나 시중의 모든 역사 개설서를 포함해 중·고등학교 국사 교과서에서도 이에 대한 서술은 보이지 않는다. 고구려사를 예로 들어보겠다.

《삼국사기》의 기록에 따르면 고구려는 부여에서 남쪽으로 내려온 주몽이 건국했다.(기원전) 주몽은 부여의 지배 계급 내의 분열, 대립 과정에서 박해를 피해 남하하여 독자적으로 고구려를 건국했다. 이 지역은 대부분 큰 산과 깊은 계곡으로 된 산악 지대였기 때문에 농토가 부족하여 힘써 일을 하여도 양식이 부족했다.

• 고등학교 국사 교과서, 39쪽

고구려가 성장하여 중앙 집권 국가로서의 모습을 갖추게 된 것은 태조왕 때부터였다. 이때 고구려는 동해안으로 진출하여 물자가 풍부하고 토지가 비옥한 옥저와 동예를 정복했으며, 요동 지방으로도 진출을 꾀했다. 이러한 정복 활동에 힘입어 계루부 출신의 고씨가 왕위를 독점적으로 세습할 정도로 왕권이 강화됐다.

• 중학교 국사 교과서, 33쪽

고구려만을 예로 들었지만 교과서의 삼국 성립 부분은 고조선의 역사적 경험을 삼국이 이어받은 내용을 담고 있지 못하고, 고조선과 삼국의 성립에서 역사적 맥락이 닿지 않는 것처럼 표현됐다. 고조선이 강한 나라를 이루었다면 그 나라가 멸망한 후 중심 지역에 놓인 한군현과의 문제 및 주변 지역에 새로이 등장한 고구려 · 백제 · 신라는 일정한 연관이 있었을 것이다.

삼국의 왕은 고조선시대의 왕보다 훨씬 강한 힘을 휘두르게 된다. 그러나 초기에는 그렇지 않았다. 백제와 신라의 역사는 마한, 변한, 진한이라는 부족 연맹에서 비롯했다. 이들을 통틀어 삼한이라고 하는데, 준왕이 위만에게 쫓겨 남쪽으로 내려가 삼한 지역에 정착했다는 것은 앞에서 이미 밝혔다. 고조선이라는 나라의 역사와 경험은 한강 이남의 마한 사회에서 청동기 문화가 발전하게 되고, 고구려가 그 외곽에서 새롭게 성장하는 데 바탕이 됐다.

나아가 백제는 마한의 청동기 문화를 기반으로 성장했고, 신라는 고조선의 유이민이 경주 일대에 내려가 국가를 세웠다. 고조선은 이런 면에서 한국 고대 국가의 성립과 발전 과정에 있어 원류가 되는 나라인 것이다.

고조선 사람들은 어떻게 살았는가

고조선 하면 단군 신화, 민족사의 여명, 중국까지 펼쳐졌던 영토 등 웅대한 고조선상을 떠올리게 된다. 정작 고조선 사람들은 어떻게 살았는지, 최초의 국가 고조선의 구체적 실상에 대해서는 잘 알려진 바가 없다. 그것은 그동안 위치 문제나 단군 신화에만 관심을 두는 바람에 구체적인 생활사에는 등한했던 한계 때문일 것이다.

조금만 눈을 돌려 고조선 당시의 사회로 들어가보면, 사람들이 금속기를 사용하여 본격적으로 농사를 짓고, 작은 마을에서 살던 사람들이 고조선이나 부여, 삼한 같은 국가 조직을 이루기 시작했음을 알 수 있다. 이제 고조선 사람들의 구체적인 생활과 문화를 크게 생산 활동과 의식주 생활, 국가 생활 등 세 부분으로 나누어 살펴보겠다.

고조선 사람들은 어떻게 농사를 지었나

농사는 채집이나 수렵·어로와 달리 작물 재배에 기초한 생산 활동

천안 백석동에서 출토된 볍씨 자국이 찍힌 무문토기의 바닥 부분 확대 사진(맨 위), 그리고 진주 대평리와 천안 백석동 출토 볍씨 자국이 찍힌 무문토기 바닥(아래 왼쪽)과 여주 흔암리 출토 탄화된 쌀(아래 오른쪽) 사진이다.

이다. 청동기시대에는 농경문 청동기 뒷면의 그림에서 볼 수 있는 것처럼 따비나 보습을 이용해 땅을 갈아 고랑과 이랑을 만들어 작물을 재배하는 등 농사 기술이 발달해 있었다. 봄이 되면 밭에 나가 땅갈이, 땅고르기, 씨뿌리기, 김매기, 가을걷이, 낟알털기의 순서로 농사를 지었다.

고조선 지역에서는 기장, 수수, 콩, 팥, 조, 벼 등 오곡이 모두 생산됐다. 이 곡물들은 대부분 오랜 육종 과정을 거쳤기에 우리 나라의 기후 풍토에 적합했다. 평양시 남경 유적에서는 벼, 조, 기장, 수수 등 4종의 낟알 곡식과 1종의 콩과(科) 작물이 나왔다. 조, 기장, 콩 등은 생육 기간이 비교적 짧으며 추위에도 잘 견딘다. 그리고 이것들은 높고 건조한 지대에서도 재배할 수 있다. 반면에 벼는 상대적으로 생육 기간이 길며 추위에 약하다. 또한 벼와 수수는 습지대 작물이다. 이것은 당시 주민들이 습지대와 낮은 평지, 경사지와 높은 언덕을 개간하여 해당 작물에 알맞은 여러 가지 재배 기술을 도입하여 다각적으로 농사를 지었음을 보여준다.

청동기시대에는 수리 관개 시설이 그다지 발달하지 않아 가뭄이 들고 흉년이 오면 백성들이 굶주렸다. 통치자들에게는 날씨가 고르고 농사가 잘 되도록 하는 것이 가장 중요한 통치 행위였다. 농사를 짓는 사람들은 천문력에 의해 해당 지역에서 적당한 씨뿌리는 시기를 찾아냈다.

고조선 이후 단계의 부여 사회에서는 날씨 등의 문제로 한 해 농사를 망치면 왕에게 책임을 물어 죽이거나 새로운 통치자를 뽑았다. 고조선 동쪽에 있던 동예 지역 사람들은 새해가 되면 하늘의 별빛을 보고 풍년과 흉년을 점쳤다고 한다.

청동기시대에 접어들면 사람들이 거주하던 마을이 저습지를 낀 구릉지대로 옮겨가고, 경사도가 완만한 침식성 구릉에 의해 형성된 저곡 평지를 중심으로 계곡 바닥의 저습지에 논을 만들었다. 논에는 계곡에서 흐르는 물을 끌어와 농경지에 대거나 혹은 배수 기능도 했을 것으로 보이는 수로를 설치했다. 고조선과 동시기의 논산 마전리, 울산 옥현, 광주 신창동 등에서 나온 수로와 논 유적은 모두 저습지 개간의 모습을 잘 보여준다. 그리고 수로의 축조와 유지 관리에는 막대한 노동력이 동원됐다.

 한반도에서 발견된 벼 재배의 흔적은 기원전 10세기경의 평양 남경 유적을 지역적 상한으로 하고 있다. 평양 남경 유적 36호 집자리에서는 벼를 비롯한 낟알이 지름 1미터 범위 안에 흙과 함께 8~10센티미터 두께로 수북이 쌓여 있었다. 주목되는 것은 남경 유적의 쌀이 아주 짧은 종자였다는 것이다.

 벼농사는 청동기시대에 한반도 중남부 지역을 중심으로 생업 경제의 중요한 요소로 자리잡았다. 일산 가와지 유적 등 기원전 2000년기나 신석기시대에도 벼농사가 실시됐음을 암시하는 유적이 있지만 대개 기원전 1000년기 전반에는 중남부 지방에 벼농사가 정착되어 차츰 잡곡 농사보다 중요하게 실시된 것으로 보인다.

 벼를 포함하여 오곡 작물의 수확에 있어서 초기에는 대개 반달돌칼로 이삭만 따는 기술이 이용됐다. 후기 단계에 들어서야 돌낫이나 쇠낫으로 곡물의 밑둥을 쳐서 짚이나 볏단을 활용하는 농법이 사용된다. 이렇게 수확한 곡물은 바로 소비할 것만 빼고 대부분 바람이 잘 통하는 창고에 보관했다. 그리고 취사를 하기 위해 필요한 양만큼만 커다란 항아리 같은 곳에 넣어두고 꺼내 썼다.

청동기에서 철기로, 고조선의 농기구가 변화하다

 청동기시대에 가장 일반적인 농기구는 돌로 만들었는데, 재료 자체가 구하기 쉽고 견고하여 도구의 손상이 적었다. 돌로 만든 것 외에는 목제 농기구가 많이 쓰였다. 그러나 우리 나라의 토양은 산성이어서 나

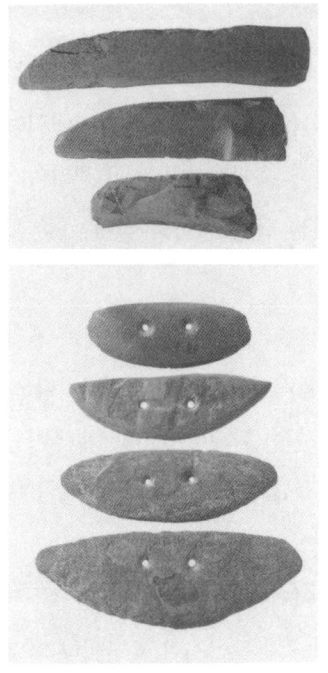
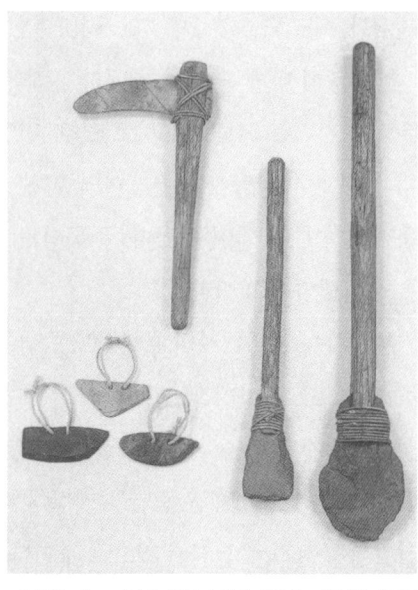

오른쪽 세로 사진은 청동기시대 각종 농기구 즉 반달돌칼, 돌낫, 돌삽을 복원해놓은 것이며 왼쪽 위는 돌낫, 아래쪽은 여주 흔암리 출토 반달 모양 돌칼이다.

무의 경우 썩어버리는 등 오래 보존하기가 어려워 그 유물을 확인하기가 어렵다. 최근 부여 노화리·궁남지, 광주 신창동, 창원 다호리 등 저습 지대가 많이 발굴되면서 청동기시대에 사용한 목제 농기구들의 조사가 활발해지고 있다. 황해북도 염주군 주의리에서는 나무로 만든 따비와 수레바퀴 조각이 출토되기도 했다.

이후 금속 농공구가 등장하면서 농업 생산에 획기적인 전환이 이루어졌다. 특히 철제 농구의 출현과 이의 광범위한 보급은 농업 생산의 증대에 획을 긋는 중요한 변화를 가져왔다. 평안북도 영변군 세죽리 부락터에서는 도끼 수십 개, 낫, 괭이, 호미가 발견됐고, 함경북도 위원군 용연동 유적에서도 도끼, 괭이, 삽, 낫, 반달칼 등이 출토됐다. 철제 농구의 출현과 광범위한 도입은 농민들로 하여금 품을 적게 들이고도 심경(深耕. 깊이갈이)을 보장하며 김을 잘 매서 수확 시기를 앞당겼고, 이는 또한 노동생산율을 높이고 수확량을 늘렸으며, 새로운 경작지를 얻거나 밭을 논으로 개간하거나 개답하는 것들을 가능하게 했다.

고조선 사람들은 어떻게 고기를 잡고 짐승을 길렀나

우리 나라는 강·하천과 바다에 수산 자원이 풍부하고, 동해와 서해에 한류와 난류가 계절에 따라 엇바뀌어 흘러서 물고기들이 많다. 이러한 유리한 조건을 이용하여 원시시대부터 여러 가지 도구를 가지고 물고기를 잡으며 해상 활동을 했다. 해안가 유적에서 발견되는 고래뼈나 울주 반구대 암각화 등은 청동기·철기시대에 어로 기술이 축적되어 위험성이 높고 고도의 포획 기술이 필요한 고래잡이가 성행했음을 알려준다. 그리고 벼농사가 성하면서 논의 수로나 도랑 등에서 민물고기를 잡는 어로가 농사와 병행하여 행해졌는데, 이때 도랑에서 고기를 잡던 도구가 통발이었다. 물론 청동기시대에는 낚시를 이용한 고기잡이도 성행했음을 청동제 낚싯바늘 거푸집의 발견으로 알 수 있다.

사냥한 짐승은 바로 먹어버려야 했지만 집짐승은 필요에 따라 아무때나 소비할 수 있었으므로 저장된 식료품과 같았다. 또 시일이 지남에 따라 늘어난다는 장점이 있었다. 농사에는 그리 적합하지 않은 대신 짐승먹이가 많은 북쪽의 초원 지대에서는 일찍부터 집짐승기르기가 발달해 목축업으로 전환되어갔으며 그런 곳에서는 집짐승이 중요 식량 자원이었다. 그러나 기온이 보다 따뜻하고 비옥한 들판과 언덕, 산과 계

반구대 암각화 목축 짐승과 바다 고래. 반구대 암각화에는 해양 동물과 육지 동물이 함께 그려져 있는데, 울타리 안에 짐승이 있는 것은 목축이 이루어졌음을 암시한다.

곡이 펼쳐져 있는 길림 이남 지역에서는 집짐승기르기가 목축업으로 발전할 수 없어 농업에 종속된 부업적인 것이었다. 청동기시대 주민들은 돼지를 가장 많이 길렀고, 그 밖에 개와 소 등의 짐승들을 길렀다.

고조선 사람들의 의식주

청동기시대 사람들은 대체로 지상 가옥에서 살았다. 지표 밑에 바닥이 놓인 집은 평면 윤곽이 대체로 장방형이며, 그 깊이는 보통 40~50센티미터부터 10~20센티미터 정도이다. 바닥 흙은 불에 태워 굳게 한 뒤 거기에 짚으로 엮은 삿자리나 나무껍질, 판자를 깔았으며 움벽에는 널빤지를 둘러 세우거나 나무껍질을 대어 습기를 막았다.

고조선 사람들은 살림집이 지상 가옥으로 발전할 수 있도록 열을 효과적으로 이용하고 보존하기 위해 노력했다. 그 결과 우리 나라 실정에

평북 영변 세죽리 곧은식 온돌. 초기 철기시대에 해당하는 세죽리에서는 가장 이른 형태의 곧은식 온돌이 나왔다.

가장 적합한 온돌 난방을 창조했다. 영변군 세죽리, 북창군 대평리의 고조선 말기 집자리에는 곧은식 온돌과 꺾음식 온돌(집자리 바닥의 한쪽 벽면에만 있는 온돌은 곧은식 온돌이고, 'ㄱ'자 형태로 두 벽면에 걸쳐 이어지는 온돌은 꺾음식 온돌이라 한다)이 있었다.

지상 가옥이 있던 집자리는 부모와 자녀로 이루어진 한 가족이 살 정도의 공간이었다. 어떤 집은 칸막이를 설치하기도 했다. 각종 도구와 농업 생산의 양이 늘어남에 따라 이것들을 보관하기 위해 움집 옆에 보관 시설을 따로 만드는 등 다양한 용도의 건물들도 등장했다.

대부분 농사를 짓던 고조선 주민들의 주식물은 벼, 조, 기장, 수수, 피, 콩 등 알곡 작물이었다. 이들은 여러 알곡으로 밥이나 죽을 해먹었으며 쌀밥을 절구에 쳐서 떡을 만들어 먹기도 하고 쌀가루를 내어 반죽한 다음 시루떡 같은 것을 찌기도 했다. 고조선 사람들이 살던 곳에서는 곡식의 껍질을 벗기고 요리하기 쉽게 곡물을 갈기 위한 갈돌과 갈판이 함께 발견된다.

사람은 밥 이외에 다른 부식물을 통해 다양한 영양소를 섭취해야 하는데, 고조선 사람들은 대개 고기, 물고기, 채소, 산나물 등을 가공하여 부식물을 만들었던 것으로 보인다. 고기의 원천은 소·말·돼지·닭 등 집짐승들과 그 밖에 사슴·멧돼지·노루 등 산짐승들이었다. 또한 송어·연어·고등어·명태·이면수를 비롯한 물고기류와 대합·굴·백합·소라·전복·우렁이·홍합 등의 조개류, 밤·대추·배·개암·호두·잣·도토리와 같은 실과와 산열매, 고사리·미나리·도라지·더덕·참나물·달래·쑥과 같은 산나물들도 널리 먹었다. 그런데 밥 이외의 부식물을 그냥 삶아 먹거나 날로 먹는다면 건강에는 좋을지 모르나 맛을 느끼기는 어려웠을 것으로 보인다. 분명 마늘이나 소금 등 여러 조미료를 쳐서 맛을 가미했을 것이다.

밥을 담기 위한 식기로는 흙으로 만든 단지, 보시기, 사발, 접시 등이 있었고, 조금 후대의 것이지만 낙랑에는 시루, 단지, 주전자, 잔, 국자, 수저, 나무, 대로 만든 그릇(조두·변두 등)류가 있어 부엌에서 쓰는 물건의 종류가 매우 다양했음을 알 수 있다.

그렇다면 고조선 사람들의 의식(衣食)은 어떠했을까. 명확한 자료는 없지만 남자들은 일상적으로 바지, 저고리에 추울 때 겉옷을 입고 머리쓰개를 쓰며 신을 신었으리라 추측된다. 여자들은 이 밖에 치마를 따로 입었을 것이다. 겉옷은 보통 기록에 '포', '구'로 표기되어 있는데 동족의 이웃 나라(부여, 삼한)에서는 소매가 큰 겉옷을 '대매포', 베로 지은 겉옷을 '포포' 그리고 짐승 가죽으로 지은 겉옷을 '구'라고 했다.

이런 사실로 보아 고조선 주민들은 여러 가지 재료로 지은 겉옷을 입었다는 것을 알 수 있다. 성인 남자들은 상투를 틀고 천으로 만든 머리수건이나 풀을 이용해 만든 삿갓이나 짐승 가죽으로 지은 쓰개 등을 썼던 것으로 보인다. 신발은 주로 짚신을 신었을 터이나, 그 밖에 날씨가 찬 고장이나 짐승 사냥을 주로 하는 지역에서는 가죽신을 신었을 것이다. 부자들은 가죽에 천을 덧대었다.

고조선 주민들의 옷, 모자, 신 등은 베와 비단을 비롯한 식물성 옷감과 가죽 재료로 만들었다. 《삼국지(三國志)》나 《후한서(後漢書)》에 의하면 삼한 지역 주민들은 일찍부터 뽕나무를 심고 누에를 쳐서 명주실을 뽑아 비단을 짰으며 삼으로 베도 짰다고 한다. 그리고 그 질이 좋아 국외에 널리 알려졌다. 가죽 제품 수공업의 경우 사슴, 노루, 여우, 살쾡이, 말, 소, 돼지, 개는 물론 사냥으로 잡은 산양, 범, 곰, 족제비, 산달, 수달, 오소리, 너구리, 승냥이, 물개의 가죽들도 이용했다.

고조선 주민들은 귀고리, 목걸이, 팔찌, 가락지 등으로 장식하기를 즐겼는데 그것들은 금, 은, 동과 같은 금속과 비취옥, 붉은 옥, 벽옥, 마노, 천하석, 대리석, 곱돌, 수정, 청석, 석회석 등으로 만들어졌다.

고조선 사회의 제천 행사와 장례 풍습

고조선과 부여 사람들은 짐승 사냥에 따르는 종교적 의식을 거행했고 그것을 행하는 명절을 지켰다. 당시 사람들은 봄에 제상을 차려 농사가 잘 되기를 하늘에 빌었으며 가을에는 농사가 잘 된 데 대한 감사의 뜻으로 하늘에 제사를 지냈다. 이때에는 어느 나라에서나 모든 사람들이 신분의 차별 없이 밤낮으로 술과 음식, 노래와 춤으로 흥겨운 잔치를 즐겼다.

제천 행사 때에는 제사장이 신을 부르는 데 필요한 청동 의기들을 몸

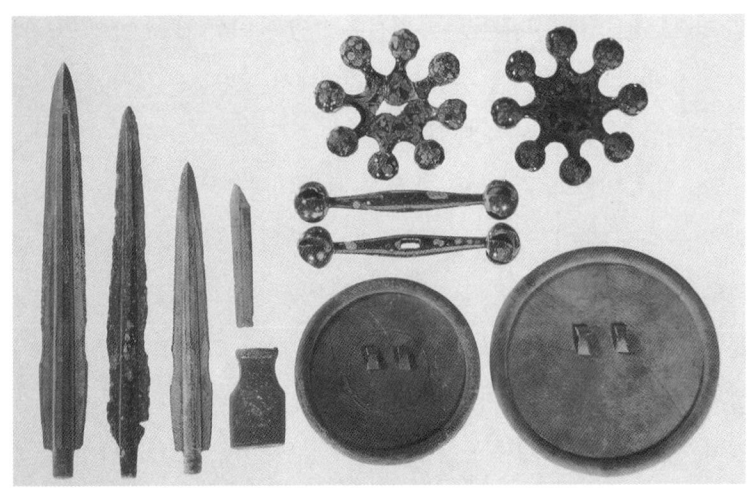

화순 대곡리 돌곽무덤 출토 청동 의기. 청동기시대 지배자의 성격이 제사장적인 기능이 강했음을 말해주는 청동 방울과 거울, 팔주령 등의 청동기들이 대곡리 석곽묘에서 일괄 출토됐다.

에 부착하고 의식을 주관했다. 하늘과 교감한다는 의미에서 청동 거울과 여러 방울들을 사용했다. 그리고 고조선에서는 단군 신화를 재현하는 제의가 있었을 것인데, 그것은 일종의 부족장 회의에 해당했다.

옛날사람들은 사람이 죽은 뒤 저승에 가서도 다시 현실 세계와 같은 생활을 누린다고 믿었다. 때문에 청동 단검, 창, 수레, 거울, 구슬, 그릇을 비롯한 무기와 생활용품을 부장품으로 고인돌이나 돌널무덤에 넣었다. 고인돌이 왜 탁자 모양인지는 정확히 알 수 없다. 그러나 고인돌에는 죽은 사람이 저승에 가서 잘 살기를 바라는 마음과 남은 후손을 위한 기도의 마음이 함께 깃들여 있던 게 분명하다.

죽은 자를 위하여 산 사람을 함께 무덤에 묻는 장례 풍습을 순장이라고 한다. 고대 사람들은 사람이 죽은 후에 언젠가는 다시 살아나거나 아니면 저 세상에 가서 살아간다고 믿었다. 그래서 살아 있을 때 주인이 부리던 사람들을 산 채로 무덤에 함께 묻었다. 많은 경우 100여 명,

적은 경우 수십 명의 노비들이 주인의 죽음에 따라서 순장됐다. 그러나 고대 국가가 발전하고, 인간과 노동력의 가치가 소중하다는 것을 깨달으면서, 사람 대신에 주인공이 생전에 사용하던 물건을 무덤에 부장품(껴묻거리)으로 넣거나 벽화를 그리는 풍습이 생겼다.

범금팔조, 고조선의 법

위만이 집권한 이후 철제 농기구에 의한 생산이 증대되고 국가 체제가 자리잡아가면서 지배자들은 자신들이 항시 거주하면서 통치 행위를 할 공간으로 도성을 계획하고 궁궐을 지었다. 궁궐은 전체적으로 일정한 도시 계획 하에 조영되어 도성의 중심에 위치하며 국가의 자연지리적 조건을 최대한 이용하여 완성됐다. 그러나 고조선의 서울이 어떠한 도시 면모를 갖추고 있었는지는 전혀 판단할 수 없다. 다만 왕검성이 위치한 곳에 설치했다는 한나라의 낙랑토성을 보면, 대동강을 사이에 두고 남북으로 구릉과 얕은 산지에 흙을 잘 다져 토성을 쌓았던 것으로 생각된다. 아마도 그곳에서 지배층들이 통치를 했고 성밖에 일반민들이 거주했을 것이다.

국가 초기의 지배자들은 지배 권력을 이념적으로 뒷받침하기 위해 건국 신화를 만들어냈다. 단군 신화는 왕권의 정통성과 국가의 존엄성을 수식하려는 당시 사람들의 의식을 반영한 것이다. 고조선의 왕은 매년 그의 조상신인 천신에게 제사를 지냈으며, 그때 베풀어진 의식은 단군 신화의 내용을 재현하는 형태였을 것이다.

고조선에서는 기존의 관습법과 고조선의 문물을 지배자들의 이익에 맞게 수정하거나 새로 보충하기 위해 8개 조항으로 된 국가법을 제정했다. 이것이 곧 역사에 전하는 범금팔조이다. 현재는 세 조항만이 전하는데, 살인자는 사형에 처하고, 남에게 상해를 입힌 자는 50만 전을 내야 하며, 남의 물건을 훔친 자는 그 집의 노비로 삼는다는 내용이다. 이 세 조항만 보아도 범금팔조가 고조선 지배 계급의 의사를 반영하여 지배자들의 생명과 재산을 보호해주고 지배자들에게 일반민들을 착취할 수 있는 권리를 담보해주는 데 이용됐음을 알 수 있다.

고조선 후기 단계에 지배 권력이 강화되자 고조선 지배자들은 주변 나라들과 대외 교류를 더욱 진전시켰다. 중국 동북 지역의 연나라·진나라 시기의 장성 유적 주변에는 중국제 거울과 명도전, 철기 및 기와 등이 많이 나오고 있다. 이것은 고조선 지역으로 이동하는 중국 상인들이나 일반인들이 거주하면서 사용한 물건으로 보인다. 이들과 고조선 사람들은 밀접한 교류를 했을 것이다. 청동기시대 여러 유적에서 나오는 중국 화폐인 화천·오수전, 한나라 거울이나 점치는 뼈, 기와 및 일본 야요이식 토기, 폭이 넓은 청동과 등으로 보아 중국이나 일본과도 교류가 있었음을 알 수 있다.

여느 고대 사회와 마찬가지로 고조선 사회도 국가와 지방 세력 그리고 백성들이 함께 어우러져 사회를 꾸려갔다. 이들 가운데 사회를 이끌어가는 가장 중요한 동력은 물론 일반 백성들의 활동이었다. 그러나 우리는 아직도 그들의 생활에 대해 잘 알지 못한다. 고조선의 영토였던 북한 지역이나 요동 지역을 답사하는 것이 쉽지 않은 것도 하나의 이유가 될 것이다. 앞으로 이들 지역에 대한 조사가 좀더 활발해진다면 고조선 사회를 온전히 복원해내는 길도 그리 요원한 일만은 아닐 것이다.

제 3 부

단군과 고조선사에 대한 인식, 이대로 좋은가

국사 교과서, 단군조선을 어떻게 서술하고 있는가

국사 교과서는 학생들이 우리 역사를 배우기 위해 기본적으로 읽어야 할 자료이다. 또한 국사 교과서는 학계에서 논의된 가장 최근의 연구 성과들을 집약하고 있기 때문에 우리 학계의 역사 인식을 살펴보는 데도 중요하다. 전 근대시대를 다루는 국사 교과서는 문화관광부 주관 하에 편찬된 1종 교과서뿐인데 이 교과서가 출간된 이후 가장 논란이 되는 분야가 바로 단군과 고조선사이다. 바로 이 부분이 무엇보다도 국정 교과서 편찬을 담당하고 있는 '강단사학자'들과 편사 당국에 대한 이른바 '재야사학자'들의 불신이 첨예하게 대립하고 있는 지점이다. 재야사학자들은 1970년대 이래 '국사찾기 운동'의 일환으로 교과서 서술 내용에 대해 문제를 제기하고 있으며, 현재에도 지속하고 있다. 이후 1980년대에 벌어진 국사 교과서 관련 논쟁에 대해서는 윤종영의 《국사 교과서 파동》(혜안, 1999)이 참고할 만하며, 최근 단군학회 주최로 〈바람직한 상고사 교육의 방향〉(2001년 12월 5일)이라는 주제 아래 재야사학자와 강단사학자들이 모여 토론을 벌인 것도 눈여겨볼 만하다.

현재 학교에서 교재로 쓰고 있는 제7차 교육과정 교과서에도 예외 없이 단군과 고조선사에 대한 서술에 많은 문제점과 오류를 드러내고 있다. 교과서 내용 외에도 지도나 사진 등 여러 요소들을 종합적으로 분석해보자.

청동기시대 역사 서술, 문제 있다

제7차 교육과정 교과서에는 "한반도에서는 기원전 10세기경에, 만주 지역에서는 이보다 앞서는 기원전 15~13세기경에 청동기시대가 전개 됐다(고등학교 국사 교과서, 29쪽. 이하 고등학교 교과서의 경우는 '고'로, 중학교 교과서의 경우는 '중'으로 표기)"라고 되어 있다. 이는 1996년판 제6차 국사 교과서에서 만주 지역의 청동기시대 시작 연대를 구체적으로 제시하지 않은 것에 비해 진전된 서술이라 할 수 있다.

그러나 이 연대관은 만주 지역의 청동기시대 시작 연대에 비해 한반도의 그것이 훨씬 뒤늦게 형성된다는 도식적인 인식의 결과이다. 요서 지역에서 주로 청동 예기를 구덩이에 묻어두는 유적들의 경우 청동기 연대가 상당히 올라가지만 이는 대개 은나라 말기에서 주나라 초기 단계인 기원전 10세기를 전후한 시기에 유행한 것으로 본다. 그리고 중국 동북 지역 청동기시대의 전형적인 유물인 비파형 동검과 반달칼 그리고 미송리형 토기 등이 사용되던 시기는 기원전 10세기부터 시작하여 춘추시대 즉 기원전 8~7세기경에 발전했다고 보는 것이 중국학계의 일반적 견해이다. 그러나 중·고등학교 국사 교과서에 서술된 청동기 연대를 고조선사 서술과 연관시켜보면 기원전 15세기부터 만주 일대에서 비파형 동검을 사용한 주민 집단이 살고 있었고, 그들이 바로 단군조선이라는 해석이 가능하다. 그러나 그러한 조건을 만족하는 정치체는 요동(遼東) 시역에 존재하시 않았다.

교과서에서는 청동기시대에 생산력의 발전이나 신분제의 성립 등이 보편적으로 나타나는 것으로 서술하고 있다. 이 점은 중학교 국사 교과서도 마찬가지이다. 그러나 구체적인 내용을 보면 "청동기시대에는 생산 경제가 그 전보다 발달하고, 전문 장인이 출현했으며……사회 전반에 걸쳐 큰 변화가 일어나게 됐다(고, 29쪽)", "고인돌 조성에 수많은 사람들이 동원됐을 것인데, 이를 통해 당시 사회 조직을 짐작해볼 수 있다(중, 14쪽)"는 식으로 지나치게 일반적으로 서술하고 있으며 특수성의 발현으로서 우리 나라 청동기시대의 역사상을 제시하지 못하고 있다.

고등학교 교과서 32쪽에는 "고인돌의 전형적인 형태는 보통 탁자식(북방식)에서 볼 수 있듯이 4개의 판석 형태의 굄돌을 세워 돌방을 만들고"라고 고인돌을 설명하고 있다. 그러나 한반도에 존재하는 탁자식(북방식) 고인돌 가운데 네 면에 모두 받침돌을 세운 고인돌이 있는가. 강화군 오상리 고인돌 등 극히 소수만이 받침돌이 4개 또는 3개이며, 대개는 받침돌이 2개이다. 교과서에는 없지만 청소년용 역사책 등에는 고인돌을 만드는 장면을 소개하면서 받침돌을 2개만 세우는 것으로 되어 있어 학생들에게 혼동을 주고 있다.

만주와 한반도 지역을 같은 계통의 유적 분포권으로 설명하고 있는 '청동기시대의 유적지' 지도(고, 29쪽)에는 한반도에서 출토된 유적지만이 표시되어 있다. 고조선과 관련하여 대표적으로 인용된 고조선의 세력 범위 지도(고, 35쪽)는 많은 문제가 있다. 중·고등학교 교과서 모

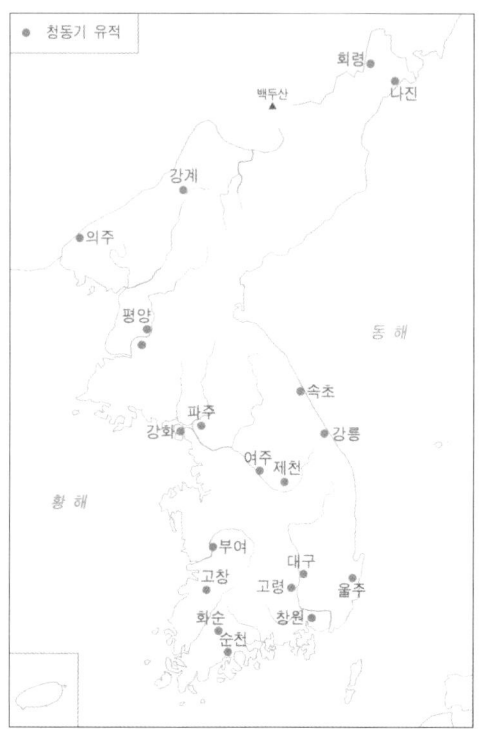

고등학교 국사교과서 29쪽 '청동기시대의 유적지' 지도. 제주도를 포함해 많은 지역에 유적 표시가 빠졌다.

두 강화도나 고창 지역의 탁자식 고인돌은 전혀 표시하고 있지 않은 것이다.

만일 비파형 동검이 고조선의 세력 범위를 나타내는 지수라면 그 근거로서 출토 빈도수가 매우 중요할 것이다. 그렇다면 지도에서도 단순히 비파형 동검의 출토 지점만을 찍는 것이 아니라 출토되는 양, 즉 집중도를 보여주어야 한다. 지도에는 마치 요동 지역과 한반도가 비파형 동검의 집중지인 것처럼 잘못 그려져 있다. 그러나 비파형 동검의 집중 출토지는 요동도 아니고 한반도도 아닌 요서 지역이다. 그리고 만일 탁

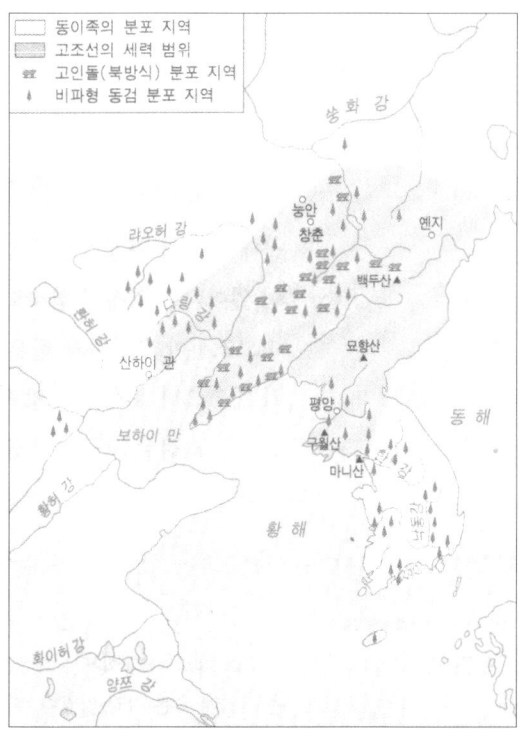

고등학교 교과서에 실린 고조선의 세력 범위 지도. 교과서에서는 비파형 동검과 고인돌이 만주와 한반도에서 집중적으로 발견되어 고조선의 세력 범위를 짐작케 해준다는 설명을 달았다.

자식 고인돌과 미송리형 토기 그리고 비파형 동검을 고조선의 세력권을 말해주는 지표로 활용하려면 세 자료가 공통으로 출토하는 지역을 주목해야 할 것이다. 즉 세 고고학 자료가 모두 출토하는 요동 지역을 고조선의 세력 범위나 영역으로 보아야지 비파형 동검의 출토 수만을 염두에 두고 요서 지역을 고려하는 것은 적절치 않다.

국사 교과서, 단군조선을 어떻게 서술하고 있는가 _ 211

교과서에 실린 단군과 고조선은

제7차 교육과정 교과서에는 단군 신화에 대해 "고조선의 건국 사실을 전하는 단군 이야기는 우리 민족의 시조 신화로 널리 알려져 있다. 단군 이야기는 오랜 세월을 거치면서 전승되어 기록으로 남겨진 것이다. ……신화는 그 시대 사람들의 관심이 반영되는 것으로 역사적인 의미가 담겨 있다. 단군의 기록도 마찬가지로 청동기시대의 문화를 배경으로 한 고조선의 성립이라는 역사적 사실을 반영하고 있다(고, 34·35쪽)"라고 서술하고 있다.

이 같은 단군 신화에 대한 해석은 1990년판(제5차) 및 1996년판(제6차)의 서술과 크게 다르지 않다. 교과서에서는 '단군 신화'라는 용어 대신 '단군 이야기' 또는 '단군 건국에 관한 기록' 등으로 지칭하고 있다. '신화' 대신에 '이야기'라는 용어를 사용한 것은 단군 신화를 신화로 해석하는 것에 반발하던 재야사학자를 고려하여 모호하게 처리한 것으로 보인다. 그러나 '단군의 기록은 청동기 문화를 배경으로 한 고조선의 성립이라는 역사적 사실을 반영하고 있다'고 서술한 점은 분명 단군 신화를 신화로 보는 것이 아니라 단군 건국의 사실성을 부각시키려고 한 것이다.

단군이 세웠다는 단군조선에 관한 내용을 좀더 살펴보면 다음과 같다.

족장 사회에서 가장 먼저 국가로 발전한 것은 고조선이었다.《삼국유사》의 기록에 따르면 고조선은 단군왕검이 건국했다고 한다.(기원전 2333년) 단군왕검은 당시 지배자의 칭호였다.

• 고등학교 국사 교과서, 34쪽

이때 환웅 부족은 태백산의 신시를 중심으로 세력을 이루었고, 이들은 하늘의 자손임을 내세워 자기 부족의 우월성을 과시했다. ……이는 신석기시대 말기에서 청동기시대로 발전하는 시기에 계급의 분화와 함께 지배자가 등장하면서 이전과는 다른 새로운 사회 질서가 성립되는 과정을 잘 보여준다. 이 시기에 등장한 새로운 지배층은 널리 인간을 이롭게 한다는 통치 이념을 내세우고자 했다. ……단군은 제정일치의 지배자로서 고조선의 성장과 더불어 주변의 부족을 통합하고 지배하기 위하여 자신들의 조상을 하늘에 연결시켰다.

• 고등학교 국사 교과서, 35쪽

단군 신화에 대해서는 수많은 해석이 있었지만 기본적으로 고조선이라는 사회가 어떻게 해서 등장했는가를 설명하는 내용이라는 데에는 이론(異論)이 없다. 단군 신화는 고조선이 하늘과 땅을 대표하는 지극히 신성한 존재의 혈통을 이어받은 단군에 의해 성립됐다는 내용을 담고 있다. 즉 단군 신화는 기본적으로 시조 단군의 근본을 풀이하는 데 초점을 맞추고 있는 것이다. 이때 단군은 자연인의 이름이라기보다 고조선시대에 임금을 나타낸 칭호였다고 보는 것이 일반적이다. 따라서 '단군'이 칭호이며 자연인의 이름이 아니라고 볼 경우, 단군을 그린 영정은 존재하기 어렵다. 현재 흔히 볼 수 있는 여러 종류의 단군 영정은 바로 민족 시조로서의 상징으로 그려진 것이지, 고조선의 건국자로서 단군이라는 고유한 인물이 있어서 그려진 것은 아님을 유념해야 한다.

그럼에도 불구하고 고등학교 교과서(고, 35쪽)와 중학교 교과서(중, 17쪽) 본문에 단군 신화를 풀이하고 단군 영정을 실은 것은 고유 인물로서 단군이 고조선을 건국했음을 인정하는 것이다. 중학교 교과서에는

남한 정부 지정의 표준 단군 얼굴(왼쪽)과 북한의 표준 단군 얼굴(오른쪽). 남북한 정부에서 공식적으로 사용하는 단군 영정이 비슷한 것은 남북 간에 단군에 대한 인식이 비슷하다는 사실을 말해준다.

단군 영정 사진을 싣고 "단군의 고조선 건국은 우리 나라의 역사가 오래됐음을 나타내준다(중, 17쪽)"고 설명을 달아 해방 후 정부에서 표준 단군 영정으로 제시한 사진이 민족 시조로 인식될 수 있도록 했다. 이것은 재야사학자의 반발을 고민하다가 한국 고대사 체계 자체를 무시한 기형적인 해석이라 할 수 있다.

잘 알다시피 고조선의 역사상을 제시하는 데 건국 연도는 중요한 의미를 가진다. 일연이 주장한 대로 중국의 요임금과 동시대라는 의미를 갖든 아니면 그에 의한 잘못된 연대의 표기이든, 고조선 건국 연대에 대한 설명이 본문에 없는 것은 문제이다. 아무런 근거도 제시하지 않고 단군이 건국한 연대를 기원전 2333년으로 서술한 것은 이해되지 않는다. 그동안 단군의 건국 연대로 제시된 기원전 2333년은 단군 즉위 원년의 절대연대('기원 몇 년'처럼 해당되는 사건의 정확한 시간으로서의 연대)가 아니라 단지 조선 초기에 씌어진 《동국통감》의 견해라는 지적이 제시됐다.

《삼국유사》에 근거한 건국 연대는 사실상 《동국통감》의 견해로, 교과서의 다른 부분에서 청동기시대의 시작을 기원전 15~13세기로 제시한 것(고, 29쪽)과 정합하지 않는 데도 불구하고 아무런 설명 없이 건국 연대로 제시하는 것은 교과서에 나타난 고조선의 역사상이 막연하다는 것을 보여준다. 만일 이 연대를 교과서의 집필자가 건국 시기로 믿고 있더라도 교과서 본문에는 기원전 2333년이 단군에 의해 고조선이 건국된 연대라는 사실성 여부를 증거할 수 있는 서술이 있어야 하는데 이를 찾아볼 수가 없다. 한편 중학교 교과서에는 참성단 사진을 싣고(중, 6쪽) 이에 대해 "민족의 시조인 단군이 하늘에 제사를 지내기 위해 쌓았다고 한다"라고 설명하여 참성단을 단군조선시대에 쌓은 것으로 오해하도록 서술하고 있다.

이처럼 교과서의 초기 고조선에 대한 내용은 단군 신화를 역사적 사실로 보고 그것을 그대로 고조선 사회에 적용시킨 것에 불과하다. 그리하여 기원전 2333년에서 기원전 3세기까지 2000년에 이르는 고조선 사회는 신화의 세계 안에서 묘사되고 있으며, 고조선의 건국을 둘러싼 역사상이나 초기 고조선의 사회상은 잘 드러나지 않는다.

다만 중학교 교과서는 단군 신화가 고조선의 건국 사실을 담고 있는 이야기로 보고 있지만 "단군의 고조선 건국은 우리 나라의 역사가 매우 오래됐음을 말해준다. 또 단군의 건국 사실과 홍익인간의 건국 이념은 우리 민족이 어려움에 놓일 때마다 자긍심을 일깨워주는 원동력이 됐다. 그 밖에도 단군의 건국 이야기를 통해서 우리 민족이 처음 나라를 세웠을 때의 상황을 짐작할 수 있다"고 하여 단군 신화를 역사적 사실로만 전달하지 않는다. 중학교 교과서는 단군 신화가 우리 민족 정신

속에 자리해왔던 점과 그것이 우리 땅에 처음 나라가 성립되던 당시의 상황을 반영한다고 서술하여 그 고민을 엿볼 수 있다.

교과서에서 단군 신화에 대한 서술은 이야기 형식으로 소개되고 있음에도 불구하고 사실상 단군 신화를 역사적 사실로 인정하는 듯하다. 한마디로 단군 이야기는 단군조선에 관한 설명인 것이다. 이런 데에는 바로 비파형 동검에 대한 해석(고, 34쪽)이 배경이 되고 있다. 교과서에는 단군조선의 세력 범위가 비파형 동검이 나오는 지역과 깊은 관계가 있다고 한다. "고조선은 요령 지방을 중심으로 성장하여 점차 인접한 족장 사회들을 통합하면서 한반도까지 발전했는데, 이와 같은 사실은 비파형 동검의 출토 분포로써 알 수 있다. 고조선의 세력 범위는 청동기시대를 특징짓는 유물의 하나인 비파형 동검이 나오는 지역과 깊은 관계가 있다(고, 34쪽)"고 서술되어 있다.

그러나 만일 고조선이 기원전 2333년에 건국됐다면 기원전 10세기 이후에 사용된 비파형 동검과는 시간 차이가 너무 크다. 어떤 이유에서 비파형 동검이 고조선(단군조선)인들이 사용한 동검인지에 대해 최소한의 설명도 없이 비파형 동검이 고조선과 관계있다고 서술하는 것은 무책임하다. 비파형 동검이 주로 사용되던 시기는 단군 신화로 표현되던 시기와는 전혀 다르며, 비파형 동검을 사용한 시기에 중국 동북 지역 전체를 다스리는 정치체의 존재를 확인하기도 어렵다.

고조선의 영역, 어떻게 파악할 것인가

국사 교과서 1990년판부터는 고조선이 요령 지역에서 대동강 지역으로 옮겨왔다는 이동설을 분명하게 서술하고 있다. 그러나 제7차 교육과정 교과서에서는 단군에 의한 건국 사실을 명확히 하면서 기자조선 내용을 아예 빼뜨렸고, 고조선 중심지 문제도 이동설로 설명해주는 것이 아니라 성립 초기부터 멸망 때까지 요령 지방과 대동강 유역이 중심이었다고 설명하고 있다.

고조선은 요령 지방과 대동강 유역을 중심으로 독자적인 문화를 이룩하면서 발전했다. 기원전 3세기경에는 부왕, 준왕 같은 강력한 왕이 등장하여 왕위를 세습했으며, 그 밑에 상, 대부, 장군 등의 관직도 두었다. 또 요서 지방을 경계로 하여 연나라와 대립할 만큼 강성했다.

• 고등학교 국사 교과서, 35쪽

이러한 본문 내용은 다시 지도상에 표현되어 있다. 지도를 먼저 살펴보면 여기서 고조선의 '세력 범위'라고 한 개념이 문제된다. 세력 범위라는 것은 과연 고조선의 영토를 의미하는 것인지 아니면 단지 고조선 계통의 종족이 거주하고 있는 곳으로서, 영역이라고 볼 수 없는 것인지 명확하지 않다. 또한 고조선의 세력 범위라는 것이 어느 시기의 범위를 말하는 것인지도 분명하지 않다. 본문 내용대로라면 초기(기원전 2333년 이래)부터 기원전 3세기까지의 고조선 세력 범위가 요령 지역과 길림성 및 한반도 북부 지역을 포괄하고 있었다. 그러나 《위략》 등 문헌 기록을 살펴보면 고조선이 요동 지역에 일정한 영향력을 행사한 것은 기원전 4~3세기인 전국시대이고, 요동 동쪽의 여러 나라에 정치적 영향력을 행사한 것은 위만조선시기에 해당한다. 고조선은 성립(기원전 2333년)부터 멸망 때(기원전 108년)까지 세력 범위가 같았다고 보기 어렵다.

또 넓은 요서 지역 전체를 중국과의 경계 지역으로 설정하는 것은 막연한 서술이다. '조선'이란 명칭을 전하는 최초의 문헌인 《관자(管子)》나 《사기》 등 여러 고대 사서에는, 기원전 7세기 당시 요서 지역에서 활동하던 '산융'과 관련한 여러 기사들이 실려 있다. 선진(先秦) 문헌의 몇몇 기록만 보아도 기원전 8~7세기 요서 지역에서 활약한 주된 정치 세력은 산융을 중심으로 한 영지·고죽·도하 등 여러 '오랑캐(戎狄)' 세력이었고, 그 동쪽에 예맥 계통의 조선이 존재했음을 알 수 있다. 이들은 비파형 동검 문화와는 구별되고 요서 지역에서 유행한 하가점 상층 문화를 영위한 세력들이다. 따라서 요서 지역을 경계로 고조선이 연나라와 대립했다는 주장은 고조선의 역사상을 지나치게 확대 해석한 것이다.

고등학교 교과서 지도(고, 35쪽)에는 본문에서 아예 서술하지도 않은 동이족이 등장하고 있는데, 그 분포 지역으로 산동반도를 포함한 요령성, 길림성, 흑룡강성 일대를 포괄하고 있다. 고조선의 세력 범위보다도 훨씬 넓게 설정된 동이족 분포도는 어떤 의미를 담고 있는지 궁금하다. 고조선을 '동이족'이 세웠다는 것인지, 아니면 고조선을 세운 한(韓)민족이 동이족의 일부였다는 것인지 이해하기 어렵다. 지도에 산동반도 일대까지 동이족의 분포권을 그렸다면, 최소한 동이족이 우리 민족과 어떠한 관련이 있는지에 대한 언급이 있은 뒤 지도에 표시해야 할 것이다. 그러나 교과서에는 동이족에 대해 서술은 없이 지도에만 표시했다.

동이족에 대해서는 《후한서》에 기록된 이후 중국 동쪽의 오랑캐족을 범칭한 것이며 직접적으로 우리 조상이 될 수 없다는 주장이 일반적이다. 동이족이 우리 민족의 조상이 될 수 없다는 주장을 인용하지 않더라도 학계에서 대부분 부정하는 내용을 본문에 서술하지도 않고 별도로 그려진 지도에 반영하는 것은 문제가 있다. 그리고 《삼국지》〈위지 동이전〉을 보면 숙신(읍루)과 왜(일본)도 동이에 포함된다. 그렇다면 동이족의 분포권은 일본과 송화강 일대까지 더 넓게 그려야 할 것이다. 중학교 교과서의 고조선 세력 범위 지도(중, 19쪽)에는 동이족의 분포 내용이 들어가 있지 않아 혼란이 상대적으로 적다.

과연 고조선의 세력 범위는 어디까지로 보아야 하는가. 1996년판 제6차 교육과정 교과서에는 고조선의 세력 범위를 짐작케 하는 것으로 비파형 동검과 미송리형 토기를 들었다. 그러나 제7차 교육과정 고등학교 교과서에는 고조선 세력 범위 지도에 고인돌을 새로이 포함시키고 대신 미송리형 토기를 제외했다. 반면 중학교 교과서 정리글(중, 19쪽)에는 "문헌 사료의 부족으로 인해, 고조선의 강역을 알기 위해서는 고고학적 자료를 이용해야 한다. 고조선시대의 청동기 문화를 대표하는 유물·유적으로는 비파형 동검, 미송리형 토기, 고인돌 등을 들 수 있다"라고 하고 있다.

앞의 서술은 분명 고조선의 세력 범위가 바로 고조선의 강역을 말하는 것이고, 그 근거 중 하나에 미송리형 토기가 포함된다고 하고 있다. 그렇다면 고조선의 초기 강역을 설명하는 지도에는 고인돌과 비파형 동검 외에 미송리형 토기 분포도가 당연히 나와야 할 것이다. 고인돌도 탁자식(북방식 또는 오덕리형)이라는 것을 분명히 밝혀주어야 할 것이다. 그러나 탁자식 고인돌 분포 지역을 그린 도면에서 한반도 지역의 것은 전부 빠져버렸다.

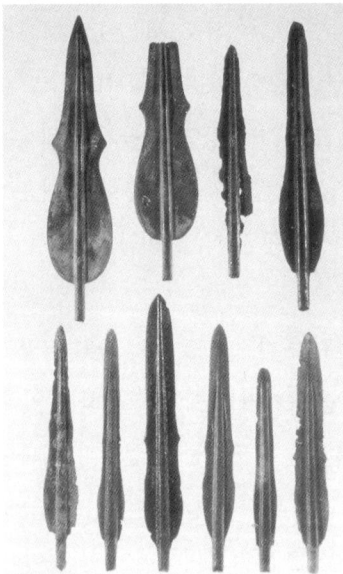

고조선 시대의 대표적 유적·유물로, 석목성 탁자식 고인돌(위), 비파형 동검(아래 왼쪽), 미송리형 토기(아래 오른쪽)이다.

교과서에서 빠져버린 기자조선

중·고등학교 교과서에 위만조선에 대해서는 다음과 같이 서술되어 있다.

> 기원전 2세기경 서쪽 지방에서 세력을 키운 위만이 준왕을 몰아내고 고조선의 왕이 됐다. 이 시기에 철기 문화가 확산되면서 고조선은 이를 바탕으로 주위의 여러 부족을 통합하여 세력을 크게 확장했다. 또 한반도 남부 지방에 위치한 진국의 여러 나라와 중국의 한나라 사이에서 중계 무역을 하면서 경제적인 이익을 얻어 부강해졌다.
>
> • 중학교 국사 교과서, 19쪽

> 이러한 경제적·군사적 발전을 기반으로 고조선은 한과 대립했다. 이에 불안을 느낀 한의 무제는 수륙 양면으로 대규모 침략을 감행했다.
>
> • 고등학교 국사 교과서, 36쪽

앞의 인용문이 실린 교과서는 바로 앞장에서 '단군과 고조선'이란 제목으로 단군 신화로 표현된 단군조선 사회를 설명하다가 갑자기 철기 문화가 들어온 기원전 3세기에 대해 설명하고 있다. 단군 신화를 역사적 사실로 인정하고 2천 년이란 긴 시간을 하나의 사회상으로 설명하는 데다 중간 단계의 기자조선에 대한 설명이 전혀 없기 때문에 내용이 비약적이다. 청동기시대 서술에서 청동기시대에 대한 일반적 설명은 물론 나아가 청동기시대 국가적 특성이 반영된 국가로서의 고조선에 대한 설명이 없기 때문이기도 하다.

교과서의 서술을 통해 고조선의 역사상을 그려본다면 기원전 24세기에 건국된 국가가 기원전 4세기에 와서 만주와 한반도 북부를 잇는 지역을 통치하는 국가로 발전하다가 기원전 2세기경에 와서 철기 문화를 바탕으로 주변 '부족을 통합'하는 나라가 된다. 좀 과장하자면, 고조선은 여러 부족을 통합하는 데만 수많은 세월을 보낸 이상한 나라이다. 결국 고조선의 역사상이 명확하게 전제되지 않은 상태에서 관련 자료를 연결시키다 보니 시기적으로 변화 과정이 잘 드러나지 않게 된 것이다.

   기자조선에 대해서는 이전 판본까지 주(註)를 다는 형태로 일정하게 설명했는데, 제7차 교육과정 교과서에는 전혀 언급하지 않고 단군조선에서 곧바로 위만조선으로 계승된다고 하고 있다. 그러나 중학교 교과서 도움글(중, 19쪽)에 보면 "문헌에 나타나는 고조선은 단군조선, 기자조선, 위만조선으로 정치적 변화를 거친다. 이러한 변천과 아울러 고고학적 문화도 청동기시대에서 철기시대로 변화가 이루어진다"고 하여 기자조선을 완전히 역사 계승 관계에서 빼지는 않았다. 만일 중학교 교과서에서 고등학교 교과서와 달리 기자조선을 인정한다면 본문에 기자가 동래하여 나라를 세운 것을 어떤 형태로든 언급해야 할 것인데, 도움글에만 도식적으로 등장시켜 혼란을 주고 있다. 이는 고조선이 단군조선에서 기자조선, 위만조선으로 발전했다는 종래의 주장이 무의식적으로 채용된 결과로 보인다.

   고등학교 교과서 도움글(고, 36쪽)에는 위만이 조선 사람이라고 말한 이전까지의 일반적 서술을 버리고 "위만은 유이민 세력 가운데 뛰어난 사람"이라고 하고 있다. 그리고 조선의 옷을 입거나 조선의 국호를 그대로 사용한 점 등을 들어 위만의 고조선은 단군의 고조선을 계승한 것으로 보고 있다.

위만은 《사기》〈조선열전〉에 '연인(燕人)'이라 나오므로 분명 중국계 인물일 것이다. 다만 위만이 왕위를 찬탈한 후 이전 고조선 왕조를 계승했는지, 아니면 유이민 중심의 새로운 왕조를 운영해나갔는지가 그 사회의 성격을 결정하는 본질적 요소이다. 그러한 측면에서 위만 왕조가 몇 가지 측면에서 그 앞의 왕조를 계승 발전한 것이라고 본 것은 이전 교과서보다 진전된 서술이다.

제7차 교육과정 교과서는 단군조선과 기자조선 그리고 위만조선에 대한 역사상과 상호간의 역사적 계기성에 대해 분명하게 서술하고 있지 않다. 교과서 서술에서 나타난 고조선의 역사상을 뒤에 서술되는 중앙 집권 국가와 관련하여보면 청동기시대에 부족 연합체로서 만주와 한반도 북부에 걸쳐 넓은 영토를 가진 국가로 출발한 단군조선은 위만의 조선에 와서 강력한 국가(아마 중앙 집권 국가는 아니었을 것이다)가 됐지만, 한나라의 침략으로 망하여 흔적 없이 사라지고 마는 나라에 불과한 것처럼 서술되어 있다.

우리의 고대사 인식, 이대로 좋은가

1970년대 말~80년대 초, 재야사학이 대두하다

　1970년대 박정희 유신시대 말기와 전두환이 집권한 제5공화국시대에는 유달리 일반인들 사이에 한국 고대사에 대한 관심이 고조됐다. 당시 일반인의 관심은 대부분 고조선의 영역과 국가 성격에 대한 논의에 집중됐다. 그 주장들의 대부분은《환단고기(桓檀古記)》와《규원사화(揆園史話)》를 근거로 한 내용들이었다. 그리하여 단군 이래 수십 명의 왕위가 이어진 단군조선 왕조가 만주 일대에서 그 역사를 펼쳐나갔음을 밝히는 성과물이 쏟아져나왔다. 이러한 찬란하고 웅장한 고대사에 대한 인식은 제5공화국이라는 암울한 정치 상황에 좌절한 국민들의 의식을 쉽게 고대 역사에 심취하게 했다.
　1970년대 말과 1980년대 초 한국 고대사에 대한 인식이 높아진 데에는 극우적 민족주의 성향을 지닌 인사들과 제5공화국 정치 세력이 밀접하게 연관된 데서 기인한다. 극우적 민족주의적 성향을 가진 이들의 목소리는 정치적으로 보이지 않는 후원을 받으면서 급속히 커졌다. 당시 군사 정부의 목소리를 홍보하는 확실한 장으로서 군부대 등에서는 웅대한 한국 고대사를 대대적으로 교육하기 시작했다. 급기야 만주 일대에까지 단군과 고조선의 역사가 펼쳐졌다는 웅대한 한국 고대사에 대한 열풍이 불었고, 이 열풍은 기성학자에 대한 비난 및 법정 고발로 이어졌다. 심지어 국회에서 교과서 서술 내용을 문제 삼아 청문회가 개최되기도 했다.

고조선사를 포함하여 한국 고대사를 체계화하기 위해 많은 전문 역사학자들이 힘을 기울이고 있다. 한국 고대사를 체계화하는 일은 전문 역사학자들이 해결해야 할 과제임은 두말할 필요가 없다. 전문 연구자들이 고민하고 있는 역사 서술의 문제를 가지고 국회의원들이 청문회를 개최한 것은 한국 사회의 인식 수준을 보여주는 사례라고 하겠다. 정치가 모든 현실을 좌우하는 후진 사회의 모습이 역사 연구에까지 나타난 것이다. 이후 학계에서는 이른바 단군민족주의를 표방한 아마추어 역사가들의 목소리를 어떤 형태로든 고민해야 될 숙제로 떠안게 됐다.

재야 그룹 가운데 일정한 수준의 글을 쓰는 이들은 크게 보아 《환단고기》나 《규원사화》 같은 고기류(古記類)에 근거하여 논리를 전개하는 부류와 중국 정사(正史)와 같은 역사 사료를 인용하여 주장을 펴는 두 부류로 나눌 수 있다.

고기류에 입각하여 논지를 전개하는 재야사학자들은 단군 신화를 역사적 사실로 인정한다. 그러나 《○○고기(古記)》라는 책은 현재 존재하지도 않지만 다른 책에 인용된 내용을 보아도 구체적인 역사책이라기보다는 후대 사람들이 단군에 대한 인식을 담은 역사 이야기에 불과하다. 《고기》를 바탕으로 한국 고대사를 연구하면 고조선사, 특히 단군 중심의 역사가 한국 고대사의 핵심 내용이 된다.

재야사학자들은 항상 단군을 중심으로 한 민족주의를 표방한다. 현재의 국가적 상황이 심각한 위기이기 때문에 단군을 구심점으로 한민족 공동체 의식이 필요하다는 점을 강조한다. 하지만 그들의 주장은 식민지시대의 민족주의 역사학에서 내건 주장과는 전혀 다른 차원의 종교적·국수주의적 사상의 산물일 뿐이다.

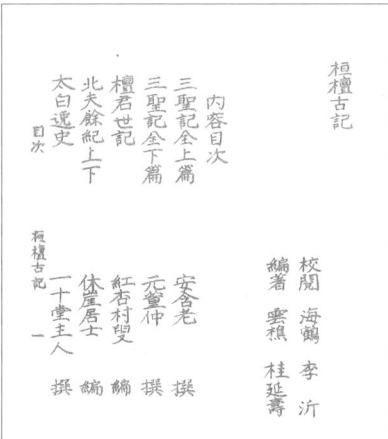

《환단고기》 목차. 재야사학자 주장의 근거가 되는 《환단고기》는 붓으로 쓴 필사본이어서 그 내용을 그대로 믿기 어렵다.

대부분의 재야사학자들은 역사학의 본령이 사실 검증에 있다고 주장한다. 하지만 역사적으로 근거가 될 수 있는 사료는 모두 제쳐두고 역사서로 보기 어려운 《○○고기(古記)》만을 근거로 논리를 전개한다. 시대상을 복원하는 데 가장 중요한 사료나 사서 대신에 단지 역사 이야기에 불과해 사료로 인용하기 어려운 사화(史話)를 근거로 활용하고 있는 것이다. 예를 들어 한말 대종교단이 발간한 《단기고사》나 신채호의 《조선상고사》의 내용들도 당시대 상황에 맞추어 쓴 사서이지 결코 사료로서 기능하는 것은 아니다.

근대 역사학은 엄격한 사료 비판을 바탕으로 논지를 전개해야만 합리성과 설득력을 얻는다. 그러나 재야사학자들이 사료로 신봉하고 있는 《환단고기》는 대략 1920년 이후 단군 신앙이나 관념적인 민족 감정을 바탕으로 씌어진 것으로 역사 서술을 위한 사료로 인용할 수 없다.

다음에 자세히 살펴보겠지만 이 책은 단군 신앙과 관련된 종교 사화일 뿐 한국 고대사 연구에 어떤 도움을 줄 수 있는 책이 아니다. 오히려 이 책은 1920년대 일제의 지배에 저항했던 민족주의적 움직임의 한 예로서 일정한 의의가 있다.

말 많은 상고사 논쟁

1980년 말에서 1990년대 사이에 윤내현 교수를 비롯한 강단의 재야 사학자들이 중심이 되어 단군조선과 단군민족주의를 주장하기 시작했다. 이와 함께 '한배달학회', '단학선원', '한문화운동연합', '다물민족학교', '민족정신회복시민운동연합(김지하)' 등의 여러 시민 활동 모임과 강연회가 활발히 개최됐다.

재야사학자들은 고조선을 단군 신화로만 보고 고조선사 문제에 접근하기 때문에 많은 오해를 낳고 있다. 앞서 언급했듯이 고조선은 이성계가 세운 조선 왕조 이전에 '조선'이라 칭한 나라를 가리킨다. 우리는 고조선에 단군조선, 기자조선, 위만조선이 속한 것으로 이해하고 있지만, 중국 및 우리 고대 문헌 기록에서 고조선의 역사를 논할 수 있는 시간은 기원전 8~7세기 이전으로 올라가지 않는다. 기원전 8~7세기 당시에 '조선'이라는 지역 명칭이 겨우 등장할 뿐이다. 이후 기원전 4세기 전국시대 말에 와서야 고조선이 초기 국가 단계로 성장하는 모습이 기록되어 있다. 고고학 자료를 보아도 남만주, 즉 중국 동북 지역에서 청동기 문화가 개화하는 시기는 기원전 8~7세기이다. 고조선이 이 시기 이전에 존재할 수 없는 것은 분명하다.

재야사학자의 입장을 소개한 《역사 탐험》
(2003년 10월호, 월간중앙) 표지.

　재야사학자들이 단군조선이 존재했다고 주장하는 기원전 3000년경은 신석기시대로, 계급이나 어떠한 정치 집단도 확인할 수 없는 단계이다. 따라서 재야사학자들은 엄연히 다른 역사적 존재를 같은 역사체로 이해하는 과정에서, 존재하지 않은 허상을 역사적 사실로 인식하는 문제를 일으키고 있다.

　단군 신화를 둘러싼 재야사학자들의 주장은 주장 차원에서 그치지 않는다. 그것을 교과서 서술 문제에 끌어들여, 이른바 잃어버린 국사찾기 운동과 민족 정신 회복을 단군민족주의 사상을 통해 실행할 수 있다고 외친다.

　초·중·고등학교 국사 교육과 관련하여, 현재 재야사학자들이 지적하고 있는 고대사 부분은 고조선의 건국에 관한 해석과 단군조선의 기원, 강역 문제 등이다. 그들은 초등학교 및 중학교의 경우, 단군의 건국 이야기를 '곰이 웅녀가 되어 환웅과 결혼하여 단군을 낳았다'는 신화화된 내용만을 싣고 있다고 비판한다. 고등학교 교과서에서도 역시 고조선의 실재를 부분 인정하면서, 단군 신화의 천손(天孫)과 홍익인간의 의미를 지배 계급의 논리로 해석하고 있다. 결국 현행 국사 교과서는 '건국 시조인 단군은 신화적 인물'이지만 '고조선 건국은 역사적 사실'이라는 모순된 주장을 펴고 있다고 비판한다. 그러나 이러한 주장은 선량한 착각에서 나온 것이다.

재야사학자들은 한반도의 청동기시대를 기원전 10세기로 보면서 단군의 건국 기원은 역사서의 기술에 따라 기원전 24세기(2333년)로 적고 있다. 일부 재야사학자들은 "기원전 2500여 년의 역사를 입증하는 고고학적 증거들이 속속 발견되고 있는 상황에서 과거 일제가 기술한 내용을 고집하고 있다"고 기존의 연구를 비판한다. 그러나 불행히도 중국 동북 지역에서 청동기 문화가 발전한 것은 기원전 1000년을 넘어가지 않는다. 연대를 무조건 끌어올려 고조선사의 출발로 연결한다고 민족주의적 서술이 되는 것은 결코 아니다. 이것은 사실을 벗어난 그저 국수주의적인 주장에 불과한 것이다.

일반 사람들은 단군 신화의 내용을 실재했던 사실로 이해한다. 즉 신화와 역사적 사실의 차이를 이해하지 못하고 있는 것이다. 윤내현 교수는 '단군 신화는 고조선을 건국하기까지 우리 민족이 성장한 과정을 말해주고 있으며 그 구성 내용에는 우리 민족 가치관의 원형이 들어 있는데 이를 거짓 꾸민 이야기로 알고 있는 사람들이 많다'고 안타까워한다.

누구도 단군 신화를 부정하지는 않는다. 다만 그것은 고조선이 국가 체제를 갖추었을 때 지배를 합리화하기 위해, 즉 하늘에서 신성한 기운을 타고 내려온 자신들의 지배는 절대적이며 백성들을 널리 이롭게 하기 위한 것이라는 이데올로기 차원에서 만들어낸 것이다. 물론 그 속에는 고대 국가 건설 초창기의 경험이 담겨 있다. 다만 외부로부터 선진 집단이 이주해오고 지배와 피지배 등 계급이 일부 발생하고 그 가운데 등장한 지배자가 제사장적 성격을 강하게 가졌고 행정적인 통치 행위도 했다는 것 이상의 어떠한 사실도 알 수 없다. 신화의 내용을 역사적 사실로 보고 그 증거를 찾는다는 것은 사실상 불가능하다.

단군이 건국한 연대 또한 요임금의 건국 연대를 송나라 사람 소강절

(邵康節)이 추정해보고 그것을 사마광이 《자치통감》에 인용한 것을 근거로 하고 있다. 그러나 요임금의 즉위 연대를 기원전 2357년으로 추정한 것은 어떤 근거가 있는 것이 아니다. 중국학계에서는 소강절의 추정을 믿지 않는다. 우리 나라에서 알고 있는 연대는 중국학자의 추론을 끌어들여 조선 초기 성리학자들이 추정해본 연대에 지나지 않는다. 그것이 몇 년이 됐든, 문제는 그 연대가 아무런 의미가 없다는 사실이다. 일연은 단지 중국 요임금과 같이 고조선의 건국 연대가 오래됐다는 것만을 말하려고 했다.

단군의 실존을 인정하는 사람들은 상고사 체계를 단군조선 ⇨ 열국시대(여러 나라시대) ⇨ 사국시대 ⇨ 삼국시대로 보아야 한다고 주장하며 교과서에 이 내용을 담아줄 것을 요구한다. 현실적으로 쉽게 반영될 수 있지 않다고 보면서도 꾸준히 문제 제기를 하다 보면 언젠가 어떤 형태로든 받아들여질 것이라는 계산을 하고 있는 것 같다. 실제 교과서 서술 때에 연구자가 전공하는 시대나 주제에 대해 계속적인 보완을 요청하면 그것을 외면할 수 없는 것과 마찬가지 이치이다. 결국 중·고등학교 국사 교과서는 기존 학계의 주장과 재야사학자의 주장이 교묘히 섞여 있어 단군과 고조선사를 어떻게 이해해야 할지 혼란스럽기만하다.

한편 일반 시민들이 주도하는 여러 학회에서는 주로 "우리 겨레는 상고 시절에 위대한 제국을 건설해 만주를 지배한 위대한 민족이었다"고 주장하고 있다. 구체적으로 단군과 고조선사에 대한 사상적 접근을 이루어냈다. 김지하의 경우, "우리 민족의 활로를 개척하기 위한 운동일 뿐만 아니라 인류적 보편성을 지니는 사상 운동"이라고 규정했다. 고고학 성과를 활용한 학계의 가세가 이루어지기도 했다. "한국 청동기문화는 은·주 교체기 산동반도 일대에 있던 동이족 일파가 생존을 지

요령성 지역 청동기 문화 지도. 요서 지역 청동기 문화를 고조선 문화로 보는 고고학자들은 점선으로 된 원 안에서 고조선 문화 유물들이 집중 출토됐다고 본다.

키기 위해 사회적으로 결속한 결과"라고 보고, "고조선식 동검 문화(김병모, 윤내현 등)"라는 개념을 사용하기도 했다.

이러한 고대사에 대한 관심이 지속되어 재야사학자들의 여러 학술 단체가 범람하고, 기존 학자들 간에도 여러 활동이 이루어졌다.

역사학의 현주소

최근 디지털시대를 맞아 인터넷 사이버 공간을 통해 상고사에 대한 일반인의 관심도 높아지고 있다. 수십만 명 정도가 재야사학자의 주장에 동조하고 있으며, 재야사학자 단체들이 여전히 활성화되어 있다. 그리고 사이버 공간에서의 활동도 활발하게 이루어지고 있다. 특히 TV 매체의 역사물 제작이 활발해지면서 고대사에 대한 관심은 더욱 고조되고 있다. 한편 기존 학계에서도 영상물을 적극 제작하고 있으며, 역사 교육에서는 대중성 확보를 위해 힘쓰고 있다. 역사 연구 방법론상으로 문화사나 미시사, 생활사에 대한 관심 속에서 고대 생활사에 대한 관심도 증가하고 있다.

한편 북한학계에서는 '단군릉' 복원 이후의 성과를 둘러싼 고대사에 대해 관심이 새롭게 일고 있는 중이다. 북한학계의 한국사 연구는 해방 직후 사회경제사학자들이 북한 역사학 연구의 주축을 이루면서 활발해졌다. 크게는 한국사의 시대 구분을 확정하는 문제와 민족 해방 운동사를 정리했고, 이 과정에서 고대사에도 관심을 집중했다.

1960년대 중반 이후 '주체노선'이 '주체사상'으로 체계화되고, 1970년대에 유일사상이 됐다. 그리하여 한국사 인식도 '주체사상'에 입각한 사회역사 원리, 즉 '주체사관'에 의해 재구성됐다. 이 과정에서 한국 문화의 자생성을 강조하고 전파론적 관점이 부정된다. 이러한 북한학계의 입장은 남한의 일부 진보적인 지식인에게도 영향을 미쳤다.

1993년 '단군릉' 개건 이후 북한에서는 고조선 중심지 및 한국 고대사에 대한 시각이 크게 변화했다. 그동안 줄곧 주장해오던 고조선의 요령성중심설을 평양 중심으로 바꿨다. 나아가 세계 5대 문명의 발상지가 대동강이라는 '대동강문화론'을 주장했다. 그 과정에서 한국 고대사의 상한이 전체적으로 2,500년 정도 올라갔다.

북한학계의 이러한 입장은 분명 북한 사회의 변화 속에서 요구되는 역사 인식의 변화로 이해해야 할 것이다. 그것을 고려한다면 북한학계의 갑작스러운 입장 변화를 전혀 이해할 수 없는 것도 아니다. 그러나 북한역사학은 이제 역사적 객관성과 합리성을 찾기 어려운 상황에 놓여 있다.

환상에서 벗어나 냉정한 역사 인식이 필요하다

　재야 그룹은 민족주의를 표방한다. 그러나 이는 식민지시대의 민족주의 사학과 본질적 차이가 있다. 식민지 시기 민족주의 사학은 식민지라는 특수한 상황에서 한국사의 발전을 민족의 정신적 측면에서 설명하고, 한국사 발전의 관건을 민족의 혼이나 정신에서 찾았다. 그러나 재야 그룹의 경우 민족주의라는 미명 하에 특정 집단의 이데올로기에 봉사하고 반민중적 역사 이해를 강조하고 있다.
　이제 대다수 일반 시민들도 과장된 우리 고대사를 역사의 진실이라고 믿게 됐다. 특히 최근 중국의 역사 왜곡을 바라보는 시민들 대부분은 당연히 우리 역사인 고구려사를 중국사로 주장하는 것에 분노하고 있다. 그러나 이러한 인식은 단순한 감정적 차원의 대응일 뿐 역사 왜곡 문제를 해결하는 데 하등의 도움이 되지 않는다. 중요한 것은 동아시아사 속의 고구려사 위치에 대한 구체적인 이해가 선행되어야 객관적으로 비판할 수 있는 안목이 생긴다.
　역사는 발전한다. 그러나 그 발전에는 단계가 있다. 단군과 고조선사를 둘러싼 재야사학자들의 시각은 역사 발전에 대한 합리적 이해가 결여되어 있다. 세계 어느 나라에서도 신석기 말기에서 청동기시대 초기에 고대 제국을 형성한 적은 없다. 로마는 하루아침에 이루어지지 않았다는 격언을 생각해보자. 물론 하루아침에 제국을 형성한 역사가 바로 우리라고 할 수 있을지도 모르겠다. 그러나 역사는 세계사의 발전과 더불어 보편성과 합리성을 띠어야 그 의미가 있다. 우리만의 역사는 존재하지 않는다. 우리 역사의 발전을 주장하면서, 주변 역사와 비교하고 세계사 속에서 그 위치를 자리매김하지 못한다면 그 역사학은 존재 의미가 없다. 그 단계는 이미 국수주의, 아니 역사학의 영역을 벗어나고 만 것이다.

불행하게도 보다 심각한 문제는 그러한 주장을 하는 이들이 자신의 주장이 얼마나 허구적이고 수많은 혼란을 일으키고 있는지를 자각하지 못한다는 데 있다. 그들은 그들의 작업이 자신도 모르는 사이에 역사학의 영역을 넘어섰고 이제는 단군을 종교적 차원에서 접근하는 단군교의 입장과 동일하다는 것을 깨달아야 한다. 역사학자가 아니면서 단지 자신의 생각만을 주장하는 것에 불과한 사람들의 글이 웅대한 고대사를 그리고 있다고 무조건적으로 따르는 사람이 많다. 그리고 이들은 기존 학계의 모든 고대사학자를 식민사학자라고 부정한다.

단군을 중심으로 찬란한 우리 역사를 부르짖는 사람들은 오히려 과거 우리 역사의 모습에 자신감을 상실한, 어찌 보면 열등감에 사로잡힌 국수주의자와 비슷하다. 전문 연구자나 재야사학자 모두 이러한 소모적 논쟁에 시간을 낭비해서는 안 된다. 우리 역사에 대한 관심과 열정이 그렇게 크다면 연구자나 일반 시민 모두 한국 고대사의 특성과 고대사 전체의 체계를 잡는 쪽으로 눈을 돌려야 할 것이다. 과거에 땅덩어리가 컸고, 우리 역사가 세계에서 가장 오래됐다는 환상에 집착하는 데서 벗어나 냉정한 역사 인식이 필요한 때이다.

고조선은 만주를 지배한 대제국이 아니다

　중·고등학교 국사 교과서에는 고조선이 만주와 한반도에 걸쳐 광대한 영토를 가졌던 것처럼 씌어 있다. 이러한 내용이 교과서에 실린 것은 1980년대 후반부터이다. 그 전에는 고조선의 영역이 평양을 중심으로 북쪽으로는 청천강을 넘지 않는 것으로 설명했다. 이처럼 교과서의 내용이 바뀌기까지는 우여곡절이 있었다. 교과서 내용을 시정하라는 소송이 제기되기도 했고, 이 문제로 국회에서 공청회가 열리기도 했다.

　대부분의 한국사 개설서는 여전히 고조선의 영역을 제각기 다르게 설명하고 있다. 아직 학계의 의견이 통일되어 있지 못하다는 이야기이다. 중국학계에서 동북공정(東北工程. 원래는 중국 동북 강역(疆域)의 역사와 현상(現狀)에 대한 일련의 연구 작업이라는 뜻인데, 그중 고구려는 물론 고조선·부여·발해 등 한국사와 관련된 영역이 상당한 비중을 차지하고 있다)이라는 프로젝트로 고구려사를 중국사에 편입하려는 정치적 의도의 역사 왜곡을 시도하고 있는 요즈음, 여전히 고조선은 요령성 전역을 지배한 커다란 제국이라는 주장이 많은 사람들에게 각인되어 있다. 과연 그 입장이 어느 정도 타당한 것인지, 그 근거는 무엇인지 살펴보자.

신화는 신화일 뿐이다

역사적 사료를 근거로 논리를 전개하는 재야사학자들은 그 주장이 역사학적 논법을 구사하고 있다는 점 때문에 많은 사람들의 지지를 얻고 있다. 그러나 조금만 자세히 살펴보면 논리적이기보다는 단순한 주장에 그치고 있음을 알 수 있다.

고조선 대제국설을 주장하는 이들은 기본적으로 고조선이 단군조선만을 가리키는 것으로 본다. 고대 기록에 단군조선에 이어 존재했다고 하는 기자조선과 위만조선은 우리 역사와 무관한 것으로 이해한다. 이렇게 보는 데에는 어떤 구체적 근거가 있는 것이 아니다. 기자는 중국인으로 우리 민족의 정체성을 훼손하는 인물이라서 관련짓지 않으려는 것으로 보인다. 위만의 경우는 멸망 후에 설치된 한사군의 위치가 한반도로 읽힐 수 있다는 점을 의식한 것 같다. 때문에 앞서 살펴보았듯이 기자조선과 위만조선을 우리 역사와 무관한 것으로 설명한다.

재야사학자들은 고조선, 즉 단군조선 역사에 대한 주장 가운데 영토 문제를 가장 중요시한다. "고조선(단군조선)은 우리 역사상 가장 넓은 영토를 가지고 있었는데, 서쪽은 지금의 북경 근처에 있는 난하(灤河), 북쪽은 중국과 몽골의 국경인 액이고납하(額爾古納河), 동북쪽은 중국과 러시아의 국경인 흑룡강, 남쪽은 한반도의 남부 해안선을 국경으로 한 한반도와 만주 전 지역이었다"고 그들은 주장한다.

앞의 주장(그저 주장일 뿐이다)은 《삼국유사》에 나오는 단군 신화 내용을 아무런 비판 없이 역사적 사실로 해석하여 논지를 전개한다. 이 주장의 내용은 일제 강점기의 민족주의 사학자 신채호가 주장한 이래 1993년까지 북한학계가 주장한 것과 동일하다.

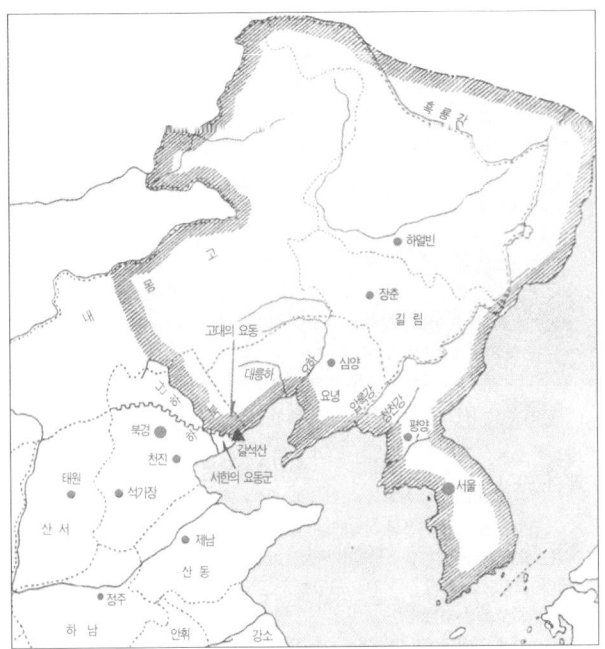

재야사학자 윤내현이 보는 고조선 영역. 윤내현은 요령성, 길림성, 흑룡강성, 즉 동북3성을 모두 고조선(단군조선)의 영역으로 본다.

이들은 위만이 건너왔다고 하는 패수를 요서 지역의 대릉하로 보고, 왕검성 옆에 흐르고 있었다는 열수(列水)를 대릉하 동쪽의 요하로 본다. 그리고 한대(漢代)에 고조선이 중국과 경계로 했던 강, 즉 패수는 북경 근처에 흐르는 난하로 보아 고조선의 영역이 북경 근처에 이르는 대제국이라고 한다.

이 입장은 고고학 자료를 중요시하며, 비파형 동검과 청동기를 함께 묻은 무덤을 중요한 근거로 든다. 초기 청동기시대의 특징적 유물인 비파형 동검은 한반도에서도 나오지만, 집중적으로 발견되는 곳은 역시 만주이다. 또 요서 지역에서 청동기시대에 발전한 청동기 문화, 하가점 문화(요서 지역 적봉시 하가점에서 많은 청동기와 토기, 석기 등이 출토됐는데,

홍산 유적 단층. 내몽골 적봉시 홍산 유적은 비가 오지 않는 기후 조건 때문에 암반이 붉은색으로 풍화되어 계곡과 단층을 이루고 있다.

이 유적의 청동기 문화를 요서 지역의 대표적 청동기 문화로 규정하여, 보통 요서 지역 청동기 문화를 하가점 문화라고 한다)를 고조선의 문화로 해석하고 그보다 앞서 존재한 홍산 문화(중국 동북 지역을 대표하는 신석기 문화로 요서 지역 적봉시 홍산(紅山) 일대를 중심으로 발달한 기원전 7000년기 이래의 신석기 문화이다)에 대해서도 우리 민족 문화의 원류로 해석한다. 특히 요서 지역에서 발전한 신석기시대에서 청동기시대로 넘어가는 시기에 유행한 하가점 하층 문화를 단군조선의 문화로 보고 있다.

　그러나 이 주장은 역사 논문 작성의 기본이라 할 수 있는 사료 비판이 전혀 되지 않은 상태에서 나온 것이다. 단군 신화의 내용은 기록된 그대로의 역사적 사실이라고 볼 수 없고, 그 내용 속에 담긴 역사적 사실을 추출해내는 작업이 필요하다. 고고학 자료인 하가점 하층 문화 또한 우리 민족 문화의 원류로 볼 수 있는 근거를 전혀 제시하지 않은 채 단군조선의 문화로 설명하고 있다. 그러나 하가점 문화는 고조선과는 무관하며 요서 일대에 거주하던 여러 유목 종족들이 남긴 문화로 보는 것이 일반적이다. 이처럼 재야사학자들의 글에서는 자료에 대한 분석과 비판의 과정이 생략되어 있다.

윤내현 등이 연구까지 고조선이 광대한 영토를 가졌다고 주장하는 학술적 근거는 《사기》 등 중국 문헌에 중국의 동쪽에 위치한 고조선이 요동과 붙어 있다는 기록이다. 이 사료를 바탕으로 요동(요하의 동쪽)의 위치를 중국 북경 근처에 비정하는 것에서부터 논리를 전개한다. 물론 이것은 윤내현이 처음 주장한 것은 아니고 1963년 북한의 리지린이 쓴 《고조선 연구》의 내용을 그가 그대로 답습하고 있는 것이다.

어찌됐든 윤내현의 고조선 영역과 관련된 주장을 비판하려면 역사상 요하 또는 요수(遼水)의 위치에 대한 고찰이 가장 중요하다. 고조선 후기 단계의 왕인 위만은 요동을 나와 패수를 건너 열수 근처에 있는 왕검성에 와서 왕 노릇을 했다. 따라서 그 위치 관계상 요동과 그 오른쪽에 있는 패수 그리고 그 다음에 열수가 있었다고 볼 수밖에 없고 이 강의 위치를 통해 고조선의 위치를 추적해볼 수 있다.

요하, 어느 땅의 강인가

요하는 현재 중국 동북 지역, 즉 남만주 지역에서 요서와 요동을 구분하는 매우 커다란 강으로 중국 한대 이전에는 주변에 펼쳐진 늪지나 못 때문에 좀처럼 넘기 힘들 지경이었다고 한다. 현재도 남만주 지역의 대표적인 강으로 여러 지류가 합류하여 요동만으로 흘러들어간다.

윤내현은 고조선의 수도 왕검성 옆에 흐르는 열수가 바로 요하라고 한다. 그리고 그 서쪽에 있어야 할 기원전 1000년기 당시의 요수는 현

요하. 요서 지역과 요동 지역을 구분하는 요하는 요택(遼澤)이라 불릴 정도로 한대(漢代)까지는 쉽게 건너지 못하는 강이었다고 한다.

재 북경 동쪽의 난하라고 본다. 중국 문헌에 보이는 강의 흐름에 대한 고찰을 그 근거로 들고 있다.

《산해경》〈해내동경(海內東經)〉편에는 "요수가 위고(衛皐) 동쪽을 나와 동남쪽으로 흘러 발해만에 들어가며 요양에 이른다"는 기록이 있다. 이 기록에 나오는 요수는 난하로 비정된다. 남만주 지역에서 동남으로 흘러 발해만에 물을 대는 큰 강은 난하밖에 없다는 것이다. 이 주장대로라면 고조선은 처음부터 북경을 중심으로 한 연(燕)과 대립하면서 요서 지역에 위치한 것이 된다.

그러나 이 주장은 강의 위치를 자의적으로 해석했다는 문제와 함께 당시 요수로 불리던 난하가 어째서 기원전 4세기(전국시대) 이후에는 현재의 요하로 불리게 됐는지에 대한 이유를 전혀 입증할 수 없다는 약점이 있다. 반대로 중국 고대 지리서의 하나인 《수경주(水經注)》에 언급되는 요수에 관한 기록을 보면 요하와 그 지류인 혼하(渾河)의 흐름에 대한 설명이 나오는데, 요하에 대한 설명이 오늘날의 요하나 혼하의 흐름과 일치하고 있다.《사기》등의 문헌 기록을 보면 요하라는 강은 그 위치가 변한 것이 아니고 현재의 요하가 옛날에도 요하였던 것으로 판단된다. 따라서 고조선의 왕검성은 요하 동쪽에 있어야 하므로 압록강이나 청천강 이남 지역으로 보는 것이 타당하다.

연·진 장성은 어디에 존재했나

고조선의 영토가 북경 근처에 흐르는 난하까지라고 보는 윤내현은 자신의 주장을 입증하는 중요한 근거의 하나로 현재의 만리장성이 중국 연나라가 고조선을 물리치고 쌓은 장성 위에 세운 것임을 들고 있다. 현재 중국 북경 동쪽의 발해만에는 산해관과 갈석(碣石)이라는 곳이 있는데, 이곳이 고조선과의 경계 지역이고 이곳까지 장성(長城)이 세워졌다고 본다.

중국 전국시대 연나라 동북 지역에는 동호라고 불리는 오랑캐족이 살고 있었다. 이들은 연나라에게 위협적인 존재였다. 결국 연나라는 위협 세력이었던 동호를 물리치고 동북 지역을 견고하게 통치하기 위해 연북장성(燕北長城)을 수축했다. 연북장성은 서쪽으로는 독석구(獨石口)에서 시작하여 동으로 요하 유역에까지 면면히 이어져 수천 킬로미터에 이른다. 사료에 따르면 연북장성을 쌓은 주요한 이유는 동호족을 막고자 하는 데 있으며, 동시에 북방의 흉노·예·맥 등 기타 소수 민족의 침입을 방어하기 위한 것도 있었다. 문헌 기록상 연북장성은 "조양에서 양평까지 이른다"고 한즉 오늘날 하북성 회래현에서 요령성 요

홍산에서 본 연진 장성. 멀리 중간에 흐릿하게 지나가는 산맥이 연·진시기 장성 유적이다.

양시에 이르는 지역에 걸쳐 있었다.

대체적으로 중국학계에서 추단하고 있는 연북장성은 부신시의 북쪽에서 나와 창무·법고를 지난 뒤 요동 북쪽의 개원시에 이른다. 이후에 본격적인 장성이 아니라 초소와 같은 장새(障塞) 형태로 동남쪽으로 압록강 유역까지 설치됐고, 최종적으로 압록강을 넘어 한반도 북부의 용강 땅에 이른다. 아마도 요하 이동 지역은 본격적인 장성보다는 전진기지와 같은 초소가 설치됐던 것으로 생각된다. 반면 현재의 만리장성은 연·진시기의 장성을 명나라 때 개축한 것이다.

이상에서 보면 연·진시기의 장성은 동호족을 물리치기 위해 쌓은 것이고, 그 흔적이 한반도 지역에까지 이르는 것을 알 수 있다. 그렇다면 고조선과 중국 전국시대에 연과의 경계 지역에 있어야 할 장성은 대체로 요동 지역에서 한반도 서북 지방 어딘가에 있었다고 보는 것이 마땅할 것이다. 학자들의 조사에 의하면 실제 연·진장성 유적은 요하 선에서 그치고 있음이 확인되고 있다. 이러한 장성의 위치로 보아 장성의 동쪽 끝에 위치한 요동군이 지금의 요동 지역에 있었다고 추정하는 것은 당연하다. 적어도 전국시대, 진한시기의 장성 유적이 대릉하 유역의 북쪽 일대에서 확인되고 요동에까지 이르렀다고 하는 사실은 전국~한 초시기의 장성이 산해관까지라고 보는 주장이 성립하기 어려움을 말해 준다.

윤내현은 특히 갈석의 위치에 주목한다. 갈석은 연(燕) 장성의 기초 위에 수축한 진(秦) 장성이 시작하는 곳에 위치한다고 기록되어 있다. 또《회남자(淮南子)》에서 고유(高誘)가 쓴 주석에 보면 "요수가 갈석산에서 나와 장새 북동으로 흐르고 요동의 서남으로 해서 바다로 들어간다"라고 되어 있다. 따라서 갈석의 위치를 알면 연·진시기 장성과 요하의 위치를 알 수 있다.

종래 갈석의 위치에 대해서는 하북 창려에 있었다는 주장, 요서 홍성에 있었다는 주장, 한반도 북부의 수성현에 있었다는 주장 등 다양했다. 그러나 최근 진시황의 갈석궁 유적이 조사되어 이러한 논란은 사실상 종지부를 찍었다. 산해관시의 동쪽 약 15킬로미터 요령성 수중현에서 진한시기의 대형 건축 유구가 여러 개 발견됐는데 조사를 담당한 요령성고고연구소는 이것이 진·한시기의 갈석궁 유적임을 논증했다. 여기에서 나온 진대의 유구에서는 이때까지 시황제릉에서밖에 출토되지 않은 지름 50센티미터가 넘는 대형 기와가 나왔고, 한대 유구도 섬서성의 황실 관계 건물을 생각케 하는 규모였다는 점에서 진한의 왕조와 관계있는 중요한 건물이 존재한 것이 분명하다. 즉 전승과 유구로 보아 진나라 시황제나 한나라 무제가 방문했다는 갈석궁의 위치로 여기가 가장 유력하다.

학자들의 조사 결과 연나라 장성의 위치는 요하 유역에까지 이르고 있다. 그 위에 진(秦)과 한(漢)의 장성이 수축됐다. 진 장성의 일부 유적으로 산해관 근처에서 조사된 진시황의 갈석궁 유적이 있다. 이것은 요

진시황 갈석궁 건물지 발굴 후의 모습. 요령성 수중현에 있는 갈석궁이라 추정되는 건물을 발굴한 결과 많은 양의 한대 기와와 유물이 출토되어 진시황의 갈석궁임이 입증됐다.

령성 일대를 장악한 진시황과 한 무제가 요령성 지역을 장악하고 갈석궁에도 들렀던 것으로 해석하는 것이 합리적이다. 갈석의 위치 문제가 산해관 근처에 흐르는 난하가 요수임을 증명하는 근거가 될 수 없다.

패수를 찾아서

《삼국지》에 실린 배송지(裴松之)의 주에 인용된 《위략》에는 연나라 장수 진개(秦開)가 조선의 서쪽 땅 2천 리를 점령하고 그곳에 장성을 축조했다고 한다. 연나라는 진개를 보내 요동평야 지대를 정복한 다음 이 요동을 본거지로 삼게 됐다.(기원전 226년) 진시황이 4년 후에 요동 지역을 다시 점령했고, 한대에는 전란으로 요동의 한족 세력이 약화됐으나 노관을 연왕으로 삼고 패수를 경계로 삼았다. 그러므로 한나라 시기의 고조선은 요동 동쪽, 구체적으로 패수 동쪽에 있었다. 그렇다면 여기서 반드시 살펴보아야 할 것은 바로 패수의 위치이다.

문헌 기록을 보면 패수는 요하로도 볼 수 있고 압록강, 또는 청천강으로도 볼 수 있을 정도로 그 위치가 불명확하다. 반면에 연·

애하첨 고성 출토 '안평락미앙(安平樂未央)' 와당. 중국 전국시대의 군현 가운데 서안평현이 있던 곳으로 추정되는 단동시 애하첨 고성에 출토된 중국 연나라 시기 와당.

진장성의 위치와 후기 고조선시대의 유물 출토 위치는 비교적 명확하다. 앞에서 보았듯이 전국·진한시기의 장성 유적은 신장위구르자치구에서 요령성에 걸쳐 계속 확인되고 있다. 특히 연·진장성의 위치는 요령성 북부 일대에 뚜렷한 흔적을 남기고 있다. 그 끝에 있던 양평은 현재 요동의 요양시로 비정되고, 장성 유적 또한 요하 일대까지 나오고 있어 그 위치를 분명히 확인할 수 있다. 이처럼 연·진장성 유적이 오늘의 요하 유역에 이르렀으므로 자연히 장성 동쪽에 위치한 패수(한과 고조선의 경계 강)는 요하 서쪽에서 찾을 수 없다.

한대(漢代)에 들어서면 새로운 군현이 설치된다. 그중 신의주에서 마주보이는 요령성 단동시의 옛 성터에서 한대의 '안평락미앙(安平樂未央)'의 길상어(吉祥語. 운수나 재수가 좋으라고 기와나 건물에 쓰는 말)가 있는 와당 및 장새 유적이 조사되어 요동에 설치된 한의 군현 위치를 알 수 있었다. 그리고 단동시 애하첨 장성 유적 부근에서 발견된 성지나 출토 유물이 전국시대 연나라 및 한나라의 특징을 보이고, 중국 철기

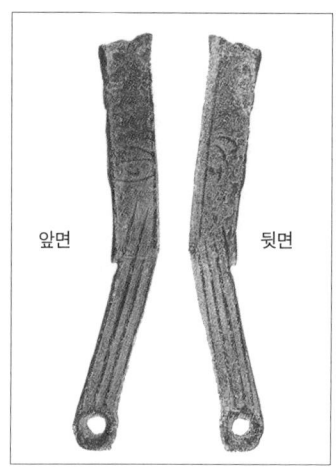

명도전. 중국 전국시대 연나라에서 사용한 화폐로 겉모양이 중국에서 사용하는 칼과 같고 겉면에 '明(명)' 자와 비슷한 글자가 씌어 있어 명도전이라 부른다.

문화의 영향을 받은 철기 유적이 요하 이동에서 압록강 사이에 집중하고 있음은 연·진시기의 요동 고새가 바로 요하 이동이었음을 입증해준다고 하겠다. 특히 전국시대 말 이래 한족(漢族) 세력이 요동 일대에서 거주한 중심 지역은 양평이었으니, 이는 오늘날의 요양시 부근이다. 따라서 한나라 군대의 침입 과정에서 볼 때 왕검성을 적대 세력이 포진하고 있던 바로 앞의 요하 유역에서 찾을 수는 없을 것이다. 이렇게 볼 때 패수는 청천강이거나 압록강으로 보는 것이 자연스럽다.

고고학적으로 보면 기원전 3~2세기 무렵 서북한 지역의 대표적 금속기 유물인 한국식(세형) 동검의 분포는 청천강 선을 경계로 하며, 연·진 세력에 의해 유입된 명도전(明刀錢. 중국 전국시대 연나라에서 주조한 화폐로 외국과의 상품 교역에 주로 사용됐으며, 겉 표면에 '명(明)'자 글씨가 새겨져 있고 모양이 중국 칼과 닮아 명도전이라 한다)이 서북한 북부 지역에서 대량으로 출토되는데 청천강이 그 분포상 주된 경계선을 이룬다. 따라서 고고학상으로 보아 명도전 등 연 계통의 유물이 출토하는 청천강 이북은 요동군 내지 그 영향이 강하게 미친 지역으로 보고, 한국식 동검 등 조선 독자의 청동기가 출토하는 청천강 이남 지역은 고조선이었다고 보는 것이 보다 합리적이다.

이러한 생각을 방증하는 자료로 평안북도 박천군 단산리에서 일찍이 반원형 와당이 출토했다. 와당의 문양은 약간 파손됐지만 의심할 것 없이 전국시대 연나라의 반원 모양 와당에 속하는 것으로 어떤 것은 짐승 무늬를 한 것도 있었다. 그런데 중국 전국시대에 기와를 사용한 건물은 국가와 관계된 건축물에 한정됐다고 하므로, 단산리 일대에는 일찍부터 연나라의 중요한 건축물이 있었다고 생각해도 크게 틀리지 않을 것이다.

고고학 자료를 통한 이러한 추론과 함께 문헌 기록에 나오는 패수에 대한 견해는 어떠한지 살펴보자. 성호(星湖) 이익(李瀷)도 지적한 바와 같이 패수는 하나만이 아니었다. '패수'라는 강 이름은 '보통명사'에서 온 '고유명사'임에 틀림없는 바, 고구려시대의 패수가 대동강인 것은 잘 알려진 사실이다. 문제는 《사기》〈조선열전〉에 등장하는 고조선과 중국의 경계로서 패수가 바로 어느 강인가 하는 것이다.

종래 패수가 청천강이라고 주장하던 이들도 다음의 몇 가지 문제 때문에 압록강이 패수라는 설을 들고 나왔다. 즉 진나라 말기와 한나라 초에 연·제의 유이민이 거주하고 위만이 처음에 세력을 키웠던 공지(空地)가 요동과 패수 사이에 있어야 하는데 그 지역을 청천강~대동강으로 보면 너무 좁다는 것이다. 또한 명도전 유적이 청천강 이북에서 발견되는데, 이것이 패수를 건너온 유이민(위만 세력 포함)이 사용한 것이라고 볼 때 패수는 압록강으로 보는 것이 합리적이라는 생각이다.

압록강의 자연지리적 속성은 패수의 그것과 충분히 합치한다. 따라서 고조선과 한의 국경 하천을 압록강으로 보는 견해는 설득력을 갖고 있다. 다만 패수가 압록강이라는 설도 명확한 근거에서 비롯한 것은 아니고 당시 사회의 상황에 입각한 논리라고 할 수 있다. 문헌을 면밀히 검토해보면 실제 압록강이 패수라는 주장과 반대되는 근거가 많이 나

청천강 중하류 안주평야. 청천강은 고대 한민족의 북방 진출 과정에서 일차적인 경계를 이루었다. 고조선 시기에는 패수로 불렸으며 주변 지역에 구릉 산지가 발달하여 일찍부터 많은 주민들이 거주했다.

온다. 특히 한대의 기록에는 패수 기록과 함께 압록강이 패수가 아니라 마자수라고 나온다. 그러므로 한대 고조선과 연의 경계가 됐던 패수는 문헌상으로도 청천강으로 보는 것이 합리적이다.

고조선의 영역에 대한 몇 가지 오해들

고조선의 영역 문제를 생각할 때 먼저 고려해야 할 점은, 고조선의 영역이 시대에 따라 다양하게 변화했을 가능성이다. 고대 사회 초기에는 오늘날처럼 국경선이 확정적이지 않았다. 국가와 국가 사이에는 상당히 넓은 빈 땅들이 있었다. 특히 고조선의 서쪽 경계선은 매우 유동적이었다. 이 지역의 종족 구성도 단일하지 않아서 그야말로 다양한 종족들이 섞여 있었을 것이다. 따라서 고조선의 영역을 처음부터 멸망할 때까지 고정시켜 대동강 유역으로 한정하거나, 만주·한반도 북부에 걸친 대제국으로 그리는 것은 당시의 실상과 거리가 있다.

나아가 종족의 분포나 문화권의 범위를 곧바로 정치적 영역으로 비약해서 해석하는 견해는 더욱 경계해야 한다. 같은 종족이라고 해서, 또 같은 문화권이라고 해서 하나의 국가를 형성하는 것은 결코 아니다. 영역 문제를 따질 때는 무엇보다 그 사회가 가지는 생산력 수준(문화 수준)과 생산 관계를 밝혀야 한다. 고조선은 청동기시대에 성립되어 철기 문화가 보급되던 단계까지 계속 존속했던 나라였다. 따라서 초기에는 공동체적 잔재가 많이 남아 있다가 후기에는 일정한 지배 체제를 갖춘 사회로 발전해갔다. 그리고 그 과정에서 고조선의 영역도 끊임없이 변화했을 것이다.

구체적인 고조선의 영역, 특히 초기 고조선의 영역이나 세력권의 범위는 앞으로 밝혀져야 할 과제로, 연구자들의 손길을 기다리고 있다. 그러나 고조선사가 단지 비파형 동검을 사용하는 청동기 문화 단계에 그친 것이 아니라 이후 철기 문화 단계에 국가를 형성했음을 염두에 두고 시간 흐름에 따른 영역의 변화 과정을 살펴야 한다. 그리고 비파형 동검 문화 분포 지역이 바로 고조선의 영토라는 선입관을 버려야 한다. 따라서 처음부터 대동강 유역을 고조선의 세력 범위와 관련하여 빠트리거나 요동 지역을 넘어 요서 지역에서 고조선의 세력권을 설정한다면 그 실체를 찾기가 어려울 것이다. 그동안 고조선의 영역이 만주 전역에 걸쳐 있다고 보는 입장은 지극히 자의적이고 구체적이지 못한 선입관의 산물이라 할 수 있다.

'비밀의 왕국, 고조선' 실상은 이렇다

〈역사스페셜〉을 비판한다

해마다 10월 3일 개천절이 되면 우리 사회에서는 조용하지만 뜨거운 목소리가 들려온다. "단군은 우리 민족 최초의 임금이며, 우리 겨레는 기원전 2500년 이래 거대한 제국을 건설해 만주를 지배한 위대한 민족이었다"는 것이다. 이같이 중요한 내용이 초·중·고등학교 국사 교과서에 빠져 있으니 이것을 교과서에 실어야 한다는 목소리도 커진다. 이러한 주장은 지난 1980년대 역사학계를 달구었던 이른바 '국사 교과서' 파동에서 촉발되어 오늘에 이르기까지 기존 학계와 소모적인 논쟁을 지루하게 하고 있다. 2000년 가을에는 수십 개의 플라스틱 단군상이 초등학교에 세워졌는데, 누군가 이 단군상의 목을 자른 사건이 일어났다. 때맞추어 단군과 단군 신화는 다시 학계의 도마 위에 올랐다. 그러나 논쟁은 종교계 간의 설전과 시위로 번졌고 학계는 끼어들 여지를 갖지 못한 채 계속 미루어지다가 결국 2001년 개천절까지 이어졌다.

개천절을 하루 앞둔 2001년 10월 2일, 단군학회 주관으로 단군 신화의 사실성 여부에 대한 토론이 세종문화회관에서 열렸다. 지난 1987년과 반대로 재야사학자들이 발표하고 기존 학계에서 토론하는 방식이었다. 재야사학자들의 주장은 변함이 없었고, 토론을 통해 특별한 결론이 나기 힘들었지만 어떻든 그 당시 신용하(현재 한양대 명예교수)의 사실 무근의 주장이 곧바로 5일 뒤 EBS-TV 〈난상토론〉 '단군 신화, 신화인가 사실인가'에서 학계의 주장을 대표하는 것처럼 방청객에 의해 소개되기도 했다. 이러한 재야사학자들의 주장이 결실을 맺어 종합된 것이 KBS-TV 〈역사스페셜〉 '비밀의 왕국, 고조선' 편(2000년 10월 7일 방영)이었다.

예고편을 보며 기대와 설렘을 안고 기다린 보람도 헛되게, 방송 내용은 혹시나 했던 기대를 저버리고 실망스럽기만 했다. 자세한 내용은 차차 하겠지만, 거대한 제국 고조선의 도성이라며 중국 동북 지역에 있는 초기 청동기시대 군소 종족 집단의 생활 유적을 화면 가득히 채우는 것을 보고는 무엇인가에 거세게 얻어맞은 듯한 충격을 금할 수 없었다. 더욱 놀라운 것은 방송이 끝나고 올라가는 엔딩 자막이었다. 전혀 자문한 적도 없을 뿐더러 할 수도 없는 허구의 내용이라고 생각하는데 자문교수 명단에 내 이름이 들어 있는 것이 아닌가. 그 후 그 프로그램을 시청한 많은 선생님과 학생들에게 적잖은 우려의 소리를 들어야 했다.

방송 내용이 전공 분야이기도 했고, 만일 이대로 넘어가면 해마다 단군 문제가 학계를 괴롭히겠구나 하는 생각이 들어, 내가 할 수 있는 일이 무엇일까 고민하던 차에 일차적으로 방송 내용 중에 잘못된 것들을 어떤 형태로든지 정리하고 해명해야겠다고 생각했다.

단군은 신화일 뿐이다

이 글 자체가 시청자의 오해를 풀어주고 재야사학자를 비판하자는 것이니 만큼 방송 내용을 따라가며 문제점을 지적하고자 한다. 한마디로 '비밀의 왕국, 고조선' 제1부는 윤내현 교수가 시나리오를 써주지 않았다 할지라도 그 입장을 충실히 따른 담당 PD가 연출한 것인 만큼 윤내현의 작품이라 할 수 있겠다. 재야사학자 관련 논의의 중심에는 언제나 윤내현이 있다. 다른 재야사학자들과 달리 윤내현은 기존 학계에서 인용하는 문헌과 고고학 자료를 활용하여 재야사학자들의 입장을 대변했기 때문에 학계에서도 유일하게 토론 상대로 인정해왔다. 따라서 방송 내용을 이해하려면 그가 주장하는 논지를 먼저 확인해야 한다.

윤내현이 말하는 고조선은 단군조선만을 말한다. 기자(箕子)는 중국인으로 북경 근처에 있었기에 기자조선은 우리 역사와 무관하며, 그곳에 위만조선이 세워졌으므로 위만조선 또한 우리 역사가 아니라는 것이다. 이러한 논리를 세우게 된 데에는 그가 처음에 북한학계의 주장을 일방적으로 베끼다가 무언가 새로운 돌파구를 마련할 필요를 느꼈기 때문이라 생각한다.

북한학계에서는 1920년~30년대 신채호, 정인보의 고대사 연구를 재평가하는 과정에서 그들이 주장한 한사군의 압록강 이북 존재설과 고조선이 산동반도의 동이족과 함께 요령성과 길림성, 흑룡강성까지 포함한다는 주장을 문헌과 고고학 자료를 통해 새로이 검증했다. 그 과정에서 단군 신화의 역사성을 그대로 인정할 수 없고 기자조선 또한 실재하지 않았다는 결론을 내렸다. 고조선의 영역 또한 요령성, 특히 요동 중심으로 재조정됐다. 한마디로 단군릉 복원(1993년) 이전에 북한학계에서 말한 고조선사는 단군 신화로 표현된 이후의 시기를 대상으로 한다. 그러나 윤내현은 북한학계의 주장을 자신의 기본 입장으로 삼고, 거기에 1920~30년대 민족주의 사학자들의 견해를 재차 결합시켜 새로운 상고사 상을 만드는 과정에서 단군 신화를 사실로 인정하고 거대한 제국 단군조선사를 찾아낸 것이다. 그러나 조금만 들여다보아도 그가 주장하는 내용이 논리적 모순 덩어리이며, 이미 역사학의 범주를 벗어나 이야기 차원의 주장임을 알 수 있다.

방송 내용을 한번 보자. 진행자 유인촌의 입을 통해 고조선을 알려면 만나야 할 사람이라며 단군을 등장시킨다. 뒤이어 단군릉이 화면에 채워지면서 단군이 출생하고 죽은 곳이 평양 지역이라는 북한학계의 주장을 통해 단군은 실존 인물이며 평양 일대에서 태어난 우리 민족 최초의 통치자라는 것을 암시한다. 단군릉이 북한 정권의 위기 의식을 반영하여 정치적 목적에서 만들어낸 논리라는 것은 언급되지 않는다. 단군릉은 단군의 무덤이라는 전설이 있을 뿐, 1993년 발굴 결과 4세기 이후 고구려 귀족의 무덤이라는 것이 판명됐다.

그런데 고구려 귀족의 무덤이 어떻게 단군의 무덤으로 둔갑했을까. 그것은 무덤 내부에서 출토된 인골에 대한 연대 측정에 결정적으로 근거하고 있다. 단군릉에서는 남녀 두 사람의 인골이 나왔는데 두 인골을 두 개의 연구기관이 가지고 있는 현대적 측정 기구로 연대 측정(ESR측정법. 전자상자성공명법. 기본적으로 유기물 속에 내재된 전자는 회전 반응을 하는데, 한 유적에서 나온 뼈나 토기 등에 누적된 방사선 양과 토양 속에 누적된 방사선 양을 비교 분석하여 연대를 측정하는 방법)한 결과 1993년으로부터 5011±267년(오차 5.4퍼센트) 전의 연대치가 나왔다. 즉 기원전 3018±267년의 뼈라는 것이 확인된 것이다. 이후 이 인골은 단군과 그 부인의 뼈로 추

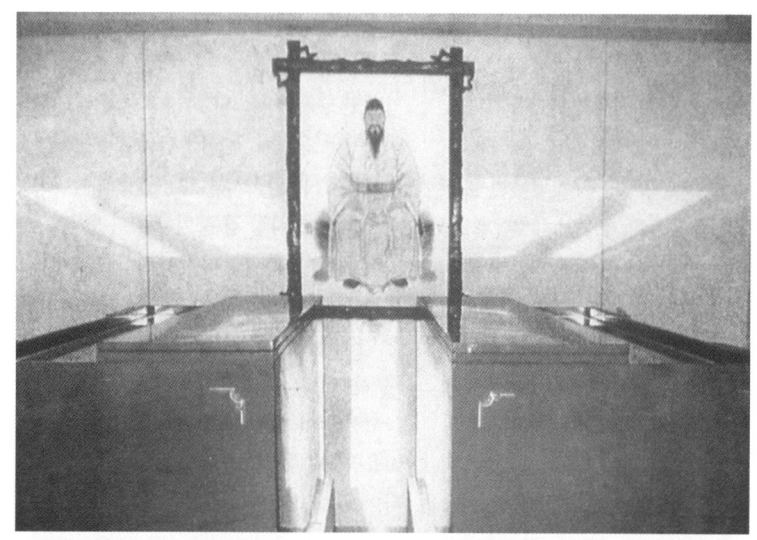

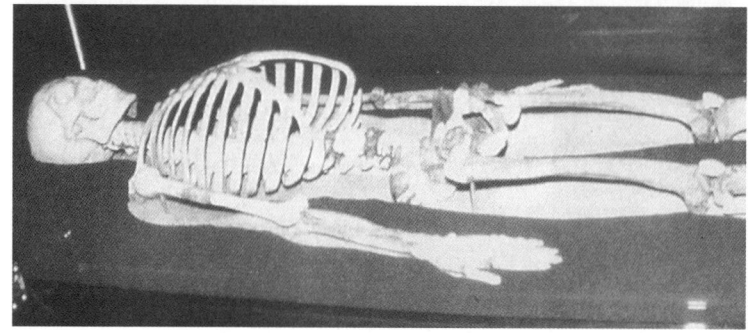

단군릉 내부의 단군 영정(위)과 복원된 단군뼈(아래). 단군릉 내부에는 신라의 솔거가 그렸다는 단군 영정을 중앙에 두고 좌우에 단군 뼈와 단군 부인 뼈를 두었다.

정됐다.

그러나 그 연대 측정 방법은 1백만 년 이상 되는 시료(試料)를 주로 측정하는 방법인데, 굳이 그 방법을 이용한 이유가 설명되거나 그 실험 결과의 사실성은 전혀 검증되지 않고 있다. 설령 그 연대를 믿는다 하더라도 그 뼈가 신화 속의 인물 단군임을 무엇으로 증명할 것인가. 최초의 국가 고조선의 첫 임금을 단지 조선시대 이래 전해 내려오는 이야기만 믿고서 그려낼 수 있을지 심히 의심스럽다.

　북한학계가 고조선의 중심을 요동 지역에 설정하던 기존의 합리적이고 역동적인 요동중심설의 고조선사 이해에서 갑자기 1993년 단군릉 발굴과 함께 백팔십도 뒤엎은 데는 배경이 있다. 그것은 일차적으로 경제 위기 등을 극복하기 위한 주체사상의 강조 과정에서 나온 산물인 것이다. 즉 구소련과 동유럽 사회주의권의 몰락 이후 앞으로의 개방 후유증을 극복하고 남북간의 체제 경쟁에서 효과적으로 대응하기 위해서 주민들에게 현 정권이 유구한 역사 속에서 확고한 정통성을 갖고 있음을 끊임없이 인식시키기 위해서인 것이다. 그리고 주체적 민족주의 시각에서 중국·러시아 중심의 공산주의화에 맞서는 북한식의 사회주의화와 우리 민족의 독자성과 위대성을 강조하는 과정에서 나온 것이라고도 할 수 있다. 단군릉 복원은 이러한 계기의 일환으로 준비된 것으로 보인다. 따라서 단군릉은 단군 신화를 사실로 입증해줄 결정적 자료가 되지 못한다.

　TV 화면에는 계속해서 고구려 장천1호분과 각저총에 그려진 곰과 호랑이 그림이 나오면서 단군조선의 역사가 고구려에 계승됐기에 고분벽화에 단군 신화가 나오는 것은 당연한 것이라고 역설한다. 장천1호분 벽화와 각저총의 벽화 내용에 대해서는 최근 단군 신화와 관련하여 해석하는 연구자가 있다. 그러나 고구려 고분벽화 내용을 전문적으로 연구한 글에 의하면 고분벽화에 나오는 곰과 호랑이 그림은 지상 세계를 대표하는 짐승이면서 토템 사상이나 종교 신화적 상징 동물로 볼 것을 주장한다. 문헌 기록을 보아도 고구려 사회에서 시조 신앙은 천손(天孫. 하늘의 자손) 사상이었지 단군에 대한 인식은 보이지 않는다.

각저총 씨름도. 씨름하는 두 사람 옆에 신단수처럼 보이는 나무가 있고 그 밑에 곰과 호랑이가 앉아 있어 단군신화가 고구려 시대에도 사람들 사이에 알려져 있었다는 주장의 근거가 된다.

혹자의 주장처럼 고구려 고분벽화에 나오는 곰과 호랑이 그림이 단군 신화의 내용을 상징적으로 그린 것이라고 볼 수도 있다. 그러나 그것이 단군조선이 실재했다는 것을 말해주는 것은 아니다. 그것은 고구려시대에도 단군 신화와 유사한 설화가 사람들 사이에서 구전(口傳)됐고 그것이 벽화에 그려졌다는 사실 이상으로 확대 해석해서는 안 될 것이다.

뒤이어 2세기경 그려진 산동반도 무씨사당의 벽화 역시 단군 신화를 소재로 하고 있는 것으로 보아 이는 고조선 문화가 전파되어 그려진 것이고 이 지역이 동이족의 거주지일 것이라고 암시한다. 그러나 무씨사당 벽화는 단군 신화를 반영한 것이 아니고 중국의 시조인 황제와 치우와의 싸움을 그린 것이라는 것이 내외 학자들에 의해 이미 밝혀졌다. 곰과 호랑이 또한 중국 시조 설화에 등장하는 여러 신이나 귀신의 형상

무씨사당 벽화에 그려진 곰과 호랑이. 기원전 147년에 세워진 중국 산동성 무씨사당에 그려진 벽화 가운데 곰과 호랑이 그림이다. 그림의 요소가 단군 신화와 유사하여 고조선의 영역이 산동성 일대에 까지 있었다는 주장의 근거가 되기도 한다.

으로 등장하고 있음이 밝혀졌다. 기본적인 사실조차 확인하지 않은 방송 제작자의 무지와 무성의를 탓할 수밖에 없다. 다만 벽화의 내용 가운데는 환인과 환웅의 이야기처럼 단군 신화 속의 하늘 세계를 묘사한 것 같은 장면도 있는데, 이는 동아시아 고대 국가 성립기의 건국 신화들이 대개 천강신화(天降神話)라는 비슷한 구성 요소를 지니고 있음을 생각하면 쉽게 이해될 수 있다.

우리 조상으로서 동이족이라는 주장 또한 재고해볼 필요가 있다. 동이족은 기본적으로 중국 동쪽에 거주하는 주민을 총칭하는 것이지 특정 종족을 가리키는 개념이 아니었다. 상대(商代)에는 상족을 제외한 산동반도 토착 세력을 일컫다가 춘추 말기 이후에는 그 동이마저 독자성이 상실되고 만다. 종래에는 산동반도의 동이가 곧바로 만주 지방의 동이와 같은 실체라고 오해했다. 이처럼 동아시아 상고 사상에 등장하는 동이의 시간적·지리적 개념을 이해한다면 그것은 우리 민족의 조상이 되기에는 막연한 개념이며, 산동반도 또한 고조선의 영역이 절대 될 수 없음을 알 수 있다.

이윽고 단군 신화의 역사성을 정리하는 부분에 이르자, '단군' 칭호에 대한 본격적 해석이 나온다. 윤내현은 '단군'은 고조선 최고의 통치자 명칭이고 중국의 천자와 같으며 요즘의 대통령이라고 말한다. 단군은 태양(해)의 아들이요, 하느님의 아들이라는 것이다. 단군 신화 어디에도 없는 해석이 이어진다. 순간 어찌 보면 맞는 말 같기도 한데, 고개가 갸우뚱해지는 것은 무엇 때문인가. 윤내현은 마치 단군이 보통명사로서 지배자의 의미인 듯한 뉘앙스를 풍기면서도 결국은 실존 인물로 보고 중국의 천자와 같은 고대 제국의 지배자로 인정하고 있는 것이다. 단군은 우리 민족 최초의 국가 단군조선의 대통령이라고 말한 뒤 단군이 통치한 고조선은 어떠한 나라인가라는 질문을 던지며 이에 대한 추적이 이어진다.

그러나 단군은 윤내현이 생각하듯이 고대 제국 고조선의 제왕이 아니다. 단군은 단지 무당(제사장)이라는 뜻의 음차(音借)일 뿐이다. 단군의 완전한 이름인 '단군왕검' 또한 우리 역사에서 계급이 발생하는 시기의 지배자가 무당(제사장)이면서 임금(왕검)과 같은 제정일치 사회의 지배자였음을 말해주는 보통명사일 뿐이다. 단군이라는 고유한 인물의 존재에 대해서는 알 수 없으며, 여러 명의 단군(제사장)이 여러 지역에서 부족 국가를 이끌었던 것이 초기 국가를 형성하던 단계의 우리 역사 모습이다.

조양시 주변 자연 지형. 조양시는 주변이 낮은 구릉 산지로 둘러싸여 있어 사람이 살기에 적당하다. 고대 선비·흉노 등의 종족들이 이 지역에 거주했다.

비파형 동검 출토 지역이 모두 단군조선의 영역인가

단군이 통치한 고조선은 어떤 나라일까. 이것은 단군을 실존 인물로 보는 사람에게는 매우 중요한 질문이다. 윤내현은 청동기시대의 국가라고 분명히 명시하고 있다. 그리고 대표적인 표지 유물로 비파형 동검을 들고 있다. 따라서 비파형 동검에 담겨 있는 이야기만 풀어내면 단군조선의 비밀은 풀릴 것이라고 암시한다. 졸지에 비파형 동검은 구체적 근거도 없이 고조선의 유물이 되어버리고 그것이 출토하는 지역은 모두 고조선의 영역이 되고 말았다.

비파형 동검은 한반도의 부여 송국리 등에서 60자루가 넘게 나왔고, 중국 요령성·길림성, 심지어 흑룡강성에서도 출토됐다. 결국 대제국 고조선은 만주 전체와 한반도에 걸쳐 있었던 셈이다. 구체적으로 중국 요서 지방의 조양시 일대가 비파형 동검의 중심지로 주목되면서, 그곳을 중심으로 동으로는 길림시에, 북으로는 내몽골 이민하에, 서로는 내몽골 적봉시에, 남으로는 한반도 남쪽에까지 이른다고 한다.

비파형 동검은 중국 북방 유목민이 주로 사용한, 날이 직선인 오르도스(Ordos)식 동검과 다르며 중국에서 주로 사용한 도씨검(桃氏劍)과도 분명 다르다. 검몸과 손잡이, 검자루맞추개 등 세 부분으로 구성되어 있는 것이 특징이다. 이것이 요령성 일대를 중심으로 한반도에까지 걸쳐서 나오므로 그 지역을 일정한 문화권으로 설정하는 것은 가능하다.

그러나 비파형 동검이 중국 동북 지역의 특징적인 검이라 하더라도 그것이 한 종족 집단이나 국가에서만 사용된 것은 결코 아니다. 청동기 시대 중국 동북 지역에서는 지역별로 다양하고 특징적인 여러 청동기가 사용됐는데 날이 굽은 곡인(曲刃) 형태를 한 검이 유행했던 것 같고 그 가운데 비파형 동검도 일부 사용됐던 것이다.

그리고 문헌을 보면 비파형 동검이 주로 나오는 조양시에서 내몽골 적봉시 일대는 산융이나 동호의 거주지로 명시되어 있다. 또 이 집단들은 100여 개 이상의 여러 종족으로 나뉘어 있었으나 전쟁이나 제사 등 특정한 목적 하에 이합집산하면서 중국의 연나라와 제나라를 괴롭혔다고 기록되어 있다. 현재 학계에서는 기원전 8~7세기에 요서 지역에 주로 살았던 주민 집단이 산융족인지 아니면 동호족인지를 논쟁하고 있다. 따라서 비파형 동검은 요서 지역에 살았던 유목적 성향의 산융족(또는 동호족)들이 주로 사용하면서 주변 지역에까지 영향을 미친 것이라고 보는 것이 타당하다. 그 과정에서 한반도에서도 비파형 동검이 사용됐을 것이다.

중요한 것은 비파형 동검이 나오는 지역이 곧 고조선의 영역이 될 수 없다는 사실이다. 고고학에서는 하나의 고고학 자료의 분포권이 곧바로 한 주민 집단의 생활권과 직결될 수 없다는 것이 상식이다. 중국 동북 지역에 대해서도 각 지역별로 청동기 유물의 특성을 분석하고 그것

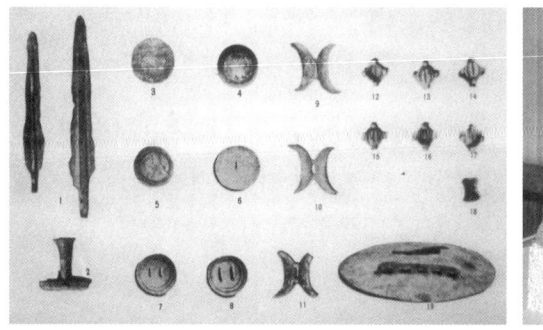 

정가와자에서 출토된 청동 단추 및 청동기 일괄(왼쪽)과 복원된 청동 단추 장식 가죽 신발(오른쪽). 모두 제6512호 묘에서 나온 것으로 비파형 동검을 비롯하여 요동 지역의 전형적인 청동기 문화의 특징을 보이고 있다.

이 당시 활동하던 종족과 어떻게 연결되는지에 대해서는 다시 문헌 기록에서 면밀히 검토되어야만 한다. 비파형 동검이 나오는 곳은 무조건 고조선 영역이라고 보는 무지를 바탕으로 선을 긋다 보면, 부여가 존재한 길림성 지역이나 우리 민족의 활동 무대가 아니었던 흑룡강성 지역까지도 고조선 영역에 포함하고 마는 것이다.

만일 이 논리를 그대로 적용한다면 비파형 동검이 나오는 일본도 고조선의 영역이 되어야 하며, 결국은 현재 미국인이 사용하는 칼이 우리가 가지고 있는 칼과 유사하다는 이유로 아메리카도 우리 땅이라는 것과 다를 바 없는 억지가 된다. 지역적 특성을 고려하지 않고 유물 하나를 기준으로 민족의 생활 무대를 설정하는 것은 지극히 단순한 생각이 아닐 수 없다.

다음으로 비파형 동검 출토지만을 가지고 고조선 영역을 설정하는 것이 아무래도 부족했는지 윤내현의 입장에 동조하는 또 한 사람이 출현하여 청동 단추도 고조선 옷과 갑옷의 특징적인 장신구라고 하면서, 그것이 나오는 요령성, 길림성, 흑룡강성, 한반도는 고조선 영역이라고 강조한다. 이 견해는 윤내현의 주장대로 영역을 미리 설정해놓고 그곳에서 나오는 유물 가운데 청동 단추를 주목한 것이다. 그러나 이것은 고대 역사에서 고조선 외에는 다른 역사를 보지 않는 또 하나의 착각에서 비롯한 것일 뿐이다. 청동 단추는 청동기시대 지배자들 무덤에서 나오는 일반적 유물이지 고조선만의 특징이 아니다.

화면 내용에서는 본래 윤내현의 생각과 달리 고조선의 넓은 지역이 다 '영토'는 아니고 '세력권'이라는 말을 잊지 않는다. 윤내현의 논리에 따르면, 세력권은 고조선 문화가 전파된 곳을 말한다. 그러나 이 말은 학계의 비판을 고려해 발뺌하는 것일 뿐이다. 그러면서 다음 화면에서는 "이렇게 방대한 영역을 가질 수 있을 정도로 고조선은 강력했는가"라고 하면서, 그 사회의 군사력을 살피고 있다. 이러한 사고는 재야사 학자의 주장과 동일한데 학계를 의식하면서 교묘하게 포장하고 있는 것이다.

살펴본 바와 같이 방송 내용을 따라가며 비판해보았지만, 이쯤에서 보면 단군 신화로 표현된 고조선 사회를 입증해줄 만한 자료가 어떤 것도 남아 있지 않다는 것을 알 수 있다. 그러므로 단군 신화로 표현된 시기는 초기 국가를 형성하던 단계의 일반적 상황을 말해주는 것이며, 고조선이 고대 국가를 수립해나가는 과정에서 그 지배자의 이데올로기로 수립된 것이라고 보는 것이 타당하다.

고조선의 군사력은 정말 막강했는가

방대한 영토를 다스리려면 군사력 또한 막강했을 것이다. 사실 국가의 구성 가운데 상비군, 즉 군사력은 중요한 요소이다. 중앙 권력이 형성되고 내부 치안과 이민족과의 투쟁에서 승리하기 위한 군사력은 고대 사회에서 절대적이다. 이러한 군사력은 살피기 위해서는 고조선이 고대 국가를 수립한 것은 언제이고 어느 지역에 위치했는가를 먼저 살핀 뒤, 그곳에서 나오는 무기류를 통해 군사력을 검증해야 할 것이다.

방송 프로그램에서는 먼저 서주 무왕에게 숙신(肅愼)이 바친 활과 화살촉을 예로 든다. 이것도 고조선 군사력의 하나라는 것이다. 그러나 그것이 사실일지라도 숙신족은 나중에 '물길 ⇨ 말갈(숙신족은 철기시대 이후에는 '읍루'라 불렸으며 5세기경에는 물길로, 다시 7세기경에는 말갈족으로 이름이 바뀐다)'로 이어져 예맥과는 다른 역사를 거쳤던 종족으로 여기에 등장할 하등의 이유가 없다.

이제 프로그램은 본격적으로 내몽골 영성현 남산근 유적 출토의 투구와 청동제 장신구를 통해 고조선 갑옷을 복원해 보인다. 최근 남산근 유적 건너편의 소흑석구 유적에서는 더 많은 무덤과 청동기 유물이 출토됐다. 그러나 남산근이나 소흑석구에서 나온 유물에서 비파형 동검은 몇 자루에 불과했고 대부분은 그 지역의 토착적 특성을 띤 유물과 유목적 성향이 강한 청동기들이었다. 중국 서주시기의 유물도 많이 나왔다. 시기상으로 기원전 8~7세기에 해당하는데, 문헌에서는 이 지역의 종족을 산융 또는 동호라 하며, 연·제의 수도를 공격할 정도로 강력한 군사력을 지닌 집단이라 기록하고 있다. 따라서 이 지역은 고조선 영역이 될 수 없다. 그럼에도 화면에서는 이 산융(동호)족이 컴퓨터그래픽을 통해 갑옷 입은 고조선인으로 등장했다.

물론 산융인은 고조선 주민 집단을 형성한 예맥 계통의 종족과 큰 차이가 없을 수도 있다. 그러나 산융족이나 동호족이 고조선인이 아닌 것

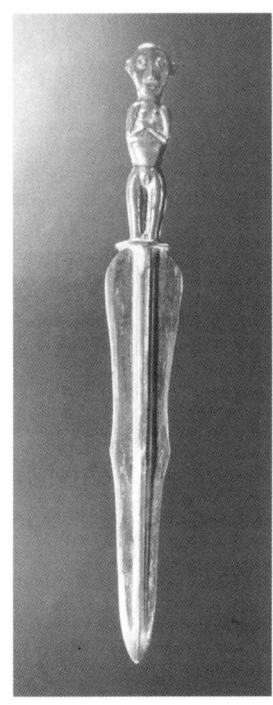

영성현 남산근 출토 비파형 단검(왼쪽), 소흑석구 출토 청동 투구(오른쪽). 춘추시대 이래 요서 일대에는 이러한 청동기를 사용하는 산융이나 동호로 불리는 오랑캐들이 군사적으로 크게 활동했음을 알 수 있다.

은 분명하다. 계속해서 화면에서는 고구려사 전문 사학자가 등장하여 한과 고조선 전쟁 때(기원전 108년) 고조선의 국력이 만만치 않았다고 설명한다. 이것은 사실이다. 그러나 기원전 2333년의 단군조선(윤내현의 고조선)과 기원전 8~7세기의 남산근 산융(동호) 유적 그리고 기원전 108년 고조선 멸망기의 군사력 관련 기록은, 고조선의 군사력이라는 하나의 주제를 설명하는 자료로는 시간적·공간적·종족 집단 등의 측면에서 차이가 너무 크다. 함께 묶어 인용하기에는 지나치게 넓은 범위라 할 수 있다.

이제 프로그램은 방송 시간 40분을 넘기면서 클라이맥스로 치닫는다. 강력한 군사력을 바탕으로 한 고조선이라면 거대한 도성과 관료 체계의 흔적이 있었을 것이니 이제 그것을 찾아나서는 것이다. 나는 과연 어떤 유적이 고조선 왕성으로 등장할까, 나랑토성일까, 아니면 진짜 청동기시대 요서 지역에 토성이 있었을까, 혹 요령성 일대에 펼쳐져 있는 연·진시대(기원전 4~3세기) 장성(長城) 유적이 나올까, 궁금하기도 하고 자못 기대되기도 하여 잠시도 화면에서 눈을 떼지 못하고 있었다.

이윽고 눈앞에 펼쳐진 도성은, 3년 전 중국 요서 지역 청동기 문화 답사 때 가보았던 하가점 하층 문화 유적이 아닌가. 구체적으로 요서 지역 오한기 지역에 위치한 대전자(大甸子) 유적이 화면에 등장했다. 이 유적은 중국 용산 문화(중국 산동성 일대를 중심으로 발전한 신석기 문화로 검은색의 토기를 주로 만들어 흑도 문화라고도 한다)의 변종이라고 보기도 하는데 이것은 요서 지역에 위치한 여러 군소 종족 집단의 유적이며, 나중에 산융, 영지, 고죽, 도하 등의 종족 이름으로 중국 문헌에 등장한다. 그들은 채색 토기를 사용하고 나무 판재로 무덤곽을 짜서 매장하는 등 예맥족 문화나 한반도 지역의 문화와는 전혀 다르다.

혹시 잘못 본 것이 아닐까 싶어 자세히 들여다보았지만, 3년 전 내가 현지 유적 발굴자와 함께 하루 종일 보았던 하가점 하층 문화 유적임이 분명했다. 윤내현은 우하량·동산취 등에 분포하는 기원전 5000년 이래 요서 지역에서 형성된 신석기 문화인 홍산 문화가 단군조선의 초기 문화이며, 이러한 문화를 누리던 고조선이 초기 청동기시대에 대전자 지역을 중심으로 고조선 도성을 꾸몄다고 주장한다. 방송에는 나오지 않았지만 우하량 유적은 기원전 5000~4000년경 신석기시대 홍산 문화 유적으로 청동기시대(기원전 1000년 이래) 고조선과는 아무런 관련이 없으며, 초기 청동기시대 하가점 하층 문화 또한 그 일대에 거주한 여러 토착 군소 집단의 제사 및 생활 유적으로 고조선과 무관하다.

이것이 진정 고조선의 도성이라고 본다면 그곳에서 출토되는 유적·유물과 윤내현이 고조선 중심지로 보는 조양시 일대의 초기 청동기 문화가 유사성을 띠고 있음을 밝혀야 할 것이다. 그러나 방송은 그러한 과정을 생략했을 뿐더러, 비교한들 신석기~초기 청동기 유적인 대전자 유적과 조양시 청동기 문화는 많은 차이가 있다. 지금의 주장은 50년 넘게 연구되어온 중국 및 남한학계의 연구 성과를 단박에 뒤엎는 것이다. 고대사에 문헌이 남아 있지 않아 어쩔 수 없이 상상력이 동원된다지만, 이쯤 되고 보면 정도가 지나치다는 생각마저 든다.

이제 방송은 지금까지의 내용을 마무리하는 차원에서 범금팔조를 인용한다. 이를 통해 노비 제도와 곡물 보상 등 고조선이 완성된 국가 체제를 갖추었음을 알 수 있다는 것이다. 그런데 이 장면에서는 방송 내내 출현했던 윤내현과 그 입장을 따르는 이들이 아니라 서울대 국사학과 노태돈 교수의 인터뷰가 나왔다. 노태돈은 범금팔조가 고조선이 후기 단계에 국가 체제를 갖추었을 때의 상황을 반영하고 있을 뿐 단군조선 사회를 설명해주지는 않는다고 말한다. 그런데 기원전 2세기 당시의 고조선 사회를 설명하는 말이 프로그램 제작자의 의도에 따라 기원전 2000년기 이래 단군조선의 국가 체제를 설명하는 말로 편집된 것이다. 출연자의 발언이 의도와 전혀 상반되게 편집 인용되는 것은 심각한 오류요, 일종의 범죄 행위가 아닐까.

그리고 해설자는 다음과 같이 방송 내용을 정리한다.

"고조선의 도성이 무려 60여 곳이나 된다니 대단하지 않습니까? ……알려지지 않은 고대는 알려지지 않은 미래와 같습니다. 미래를 예측하듯이 밝혀지지 않은 고대에 대해 여러 가능성을 열어놓을 수 있습니다. 우리는 우리 민족 최초의 국가 고조선에서 하나의 가능성을 보았습니다. 독자적인 청동기 국가, 만주·한반도를 연결하는 세력권, 완성된 국가 체제를 갖춘 고대 국가 고조선……."

재야사학자의 대부 격인 윤내현의 주장을 토대로 고대 제국 고조선사의 대미가 장식되는 멋진 장면이었다.

순간 머릿속에는 수많은 생각이 어지럽게 교차했다. 공중파 방송에서 교양 역사 다큐멘터리의 위치를 굳건히 지키고 있는 〈역사스페셜〉이 공헌한 바는 크다. 그러나 두 달 남짓한 빠듯한 제작 여건을 고려하더라도, 학계의 검증을 거치지 않았고 검증될 수도 없는 내용으로 60분 동안 화면을 채웠다는 것은 지나치다는 생각이다. 철저한 자기 비판을 통해 제작상의 문제점을 극복할 수 있는 획기적인 인식의 전환이 필요해 보인다. 진정 고조선은 우리 역사상 최초의 초기 국가이고 그것만으로 의미는 크다. 그러나 윤내현이 쓴 책 제목과 프로그램 진행자의 말처럼 우리 민족의 미래를 보증해주는 위대한 역사는 아니다.

질문에 답한다

비판과 답변 1

KBS-TV 〈역사스페셜〉 프로그램의 내용을 비판하여 학술지에 싣고 나서 많은 일반 시민들이 반박하는 글을 보내왔다. 전화상으로 언성을 높이는 분도 많았다. 먼저 신문 지상을 통해 내 논문을 반박하신 고준환 교수의 글과 함께 그 글에 답한 나의 답글을 소개해보려 한다.

● "고조선 비판, 실증적으로 해야" —고조선 논쟁에 부쳐

《한국일보》에 실린 고준환 경기대 교수의 글

《한국일보》 2000년 11월 25일자 18면 고조선 관련 기사는 송호정 교원대 교수가 《역사비평》의 〈KBS 방영, '비밀의 왕국, 고조선'을 비판한다〉(이 책의 제3부 〈비밀의 왕국, 고조선' 실상은 이렇다〉 참조)를 통해 'KBS 방송이 터무니없이 짜깁기했다'고 보도했다. 하지만 잃어버린 역사를 실증적으로 찾으려는 KBS 〈역사스페셜〉은 높은 평가를 받아왔고, 이번 고조선 편도 예외가 아니다.

단군왕검과 단군조선(고조선)의 실존은 정부뿐 아니라 주류학계의 이병도 박사도 인정했으며 이기백 교수도 '거대한 연맹 왕국'으로 썼다. 나도 여러 사서와 유물 유적을 토대로 단군조선이 종족 연맹 국가로 첫 민족 국가가 됐으며, 그 영토는 대체로 연해주·만주·한반도·지나 동부로, KBS 〈역사스페셜〉보다 오히려 넓은 것으로 보았다.

민족 국가 성립 요건으로 보는 청동기 문화는 한반도와 만주 등지에서 기원전 24세기 것으로 확인되고, 기원전 9세기경 비파형 동검 단계로 발전했다. 고조선의 비파형 동검이 중국 동검과 다르며 독특한 청동 단추와 함께 출토됐다는 사실과 다양성을 가지는 연맹국이었다는 점에서 KBS 〈역사스페셜〉의 강역과 도성 판정에는 무리가 없다.

법제도에 관해서는 먼저 통치 체제로 1단군, 3사(師), 6사(事), 3한, 5가, 64족 체제가 완성되고 단군조선 초기에 범금팔조법이 집행된 바, 현재 《한서》〈지리지〉에 3가지만 전해오고 있다. 후 단군조선 때 색불루단군(재야사학자들은 단군의 왕조가 47대나 이어졌다고 보는데 그 가운데 하나가 색불루단군이다 — 지은이 주)도 범금팔조법을 세운 바 모두 전해지므로, 초기의 범금팔조법을 유추하는 데 도움이 된다.

우리 나라는 많은 전란과 지정학적 문제 등으로 사료 결핍을 가져왔을 뿐 아니라, 조선총독부 산하 조선사편수회가 한국사를 줄이기 위해 단군조선 2천 년사를 없애려고 여러 가지 작업을 했다. 이로써 우리 나라는 '반만 년 대륙의 영광사'가 '2천 년 반도의 굴종사'가 됐다. 이어서 본래 것을 되찾으려는 재야민족사학과 주류식민사학의 대립이 생겼고, 《한단고기》의 진위를 놓고 싸우게 된 것이다.

강단 식민사학에서는 《한단고기》를 연구도 제대로 하지 않고 '위서'로 몰고 있으나, 전부가 진실이라고는 못해도 실증적 입증 등으로 사료로서의 가치는 확실히 있다고 생각한다.

첫째,《한단고기》에 처음 나오는 홀달단군 50년 5성취루(五星聚樓) 현상(환단고기에 나오는 47명의 단군조선 왕 가운데 홀달단군 때에 다섯 별이 루(樓)에 모인 현상이 기록되어 있다— 지은이 주)은 서울대 천문학과 박창범 교수가 과학적으로 입증했다. 둘째,《한단고기》에 처음 등장한 발해문왕 호가 대흥(大興), 고구려 장수왕 연호가 건흥(建興), 연개소문의 할아버지가 자유(子遊)라는 것이 유물 유적 발굴로 확인됐다. 셋째, 고구려 유장 이정기가 지나에 세운 대제(大齊)가《한단고기》에 처음 나오는데, 1997년 김병호 씨에 의해 확인됐다.《한단고기》를 위서(僞書)로 몰려면, 그 증거를 6하 원칙으로 제시하든가 아니면 이에 대해 실증적으로 답할 수 있어야 한다. 송교수가 KBS에 요구한 "철저한 자기 비판과 인식 전환 필요"를 송교수에게 되돌려주고 싶다.

● **논쟁의 당사자가 나서길 바라며**

《한국일보》에 실린 필자의 답글

《한국일보》2000년 12월 2일자 문화면에서 고준환 교수는 본인의 〈역사스페셜〉에 대한 비판문을 보고 '고조선 비판'을 실증적으로 할 것을 주문하는 반박글을 실었다. 역사 논문을 작성하기 위한 실증이 무엇인지 전혀 모르는 분들이 실증을 이야기하니 우습기도 했지만 독자들의 오해를 풀어주고 재야사학자들의 문제점을 알리고자 하는 차원에서 답글을 쓰기로 했다.

이른바 재야사학자들은 크게 세 부류로 나눌 수 있다. 첫 번째 부류는 단군 사상을 통해 민족 정신을 고양시키는 데 주안점을 두는 부류이다. 두 번째 부류는 대학에 몸담지 아니하고 고조선 사회, 특히 단군조선만을 연구하는 부류이다. 세 번째 부류는 대학 강단에 있으면서 두 번째 부류의 견해를 수용하고 중국 문헌 및 고고학 자료를 확대 해석하는 부류이다. 세 번째 부류에는 전공 분야가 한국 고대사가 아니면서 단군조선에만 관심을 두는 사람이 모두 포함된다. 첫 번째, 두 번째 부류 연구자들의 특징은 민족 정신 함양의 측면에서 단군의 실재를 주장하며 근거 자료로 위서(僞書)임이 확실한 《환단고기》나 《규원사화》를 바탕으로 하고 있다. 고준환 교수가 속해 있는 국사찾기협의회의 입장도 이와 동일하다. 따라서 고준환 교수는 본인에 대한 비판을 《환단고기》를 들어 비판하고 있다.

본인은 역사 전공자도 아닌 분이 사서로서 인정할 수 없는 책의 내용을 근거로 주장하는 것에 비판의 필요성을 느끼고 있지 않는다. 다만 비슷한 입장의 재야사학자들이 계속해서 논란을 일으키는 것에 대해 나의 입장을 표명하고자 답글을 써본다.

《환단고기》는 20세기에 씌어진 것이고 다만 먼 옛적에 씌어진 것처럼 포장을 한 점은 이미 많은 글을 통해 입증됐다. 필자는 최근에도 《환단고기》의 사서로서의 성격에 대한 질문을 참 많이 받고 있다. 보다 구체적인 책의 성격에 대해서는 앞의 글(제3부 〈'비밀의 왕국, 고조선' 실상은 이렇다〉의 글)을 참고하기 바라며, 여기서는 간략히 한두 가지의 내용으로 답을 대신하겠다.

역사학계에서 《환단고기》를 위서로 규정하는 근거는 두 가지이다. 하나는 《환단고기》 자체에 대한 분석에 근거한 것이고, 둘째는 《삼국사기》 등에 나오는 고대사의 모습과 《환단고기》의 내용에 차이가 크다는 점이다.

《환단고기》 내용을 보면 단군 신화를 사실로 인정하고, 단군부터 고열가에 이르는 47대의 단군조선 역사를 그리고 있다. 그러나 한국 고대의 건국 신화를 연구해보면 단군 신화는 고조선이라는 나라가 세워진 후 지배자들이 만들어낸 건국 신화임이 분명하다. 신화로 그려진 것은 그 서술 내용이 있는 그대로의 사실이 아니라는 것이다. 따라서 47대 임금을 그리는 것 자체가 후대에 첨가된 것으로 보이며, 잘 아시겠지만 《환단고기》에 나오는 '문화'라는 용어, 영고탑, 연개소문의 아버지 이름 등은 20세기 이후에 사용된 개념이나 용어들이다. 그것은 《환단고기》가 20세기 이후에 씌어진 책이라는 것을 단적으로 말해준다.

둘째로《환단고기》의 내용대로라면 중국 땅에 위·촉·오의 삼국이 존재할 때 우리 민족이 중국 땅을 지배했다는 것인데, 이는 곧 중국의 삼국시대가 존재하지 않았다는 주장이 된다. 그러나 중국사를 조금만 공부해보면 소설《삼국지》에 나오는 중국 삼국시대는 분명 존재했다. 그 다음에 서진, 동진, 위진남북조시대가 분명히 있었다. 중국 동북 지역의 경우 오랑캐와 예맥족이 섞여 살면서 주도권을 다투었다. 이상의 한두 예만 보아도《환단고기》내용대로 한국 고대사, 특히 단군조선사를 그릴 수 없다는 사실을 알 수 있다.

고준환 교수가 인용한 서울대 천문학과 박창범 교수의 논문이나 책에 나오는 천문 관측 기록은 모두《환단고기》와《단기고사》라는 위서를 바탕으로 하고 있다. 역사학자 그 누구도 역사서로 보지 않는 책을 토대로 단군조선시대의 천문 현상을 분석하면 그것이 무슨 의미가 있겠는가.

역사학자가 역사 논문을 쓰는 데 가장 기초적인 전제가 되는 것은 역사를 해석하는 데 기본이 되는 사서에 대한 비판이 있어야 된다는 것이다. 역사 서술의 기본 전제를 생략하고서 위서의 천문학적 내용을 분석하여 그 수치가 몇 개 연결된다고 해서 그것이 그 사서의 사실성을 입증해주는 것은 아니다. 자연과학이라는 자신의 학문 영역을 벗어나 역사학계의 상식에 도전하려면 역사학 논문의 기본을 갖추고 논지를 풀어가야 한다. 그렇지 못할 경우 자신의 학문 분야에서는 몰라도 역사학 분야에서는 또 한 명의 재야사학자임을 고백하는 것밖에 안 된다.

과거 역사상에 다가가기 위한 노력 가운데 아마추어리즘에서 오는 오류의 산물이 KBS-TV〈역사스페셜〉'비밀의 왕국, 고조선' 프로그램이었다. 방송 프로듀서 개인이 정리한 역사 다큐멘터리 작품을 근거로 다시 자신들의 주장을 홍보하는 식의 노력을 하지 않았으면 하는 바람이다.

본인은 세 부류의 재야사학자들이 앞뒤 시기 역사와의 관련성은 전혀 고려하지 않고 그저 고조선만이 위대한 국가라는 선입관 속에서 자신들도 모르는 사이 국가주의적인 상징 조작으로 이용당하고 있음을 글에서 경계한 것뿐이다. 지난 10년 이상 단군과 고조선사를 둘러싼 논쟁이 있었지만 재야사학자들은 자신들의 주장만 했을 뿐 학계의 입장에 대해 논리적으로 비판한 적이 한번도 없었다.

만일 본인이나 학계의 고조선사 연구 내용을 비판하고자 한다면 왜 비파형 동검을 고조선인만이 사용했으며, 따라서 비파형 동검이 출토하는 지역은 무조건 고조선 영역이 될 수밖에 없는지 등에 대해 구체적인 자료를 가지고 논지를 밝혀주기 바란다. 비파형 동검이 가장 많이 출토하는 지역은 요서 지방이고, 그 당시 요서 지역에는 나중에 흉노나 선비족이 되는 동호나 산융족이 존재하고 있었다고 《사기》 같은 신뢰할 만한 문헌이 존재한다. 따라서 하나의 유물이 분포하는 곳이 바로 한 국가의 영역이라는 선량한 착각을 고고학의 상식에서는 허용할 수 없는 것이다.

비판과 답변 2

다음은 이메일로 정중하게 의문점을 제기해온 글이다. 답변은 길게 쓰지 못했지만 일반 시민들의 고조선사에 대한 수준 있는 인식을 보여 준다고 생각하여 소개하고자 한다.

● 송호정 교수님께 묻습니다

1. 정통사학에 대한 나의 생각

송호정 교수님은 정통사학이란 무엇인가에 대해 물론 생각해보셨겠지요.

1) 윤내현 교수, 문정창 님, 신채호 님을 교수님과 같이 정통사학(본인은 '정통사학'을 오히려 왜곡되어진 사서의 자구 해석과 이에 맞추어 왜곡되게 해석된 유물·유적에 의하여 잘못 주장되는 학설 즉 예를 들어 식민주의사관에서 아직도 벗어나지 못하는 식민주의사관의 아류라고 죄송스럽게 평하고 있습니다만)을 배우신 분들은 어떻게 생각하시든지 간에 그 사람의 학문 성향이나 진정한 역사학자이냐를 논하지 말고 그 사람의 주장에 타당성을 따져 합리적인 것이 있으면 받아들여야 한다고 생각합니다.

더군다나 얼마 전부터 이러한 주장이 학계에 받아들여지고 있으며 이에 따라 국정 교과서도 바뀌고 있는데도 불구하고 이전의 주장을 계속 주장하시는 분들이 오히려 소수 편향적인 일부 잘못된 학설이 아닐는지요. 더군다나 이러한 분들이 주장하는 것은 이전부터 계속하여 비판을 받아 이제는 바로 잡혀가는가 보다 했는데 또다시……

2) 교수님이 나라를 짊어질 청소년을 가르칠 선생님들을 기르치고 계신 한국교원대학교 역사교육과 교수님이라 본인보다 잘 아시겠지만 '고등학교 검정 국사 교과서'에 "역사란 과거에 있었던 사실"과 "조사되어 기록된 과거"라는 두 가지 측면이 있다고 되어 있듯이 교수님이 공부한 자료(사서, 유물, 유적 등) 자체가 잘못됐거나 잘못 해석하여 실제 있었던 사실을 왜곡하고 계실 수도 있다고 생각해보실 수는 없는가요.

2. 학문적 근거 비판

교수님은 무슨 근거로 단군조선을 한반도 내의 조그마한 영역의 국가이며, 이를 이어받은 위만조선을 멸망케 하고 이 자리에 중국의 '한' 나라가 군현을 설치한 곳이 지금의 평양이라는 주장을 하시는지 몰라도 다음의 몇 가지에 대하여 교수님이 이미 알고 계시고 이에 대하여 충분한 학문적 대응이 가능하다면 본인은 본인이 무식하다는 자기 결론을 내릴 것입니다만 조금이라도 수용할 부분이 있다면 그렇게 해주시어 다시 생각해보셨으면 합니다.

참고로 (교수님의 생각에 반대하는 생각을 가진 사람이 일부이고 교수님이 매도당한다고 하시면서 오히려 반대 생각을 가진 사람들을 매도하고 계시는데) 이러한 교수님의 생각과 다른 학설이 '고등학교 검정 국사 교과서'에 나와 있는데 그렇다면 교과서 내용을 바꿔야겠네요.

1) 고조선(단군조선)의 전·후기설.

원래 고조선(단군조선)은 만주 및 중국 동북부 지방에 위치했다가 한반도로 이동했다는 설('고등학교 검정 국사 교과서' 채택 : 초기 요령 지방 중심, 나중에 대동강 유역의 평양 중심, 요하를 경계선으로 중국의 연과 대치).

2) 위만조선은 단군조선의 제후국(번국)의 하나에 불과하여 그 위치가 중국 동북부 지방(흔히 말하는 우리 나라 고구려, 백제, 신라, 가야 등 시대의 '요서' 즉 요령 지방)이라는 설.

참고로 '고등학교 검정 국사 교과서'에는 ① 고조선은 우리 나라 최초의 국가, ② 청동기 문화를 기반으로 성립한 군장 국가, ③ 고조선의 세력 범위는 비파형 동검과 미송리형 토기의 출토 지역과 거의 일치, ④ 한은 고조선 일부 지역에 군현 설치 : (위만조선은 전체 고조선이 아니라는 것과 그 위치는 한반도가 아니라는 것을 직간접적으로 시사).

3) '평양'이라는 지명은, ① 시대적으로 그 위치를 달리하므로 지금의 '평양'이라고 못 박을 수 없고, ② 그 어원을 보아도 '펴라', '평야' 등 고대 사서에서의 '평양'은 특정한 지역에 한정되어진 고유명사가 아니라 그 당시 동이족의 수도를 나타낸 보통명사로 보아야 하므로 지금의 평양만이 아니라는 학설.

4) 평양의 낙랑거리 아파트 공사 때 발굴된 중국식 유물·유적에 대한 학설.

이러한 유물·유적이 나오기 전인 일본강점시 평양 지방을 중심으로 출토된 유물·유적을 바탕으로 한사군(특히 낙랑군)의 평양위치설이 강력히 주장(식민주의사관)됐습니다. 이후 이러한 유물·유적의 조작설 및 해석의 왜곡설이 제기되어 이후 소멸되는 듯하다가 평양에서 낙랑유물(중국식 유물·유적)이 출토됐다고 하여 다시 한사군의 평양위치설을 주장하는 학자들이 있습니다.

반면 북한 학자들을 비롯한 다른 많은 학자들은 이러한 유물·유적들은 한사군 즉 중국인들이 직접 거주하여 세운 유물·유적이라기보다 당시의 이곳에 위치했던 단군조선의 일파가 중국 문화를 받아들인 결과(예를 들어 중국의 한나라 군현인 낙랑군이 아닌 단군조선의 일파인 최리의 낙랑국 등 학설)라고 주장하고 있는 등 학설이 분분합니다. 교수님은 너무 쉽게 한군현인 낙랑군의 유적·유물로 해석하는 것은 아닌지요.

5) 교수님은 중국의 하·은·주 왕조가 있었다는 것을 인정하면서 그 당시 고조선의 존재에 대하여는 부정하시는 학문적 근거가 있으신지요? 물론 중국의 하·은·주 왕조의 근거는 사서와 이를 뒷받침하는 유물·유적이 있겠지요? 그러면 고조선은 없는가요? 없다면 그 이유는? 만약 실제로 존재했는데도 후의 일부 사학자들이 잘못 알고 이를 부정하는 커다란 과오를 범하는 것 아닌가요?

6) 계속 말씀드렸지만 교수님의 주장대로라면 우리 나라 교과서를 전부 수정해야 되는데 이에 대한 교수님의 견해는 어떤가요? 일부만을 바꿔야 하나요, 아니면 전반적으로 수정해야 하나요?

● **간단하게나마 답을 올립니다**

일일이 답변하기에는 시간이 많이 필요할 것 같군요. 좀더 시간을 갖고 정리해 드렸으면 좋겠지만 여의치 못한 점 죄송하게 생각합니다. 짧게 한두 가지만 말씀드리겠습니다.

선생님이 한국 고대사에 관심을 가지는 자체가 중요하다고 생각합니다. 저도 고대사를 전공하고 있지만 현재의 우리 삶에 교훈을 주는 것이 역사라면 근현대사가 더욱 중요한 점을 깊이 생각하시면 좋겠습니다.

선생님이 우리 고대사학계의 정설인 것처럼 인용한 교과서의 내용은 우리 고대사학계의 통일된 입장이 아닙니다. 그리고 선생님이 근거로 한 교과서 내용은 모두 제6차 교육과정 교과서인데, 새로 바뀐 제7차 교육과정 교과서는 내용이 조금 다릅니다. 물론 학계의 일반적 입장과 다른 내용이나 엉터리 지도 등은 제6차 교육과정의 그것과 큰 차이가 없습니다. 사실 교과서 내용은 깊이 있는 고민을 담지 못하고 그나마 전공자들이 쓴 내용을 교육부 쪽에서 서술 지침이라는 것을 작성해 가다듬고 재야사학자들의 입장도 조금 반영하여 정리하다 보니 기형적 역사 서술이 되고 말았습니다. 교과서 내용을 가지고 우리 학계의 입장인 양 비판하시는 것 또한 잘못된 것입니다.

역사는 항상 그 시대의 역사 인식에 걸맞게 새롭게 씌어져야 합니다. 발전적이고 합리적으로요. 어떤 방법론과 시대 인식을 담아 다시 씌어진다고 해도 단군 신화가 고조선의 건국 신화인 것은 변하지 않습니다. 그것을 그대로 역사적 사실로 볼 수 없는 것은 명백합니다. 교과서에서 단군 이야기라고 하면서 그것이 실제 존재한 단군조선의 역사로 서술한 것은 명백한 잘못입니다. 우리 사회에서는 아직도 그릇된 역사 인식을 가진 분들이 영향력을 행사하다 보니 교육부에서도 이들의 눈치를 보고, 집필자 또한 공연한 고민을 하면서 잘못된 역사 서술을 하게 되는 것입니다. 그리고 그 피해는 학생들이 고스란히 떠안게 되는 것이지요.

이야기가 길어졌습니다. 역사는 종합 학문이고 비판적인 안목으로 전체 한국사 속에서, 동양사 속에서, 세계사 속에서 우리 역사를 볼 줄 알아야 합니다. 이제 막 국가가 세워지려고 하는 시기에 거대한 제국이 있을 수 없습니다. 신화의 세계를 어떻게 이해할 것인지 한번 진지하게 고민해보시기 바랍니다.

1, 2, 3, 4, 5번의 선생님 질문을 보며 그렇게 생각하시는 분들이 참

많다는 것이 새삼스러웠습니다. 먼저 1번 내용에서 신채호와 윤내현 교수의 주장을 동열로 비교하면 곤란합니다. 일제 강점기 민족주의 역사학자들은 그들 나름의 시대적 요구와 사명 의식이 있었습니다. 그러나 윤내현이나 문정창 교수는 지금의 시대를 일제 강점기와 같다고 착각하면서 한국 사학계의 연구 성과를 모두 부정하고 학자들을 식민사관 운운하며 자신만이 민족주의자인 것처럼 주장합니다. 이것이야말로 열등 의식의 또 다른 표출이라고 감히 말하고 싶습니다. 현재 식민사관에서 주장하던 내용들은 거의 극복됐습니다. 많은 분야에서 우리 학계의 연구 수준은 일본학계의 논리와 대등하거나 앞서고 있습니다.

2, 3, 4, 5번의 질문 내용은 그동안 제가 쓴 글과 함께 여러 책에서 이미 정리해서 소개했으니 한번 그 내용을 읽어보시기 바랍니다. 평양의 명칭이 바뀔 수 있다는 신채호의 이야기는 의미가 있습니다. 그렇다고 평양이 옮겨왔다고 말하는 사료는 어디에도 없습니다. 대동강 유역에서 중국 한대(漢代)의 벽돌무덤과 수천 점의 한(漢) 유물이 나왔다면 그곳을 낙랑군으로 비정하는 것이 역사고고학의 상식입니다. 호동왕자 설화에 나오는 낙랑국의 위치로 대동강 유역을 비정하는 것은 그 전 시기에 평양에서 펼쳐진 고조선사 자체를 부정하는 결과로 이어집니다.

선생님의 말씀처럼 6번의 교과서 내용은 전면적으로 다시 씌어져야 합니다. 지난 여름 세미나 때 교과서 내용의 심각성을 고대사의 여러 분야 전공자들과 함께 느끼고 각 시대별로 문제점을 정리해보았는데, 고대사 특히 선사시대와 고조선 부분은 전면적으로 다시 씌어져야 한다는 데 합의했습니다. 이 점 다시 생각해보시기 바랍니다.

위서(僞書)의 진실

고조선사는 물론 역사학을 연구하는 학자들에게 가장 기본적으로 요청되는 태도는 엄격한 사료 비판이다. 이것이 전제되지 않는다면 하나의 주장은 설득력을 갖기 어렵거니와 역사 연구로서의 가치를 인정받기 어렵다. 그동안 재야사학자들은 사료 비판에서 신빙성을 얻지 못한 《환단고기》와 《규원사화(揆園史話)》를 역사서로 인정해줄 것을 꾸준히 요구해왔다. 그러나 그 책들은 한말·일제 강점기에 대종교 계통의 단체나 인물이 단군과의 관계를 다룬 여러 이야기들을 모아놓은 것이다.

이미 《환단고기》와 《규원사화》가 근대 이후에 작성된 단군 관계 저작물임을 밝히는 연구는 많다. 그 내용을 간략히 정리하면서 위서(僞書)와 고조선사 연구의 문제점에 대해 이야기해보겠다.

위서를 증명하는 몇 가지 근거들

《환단고기》는 책 앞머리에 계연수가 1911년 묘향산 단군암에서 《삼성기(三聖紀)》, 《단군세기(檀君世紀)》, 《북부여기(北夫餘紀)》, 《태백일사(太白逸史)》라는 각기 다른 네 종류의 책을 필사하여 하나로 묶은 다음에 이기의 감수를 받아 펴낸 것이라고 밝히고 있다.

《환단고기》의 편찬자로 나오는 계연수는 평안도 지방의 인사들을 중심으로 기존의 대종교와는 별도로 단군에 관한 각종 사료를 수집한 후 단군 연구 단체를 조직한 인물이다. 이 단체의 회원들은 3·1운동 후 만주로 건너가 항일 무장 독립 운동 단체인 서로군정서를 주도했다고 한다. 계연수는 이들과 함께 만주에서 독립 운동을 하면서 《환단고기》를 편찬했다고 한다. 그는 1920년 사망하기 전에 다음 경신년(1980년)이 되거든 이 책을 세상에 내놓으라고 하며 원고를 이유립에게 넘겼다. 그동안 《환단고기》는 수십 부가 영인되고, 1980년에는 일본인 가시마 노보루(鹿島昇)에 의해 일어로 번역되면서 세간에 본격적으로 소개됐다.

《환단고기》는 그 편찬 자체가 불분명한 데다가 일본으로 건너가 일본어로 번역됐다가 다시 한글로 옮겨졌다. 게다가 저자인 계연수가 단군 연구 단체에서 활동했고, 당시 만주에서 민족 운동을 했던 사람 중에 단군 정신을 강조하는 대종교 계통의 간부가 많았던 점 등을 고려하면 순수한 역사서로 보기 어렵다.

《환단고기》를 위서로 보는 학자들은 그 이유로, 이 책이 편찬되어 세상에 공개되기까지 약 70년 가까운 시간이 소요됐다는 점이 일반의 상식을 뛰어넘는다고 지적한다. 계연수나 이유립이 책의 공개를 늦춘 동기가 충분히 납득되지 않기 때문에 그 편찬 시기에 대해 의혹을 제기할 수밖에 없다는 것이다.

한 역사책의 진위 여부를 가리는 데 가장 중요한 근거 가운데 하나는 그 책에 사용된 용어나 개념이 과연 당시에 쓰이던 것인가, 아니면 후대에 사용되는 것인가를 가리는 일이다. 가령 "광개토왕이 전용차를 타고 신라 경주에 가서 신라왕과 함께 자장면을 먹고 돌아왔다"는 내용의 역사서가 발견됐다고 치자. 이 책은 단번에 당시에 씌어진 것이 아님을 알 수 있다. 《환단고기》의 진위 여부를 가리는데 이 책의 내용에 나오는 관직 이름이나 지명, 용어 등이 과연 고조선 당시의 상황을 반영하고 있는지를 검토해보는 것도 도움이 될 것이다.

책에서 인용하고 있는 《단군세기》와 《북부여기》, 《태백일사》에는 청나라 때부터 사용된 지명이 자주 나오고 있다. 각 책마다 하나씩 사례를 들어보면 다음과 같다.

무자(戊子) 7년 영고탑(寧古塔) 서문 밖 감물산(甘勿山) 아래에 삼성사를 세우고 친히 제사를 지냈다.

• 《단군세기》 33세 단군 감물

계해(癸亥) 2년 제(帝)가 영고탑에 순행해 흰 노루를 얻었다.

• 《북부여기》 하 6세 고무서

무자(戊子)년에 마한이 명을 받들고 경사(京師)에 와 영고탑으로 도읍을 옮길 것을 간했으나 따르지 않았다.

• 《태백일사》 마한세가 하

《환단고기》에 나오는 "영고탑을 개축하고 별궁을 지었다"는 표현에서 보듯 심지어 영고탑을 탑으로 오인하고 있다. 영고탑이란 지명은 청나라 시조 형제와 관련해서 생겨난 이름으로 전해지고 있다. 만주어로 '영고'는 여섯이라는 뜻을, '탑'은 앉는다는 뜻이라고 한다. 청나라 정부가 편찬한 《만주원류고(滿洲源流考)》에서도 밝히고 있지만, 영고탑이란 지명은 청나라 이전으로 소급하기 어렵다. 어쩌면 이것이《환단고기》를 위서로 볼 수 있는 결정적인 근거가 될 것이다.

박은식의《한국통사》책 표지.

《환단고기》에는 고구려 교육기관인 '경당(扃堂)'이나 고구려의 관직인 '욕살(褥薩)' 등이 단군조선 때에도 있었다고 나온다. 그리고 20세기 이후에 사용하기 시작한 '문화(Culture)'나 '원시 국가' 등의 근대 용어가 사용되고 있다. 지금 우리가 사용하는 문화라는 단어는, 서구의 'Culture'가 20세기 초 일본을 통해 '문화'라고 번역되어 우리 나라에 전해진 것이다. 그 이전에는 '문치교화(文治敎化)'의 뜻으로 사용됐다. 그런데《환단고기》나《규원사화》는 문화를 'Culture'의 뜻으로 사용하고 있는 것이다. 따라서 이암이니 이맥 등과는 관계없이 그보다 훨씬 후대에《환단고기》가 조작됐을 가능성이 있다.

《환단고기》는 일제 강점기에 소개된 신채호의 상고사 인식 체계와 연결되며, 해방 이후에 작성된 위서《단기고사》의 영향까지 받고 있다고 판단된다. 특히《환단고기》의 서문에서 보이는 "나라가 형(形)이라면 역사는 혼(魂)이라, 형이 혼을 잃고 보존될 수 있는가"란 대목은 박은식이 1915년《한국통사》의〈서언〉에서 "대개 나라는 형(形)이고 신(神)이다. 지금 한국의 형은 허물어졌으나 신만이 홀로 존재할 수 없는 것인가. 이것이 통사를 저술하는 까닭이다. 신이 존속하여 멸하지 않으면 형은 부활할 때가 있는 것이다"라는 대목과 비슷하여 '위작'의 근거로 지적된다.

비판 가운데는 《환단고기》가 "일제 침략으로 나라를 잃어서 강압적인 무단 통치가 시작된 직후인 1911년에 계연수가 썼다고 기록되어 있는 범례에서부터 사실은 심각한 문제점이 발견된다(박광용, 〈대종교 관련 문헌에 위작 많다〉, 《역사비평》, 1990년 가을호)"면서 "세계 인류가 대등하게 모여서 함께 존재함을 축하하기 위해서이다"라는 부분도 문제 제기한다. 강도 일본에 적극 투쟁해야 할 시기에 일본 민족까지 포함한 세계 인류의 대등한 공존을 내세운 의도가 석연치 않다는 주장이다. 또 고려 우왕 말년까지의 대외항쟁사를 기록한 《태백일사》에는 당연히 언급돼야 할 왜구와의 싸움에 대해서 한마디도 없다는 점에서 이 책이 일본 군국주의에 의해 오염됐을 가능성을 제기한다. 또 그는 편자의 성향과 관련하여 민족주의 인사가 아닌 식민사관에 젖은 "친일적 인사들이 자신을 민족주의자로 호도하기 위한 합리화론에서 나올 수밖에 없었던 오류가 아니었을까 하는 의구심"을 갖게 한다고 지적한다.

《규원사화》의 진실

《규원사화》는 단군조선의 역사를 적은 책이다. 그러나 편찬자와 편찬 연대가 분명치 않아 한때 숙종 때 북애노인(北崖老人)이란 사람의 저술로 본 적도 있지만 지금은 근대에 씌어진 위작으로 보고 있다. 흔히 이 책의 저술 연대를 1676년(숙종 2)으로 추정하는 것은 "상지2년 을

묘(上之二年 乙卯)"라는 작가가 쓴 서문 때문이다. 작자는 책을 쓴 연대가 "양란(兩亂)은 겪은 뒤"라고 했는데, 임진왜란과 병자호란을 지난 어느 왕의 2년(乙卯)은 숙종 1년에 해당하고, 이를 '상지이년(上之二年)'이라 한 것은 숙종 1년이 숙종의 재위 2년째에 해당하기 때문이다.

'규원'이라는 책이름은 저자가 부아악(負兒岳. 북한산) 기슭에 있는 자신의 서재 이름에서 딴

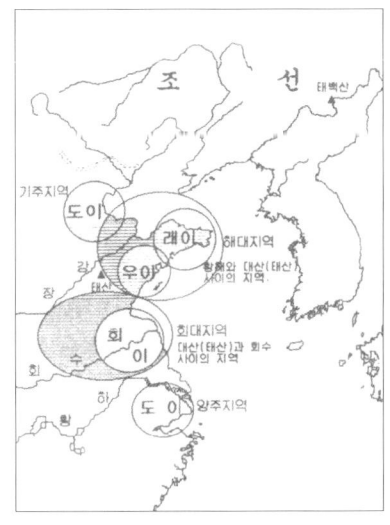

《한민족의 뿌리와 단군조선사》에 실린 재야사학자가 보는 동이 분포 지도.

것이라고 한다. 저자는 몇 번이나 과거에 응시했으나 낙방하고 여러 해를 방랑했다. 그런데 당시는 양 대란을 겪은 뒤라 마을에는 전란의 흔적이 남아 있고 민심이 흉흉하여 사회가 불안정했는데 무엇인가 보람된 일이 없을까 생각하다가 오직 사서 편찬에만 일생을 바치기로 결심하고 이 책을 펴내게 됐다고 서문에서 밝히고 있다.

《규원사화》는 〈서문〉에 이어 〈조판기(肇判記)〉, 〈태시기(太始記)〉, 〈단군기〉, 〈만설(漫說)〉로 구성되어 있다. 작자는 〈만설〉에서 우리 나라가 부강한 나라가 될 수 있는 세 가지 방안을 제시했다. 첫째, 지리(地利)를 얻는 일인데, 영토가 넓고 풍성해야 강국이 된다. 그러기 위해서는 잃어버린 만주 땅을 다시 찾아야 한다고 했다. 둘째, 백성의 단결을 강조한다. 당쟁으로 백성이 분열되어 있으니 강한 나라가 되기 위해서는 대의를 좇아 단결해야 한다는 것이다. 셋째, 우리의 지리와 기후

에 알맞은 본성을 간직하고 장점을 잃지 않는 보성(保性)을 지킬 것을 역설했다. 현대식 표현으로 바꾼다면 민족성을 살려야 한다는 주장이 될 것이다.

이 책은 민족주의적 입장이 강하게 표현된 것으로 어느 학자의 표현을 빌리면 "민족 고유 신앙인 신교 입장에서 씌어진 일종의 종교사화(宗敎史話)인데, 엄밀한 문헌 고증의 토대 위에서 구성된 역사책이 아니라, 주로 전승된 민족 사료에 의거해서 엮어진 것이다. 따라서 상고사의 역사 자료로서 가치를 지닌다기보다는 민족 문화의 저류를 이루어 온 민족적 역사 인식의 한 모습을 보여준다는 점에서 가치를 지니고 있다(한영우, 《민족문화대백과사전》)"고 평가할 수 있다.

그런데 《규원사화》가 한국 고대사를 복원하는 데 역사 사료로서 가치를 지니지 못하는 이유는 무엇인가. 그것은 《환단고기》의 경우처럼 내용의 여러 부문에서 허구가 드러나기 때문이다.

가장 많이 인용되고 있는 《규원사화》 서술의 문제점은 다음과 같다. 《규원사화》의 저자는 〈단군기〉에서 "《고려사》 광종 10년에 '압록강 밖의 여진을 백두산으로 몰아내어 살도록 했다'고 했는데, 백두산이라는 이름이 여기에서 비로소 나타난다"고 했다. 그리고 개마산(蓋馬山)이 백두산과 같은 산이라는 것을 언어학적인 방법으로 밝히고 있다. 한편 1823년 《해동역사(海東繹史)》의 지리고를 쓴 한진서도 《고려사》 광종 10년조에 "압록강 밖의 여진을 백두산 밖으로 몰아내어 살도록 했다"는 구절이 나온다며 "백두의 칭호가 여기에서 비로소 나타난다"고 했다. 그리고 《규원사화》에 나오는 것과 같은 논거로서 개마산이 백두산임을 증명했다.

두 사람이 《고려사》에서 인용한 구절은 광종 10년조가 아니라 성종

10년 10월조에 나오는 것이다. 《고려사》를 인용한 두 사람 모두 성종 10년을 광종 10년으로 혼동했을 뿐만 아니라 백두산이라는 명칭이 거기에서 처음 보인다고 동일하게 설명하고 있으며, 또 개마산이 백두산이라는 것을 같은 방법, 같은 논거로서 증명하고 있다. 이것은 결코 우연의 일치라고 볼 수 없다. 이는 《고려사》를 보고 그것을 나름대로 설명한 것이 아니라, 둘 중 하나가 다른 하나를 참고하여 저술했기 때문임이 분명하다.

만약 《규원사화》가 1675년에 씌어진 것이라면 한진서가 《규원사화》를 보고 썼다고 해야 할 것이다. 하지만 앞서 말했듯이 《규원사화》가 알려진 것은 근대에 들어와서였다. 그리고 한진서의 《해동역사》〈지리고〉에는 인용한 모든 문헌이 제시되어 있지만, 《규원사화》는 언급하고 있지 않다. 따라서 한진서가 《규원사화》를 보지 않았다는 것은 분명하다. 그렇다면 결국 《규원사화》의 저자가 《해동역사》〈지리고〉를 참고한 것이 된다. 여기서 우리는 1823년 이후에 씌어졌으면서도 1675년에 저술됐음을 표방하고 있는 《규원사화》가 위서임을 알 수 있다.

다음의 내용을 더 검토해보자. 《규원사화》의 저자는 〈만설〉에서 다음과 같이 썼다.

나라의 흥망은 뒤바뀜이 무상하니 지금 조선의 불행은 앞으로 행복해질 수 있는 실마리가 아니겠는가. 내가 인심이 분열되고 민기(民氣)가 가라앉는 것을 보니 붓을 던지고 길게 탄식하지 않을 수 없다. 슬프다, 환인(桓因)이여. 슬프다, 환인이여. 지금 한 조각의 진역(震域)과 한 줄기의 유민은 장차 어찌될 것인가. 장차 어찌될 것인가.

그런데 북애노인이 이 책을 저술했다는 숙종 2년에는 특별히 불행했던 일도 없고 나라가 망하는 일은 더더욱 일어나지 않았다. 여기서 "한 조각의 진역"과 "한 줄기의 유민"은 일제 식민지가 된 이후의 우리 민족의 처지를 가리키는 것이 아닌가 하는 의문이 든다. 또 내용 중에 임진왜란을 당시에는 쓰지 않은 "임진 지역(壬辰之役)"으로 표현한 것이나, '선민(先民)', '천주(天主)', '민기(民氣)', '강국지요(強國之要)' 등의 용어를 쓴 것으로 봐서 숙종시대의 문헌으로 보기에는 무리가 따른다.

《규원사화》에서는 한글과 한자를 섞어 쓰면 '문화(文化)의 계발'이 빨라질 수 있을 것이라 주장한 부분이 있는데, 여기서 '문화'라는 단어는 '문치교화(文治敎化)'의 뜻이 아니라 근대 이후 서구에서 정리된 'Culture'의 뜻으로 사용되고 있다. 또 한글·한자병용론은 17세기 사람의 것으로는 도저히 보기 어려운 근대적인 주장이다.

종합해볼 때 《규원사화》는 단군에 관한 고금의 유사한 이야기를 모아놓은 것으로 보인다. 책에서 펼치고 있는 이야기는 한말·일제 강점기 대종교 계통의 주장과 매우 흡사하다. 더구나 인쇄한 판본은 없고 붓으로 필사한 필사본만이 있는 것도 진본으로 보기 어렵게 한다. 정리하자면 정체 불명의 북애노인이라는 사람이 지은 책을 역사 사료로 인용하기는 어려운 것이다.

환상적 민족 의식은 왜 위험한가

내용의 신빙성 문제는 차치하고 《환단고기》와 《규원사화》는 모두 후대의 필사본만이 남아 있다. 게다가 주장의 근거가 되는 인용 서목이 모두 지금 전하지 않을 뿐 아니라 《문헌비고(文獻備考)》 등 한말 이전의 고문헌에 전혀 언급되지 않는 이른바 기서(奇書)와 비기(秘記)들이다. 그 주장이 대개 그런듯하면서도 그 근거가 황당하여 의심을 품지 않을 수 없다. 학계의 전문 역사 연구자들 또한 이를 모두 위서(僞書)라고 판명했다. 그렇다면 역사 글을 작성하는 문헌 사료로 인용할 수 없다.

이른바 단군민족주의를 통해 민족 정기의 회복을 주장하는 이들은 《환단고기》와 《규원사화》의 내용을 바탕으로 상고시대 우리 나라 역사를 그리고자 한다. 그러나 이러한 태도에는 역사학 연구서 작성의 기본인 사료에 대한 비판이 결여되어 있다. 《환단고기》와 《규원사화》의 내용은 단군 조선의 역사를 기록한 것이다. 두 책을 기본 사료로 우리 상고사를 기술하면 유구하고 웅대한 고대 역사가 출현한다. 혹자는 웅대한 상고시대의 역사를 기술하는 데 그치지 않고 고대 우리 역사가 펼쳐졌던 만주 땅을 회복하자는 주장까지 한다. 이것은 역사적 진실과는 관계없으며 지나치게 정치적이고 국수주의적인 사고에 바탕을 둔 주장이다. 역사를 찾기 위한 노력이 변질되어 고토 회복을 부르짖는 것으로 나가는 것은 위험한 발상이다.

이른바 '재야사가'로 불리는 분들이 우리 상고사에 대한 선입관을 벗어던지고 객관적이고 합리적인 눈으로 한국 고대사 전체 체계 속에서 단군 신화로 표현된 세계를 보는 눈을 갖기를 기대한다.

동이족 한민족 기원설 비판

치우천황은 실존 인물인가

　2003년 11월 우연히 역사 관련 잡지에 치우천황에 관한 글을 실으면서 인터넷의 일반 사이트에 중국 전설상의 인물인 치우가 실존 인물이고 동이족의 조상으로 언급되고 있는 사실을 알았다.

　치우천황은 중국 상고사에 나오는 전쟁의 신이다. 그런데 우리 나라를 포함한 동방에서는 영웅으로 추앙받으며 사악한 기운을 쫓고 강렬한 투쟁 정신을 돋우는 이미지로 각인되어왔다. 치우의 형상은 각종 도깨비상이라든가 부적 등에서 찾아볼 수 있다. 이런 치우가 일반 사람들의 가슴에 신앙이 아닌 하나의 실체로 부활한 것은 지난 2000년 한일 공동월드컵 때 한국 대표팀의 서포터스인 '붉은 악마'가 응원 도구로 치우 캐릭터를 사용하면서부터이다. 이후 치우의 실존을 기록한 각종 문헌과 자료들이 등장하면서 그의 존재가 역사냐 신화냐를 묻는 논쟁이 시작됐고, 심지어 한국인의 조상이라는 주장까지 제기됐다. 한편 중국에서는 치우의 무덤으로 추정되는 묘가 발견되어 대대적인 복권 작업이 진행되고 있어 주목된다.

치우는 과연 실존 인물인가. 이 문제를 살펴보기에 앞서 정리해야 할 것은 치우가 과연 동이족의 조상이며, 동이족은 우리 민족의 조상인가 하는 문제이다.

우리는 동이족의 후손인가

제1부에서 살펴보았듯이 중국 및 우리 고대 문헌에서 고조선 사회의 역사상을 논할 수 있는 시간은 기원전 8~7세기를 넘지 않는다. 당시에는 '조선'이라는 지역과 종족 명칭이 겨우 등장할 뿐이다. 또한 남만주 일대에서 청동기 문화가 개화하는 시기도 기원전 8~7세기경이다. 따라서 기원전 1000년(10세기) 이후에나 남만주 일대에서 어떠한 정치체를 상정할 수 있다. 재야사학자들이 말하는 치우의 시대 기원전 3000년경은 고고학 자료상으로 신석기시대이다. 이때에는 계급이나 어떠한 정치 집단도 확인할 수 없다.

치우천황을 실존 인물로 주장하는 이들은 그가 바로 우리 민족의 조상으로 볼 수 있는 동이족의 조상으로 기록되어 있다는 것에 주목한다. 중국 정사(正史) 《사기》 등에는 산동성 일대에 아홉 개의 동이족이 살고 있었다고 한다. 만일 동이족을 우리 민족의 조상으로 본다면 단군이 등장하기 이전에 이미 우리 조상이 산동성 일대를 중심으로 살면서 중원(中原)을 지배했다는 주장도 가능하게 된다. 그러나 《후한서》 이후의 기록을 보면 동이족은 고조선, 부여, 고구려, 선비, 말갈 등 철기시대 이후에 만주 전역에서 활동한 종족이나 국가를 가리키는 개념으로 사

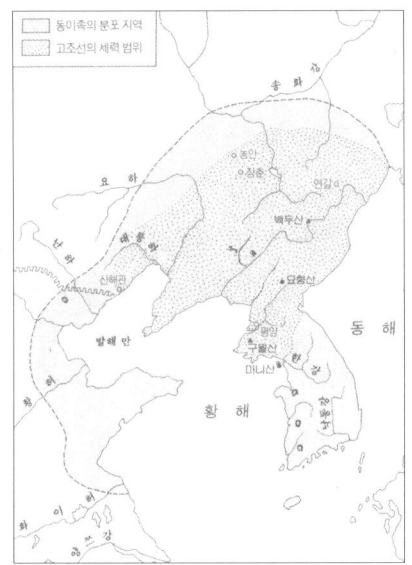

동이족의 분포 지역 지도. 제5차 교육과정 중·고등학교 국사 교과서에 실린 동이족의 분포 지도. 얼마 전까지도 산동반도 일대에까지 우리 민족의 조상인 동이족이 분포하고 있었다고 보아 교과서에 지도를 실었다.

용되고 있다. 여기서 동이족의 범주에 대해 좀더 살펴볼 필요가 있다.

동이족은 원래 중국의 서북부에 있다가 동쪽으로 이동하여, 한 갈래는 산동반도 쪽으로 들어가고 다른 한 갈래는 다시 동진하여 발해만을 따라 요동 지방을 거쳐 한반도에 들어왔다. '이(夷)'는 원래 중국의 동방에 거주하던 종족을 가리키던 것이다. 그런데 한(漢)민족이 접촉했던 주변 민족 중 가장 강성했던 까닭에 사예(四裔)와 같이 이족(夷族)에 대한 통칭으로 발전했다.

진·한대에 이르러 이족에 대한 한족의 지식이 늘어남에 따라 동이(東夷)·서융(西戎)·남만(南蠻)·북적(北狄)의 구별이 생기게 되자 이(夷)는 동방 민족의 통칭으로 환원됐다. 따라서 좁은 의미의 동이는 산동반도에서부터 회수(淮水) 유역까지 거주했던 이(夷)와 융(戎) 등을 가리키며 넓은 의미에서 보면 발해·황해를 둘러싼 황하·요하·대동강 등의 지역에 분포되어 살던 종족을 말한다. 그렇다면 한민족도 동이족 중의 하나로 출발했다고 볼 수 있다.

그러나 동이의 문제는 이처럼 간단하지 않다. 동이는 기본적으로 중국 동쪽에 거주하는 주민을 총칭하는 것으로 특정한 종족을 가리키는 개념이 아니다. 현재까지 우리 학계에 소개된 중국학계의 문헌사적 연구나 고고학적 자료를 분석해볼 때 선진(先秦)시대의 '동이' 개념과 한대 이후 《삼국지》, 《후한서》 등의 '동이' 개념은 동일시할 수 없다는 것이 일반적인 견해이다. 상대(商代)에는 상족을 제외한 산동반도 토착 세력을 일컬었는데 춘추 말기 이후 동이의 독자성이 상실된다는 것이다.

붉은 악마의 상징 마크. 1995년 12월에 결성된 한국 축구 국가 대표팀 지원 클럽인 '붉은 악마'는 그 상징 문양을 고대 군신(軍神)인 치우천황을 모델로 삼은 것이다.

종래 산동 지방의 동이는 곧바로 만주 지방의 동이와 같은 실체로 이해됐다. 그러나 산동 지방과 만주 지방 요서·요동반도의 원시 문화는 비록 교류의 흔적은 보이나 기원이 다르다. 이 같은 동아시아 상고 사상에 등장하는 '동이'의 시간적·지리적인 개념을 이해한다면 그것이 한민족의 조상이 될 수 없는 막연한 개념임을 알 수 있다. 그렇다면 산동반도 일대의 동이족이 우리 민족의 조상이고, 그들이 치우를 조상으로 했다는 이야기는 기본 전제부터가 흔들리는 주장이라 할 수 있다.

2002년 한국, 붉은 악마로 부활한 치우천황

2002년 우리 사회를 뜨겁게 달구었던 월드컵의 열기 속에는 한국 축구 국가대표팀 지원 클럽인 '붉은 악마'의 모델인 치우천황이 자리하고 있었다. 고준환 교수가 지은 《붉은 악마의 원조 치우천황》(2002, 메트로북스. 이 책은 치우학회 등의 도움을 받아 고준환 교수가 쓴 개인 저서로, 《규원사

치우천황. 강화도 마니산 대신전에 모셔진 치우천황상.

화》나 《환단고기》 및 중국 문헌 기록상의 치우를 동이족의 조상으로 보고 그가 붉은 악마의 원조라고 주장하고 있다)의 내용을 그대로 받아들이는 사람들이 많았고, 월드컵 4강의 신화가 붉은 악마의 도움인 것처럼 씌어 있다.

대한민국은 월드컵 4강을 통하여 세계의 중심에 우뚝 섰고, 그 원동력의 하나인 응원단 붉은 악마는 그 일치된 열정으로 세계를 놀라게 했다. 붉은 악마의 원조는 우리 고대사의 단군조선 직전 배달국 14대 천황인 치우천황(자오지천황이라고도 한다)이다.

치우천황은 훌륭한 인격을 갖춘 무장으로, 중국 황제와 탁록에서 싸워 이긴 것을 비롯하여 73전 73승 전승 무패의 기록을 남겨 동양 제패의 군신으로 오랫동안 추앙받으며, 우리 나라는 물론 중국, 동남아, 미주 등에서 주민들의 풍속에 족적을 남기고 있다.

올림픽 4강, 월드컵 4강을 통하여 민족의 수호신, 세계 평화신으로 부활한 치우천황의 일대기를 복원하는 것은 주인 의식에 따라 민족의 뿌리를 찾고, 신선도에 따른 반만 년 대륙 민족의 영광사를 확인하며, 민족 정기를 세우는 일이다.

역사서의 탈을 쓰고 있는 《붉은 악마의 원조 치우천황》은 ① 월드컵 축구 4강과 붉은 악마, ② 붉은 악마의 원조 치우천황, ③ 백전백승의 치우천황—치우천황 일대기, ④ 치우천황 붕어 이후, ⑤ 중국에서 보는 치우천황과 착각들, ⑥ 붉은 명신 치우천황의 부활(세계 평화신으로)

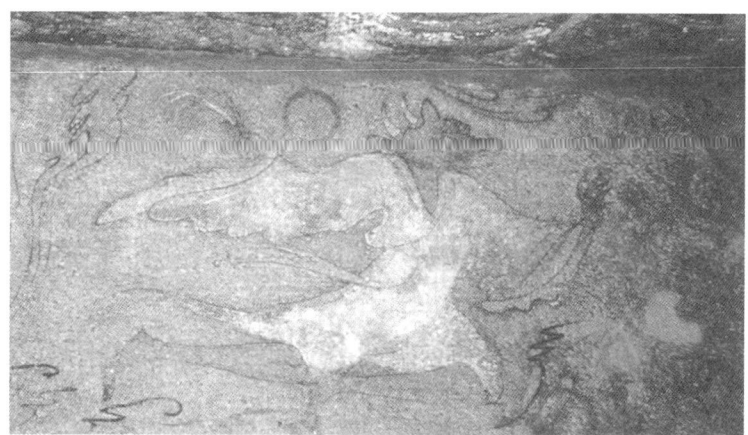
오회분 4호묘 신농씨 그림. 고대 농사의 신인 신농씨는 구름을 헤치며 달려가는 듯한 모습에 오른손에는 곡식 이삭을 쥐고 있다.

등의 순서로 씌어 있다.

붉은 악마 회원이자 치우학회 회원인 고준환 경기대 교수는 "세계평화신으로 부활한 신선도의 치우천황을 통해, 한민족은 민족 상승 기운에 맞춰 민족대통일을 이루고, 하나의 평화 세계를 향하여 세계 문화를 주도적으로 이끄는 역량을 발휘할 때"라고 말했다. 과연 치우천황은 한민족의 시조신으로 세계의 신으로 부활한 것인가.

치우천황은 언제 등장했는가

치우천황은 스스로 황제의 자손이라고 자부한 중국인들의 조상으로 황제, 염제와 같이 추앙받고 있다. 탁록대전(涿鹿大戰)을 통해 치우를 몰아낸 황제는 탁록산 아래에서 신농씨(神農氏)를 대신해 왕위에 올랐다고 한다. 여기저기 기록된 연대로는 기원전 2700년경, 지금으로부터

4,700여 년 전의 일이다. 신화는 우리 민족의 시조 신화인 단군 신화로 표현된 단군조선이 태동하기 직전의 시기를 배경으로 하고 있다. 치우는 시간이 흐른 후 전쟁신이 됐고 악인으로 묘사됐다. 이것은 신화가 승리자 중심으로 기록됐기 때문이다.

현재 섬서성(陝西省) 교산(橋山)에는 삼황오제 전설에 나오는 황제(黃帝)의 능이 있다. 황제는 중국의 상징이다. 황제릉에는 중국 공산당의 주요 간부들도 참배하고 휘호까지 써놓았다. 근래에는 중국 하북성 탁록을 중심으로 치우천황을 중화 3시조의 하나로 모시고 치우 관련 연구 사업을 활발히 하고 있다.

사회주의 국가에도 민족 개념은 남아 있으므로 얼마든지 가능한 일이다. 그러나 분명 중국인들은 3황을 자신들의 민족 시조로서 상징적 인식을 하는 것이지 실재했다고 믿는 사람은 적어도 학자들 사이에는 없다. 그런데 우리가 중국의 시조 신화에 나오는 한 천신을 실재했다고 믿고, 심지어 한국인이라고 주장하는 것은 어떻게 해석해야 하는가. 이는 신화와 전설을 실재한 역사라고 믿고 싶은 이들의 환상이요, 집착일 뿐이다.

여기서 신화의 생성에 대해 이야기하지 않을 수 없겠다. 대개 고대 신화는 원시 사회 단계에 생겨난다. 본래는 간단하고 단편적이던 것이 점차 복잡한 이야기로 엮이고, 또 역사와 밀접하게 결합되기 시작한다. 그리고 각 사회의 역사 단계마다 현실 생활의 발전에 따라 생겨나는 인간의 소망을 담아 새로운 신화와 전설들이 발생한다. 그렇다면 황제와 치우의 신화도 고대 중국에서 부족 사회가 발전하면서 일정한 역사상을 담아 만들어진 것이 아닐까.

대부분의 신화학자들은 황제와 치우의 전쟁을 넓게는 황제족과 염제족 사이에 벌어졌던 오랜 전쟁 중의 하나로 보고 있다. 《산해경》이나 《회남자》 등 단편적인 기록을 통해 중국 북방의 황제족(華夏族)과 남방의 치우족(三苗族)과의 전쟁이 있었고, 그것이 황제와 치우의 전쟁으로 묘사됐으리라고 본다. 결국 황제족의 승리로 중국은 국가 사회로 나아가게 됐다고 보기도 한다. 치우 부족은 황제에게 패한 후 점차 중국의 화하(華夏) 집단에 동화됐다. 그리고 진한 왕조 이후 중국 남방 지역도 중국의 한 부분이 됐기 때문에, 그들의 선조인 치우 역시 중국인이 제사지내는 천신(天神)으로 승격됐던 것이다.

치우천황을 악용하는 재야사학자들

중국의 시조와 관련된 신화와 전설을 우리 민족과 관련된 실제 역사로 인식하게 된 배경에는 어떤 까닭이 있을까. 여기에는 우리 역사를 오래되고 우월한 것으로 보고 싶어하는 국수주의적 역사 인식이 밑바탕에 깔려 있다. 강단에 있는 이들을 포함해 한국 상고사가 동아시아 역사의 시작이라고 설명하려는 이들을 흔히들 재야사학자라 한다. 철저한 사료 비판이라는 역사학의 기본 원칙을 무시하고 글을 쓰기 때문이다.

재야사학자들은 기본적으로 우리 건국 신화인 단군 신화가 실재한 역사라는 입장에서 접근하기 때문에 많은 오해와 오류를 낳고 있다. 특히 치우천황 같은 단군시대 이전의 이야기에 관해서는 《환단고기》나 《규원사화》 같은 책의 내용만을 가지고 주장을 나열하고 있다. 그러나 《환단고기》나 《규원사화》는 20세기에 씌어진 것이 분명한 위서이다.

거기에 담겨 있는 전승은 언제 있었던 것인지 증명할 길이 없고, 또한 그 내용은 사실 관계를 입증할 근거가 전혀 없다. 후대에 누군가의 필사에 의해 전해졌고, 역사학계에서 가짜 책이라고 정의 내려진 것을 가지고 고대의 역사상을 구성하는 것은 비(非)역사적이며 무엇보다 비학문적인 접근이다.

단군과 치우를 민족 시조로 인정하는 사람들은 한국 상고사 체계를, '환인'이 하늘을 다스리던 '환국(桓國)시대(17대)' ⇨ '환웅'이 지상에 내려와 신시에 도읍한 '배달국(倍達國)시대(18대, 1,565년간)' ⇨ 신인 왕검이 아사달에 도읍(기원전 2333년)한 '단군시대'로 발전했다고 본다.

많은 재야사학자들은 치우천황의 시대를 단군이 활동하던 단국(檀國)시대 이전의 배달국시대로 규정한다. 단군 자체가 신화 속의 인물이고 단군조선 역사를 이야기하기 어려운 마당에 앞 시기의 배달국시대를 실제한 역사로 상정하기는 어렵다. 나아가 배달국시대 이전의 환국시대는 하느님시대라는 것인데, 이는 대종교의 교리나 종교적 배경을 가진 주장일 뿐 역사로 볼 수 없다. 달리 보면 이 주장은 세계의 시조는 하느님과 예수 그리스도라는 기독교의 교리와 큰 틀에서 상통하고 있음을 알 수 있다. 한마디로 치우와 단군 이야기는 동아시아 중국과 한민족 사이에 전해내려온 신화이다.

신화는 일종의 허구이므로 사실 그대로 역사상을 구성하기 어렵다. 재야사학자들이 치우가 한국인이라고 주장하는 것은 앞뒤 시기 역사와의 관련성을 전혀 고려하지 않고, 단지 우리 민족만이 오랜 역사를 지녔다고 보는 의식에서 비롯된 것이다. 그리고 이러한 주장은 일반 사람들에게 마치 역사적 사실인 것처럼 호도되어, 국가주의적이고 전체주의적 상징 조작으로 이용되고 있다.

무엇이 우리 역사의 이해에 도움되겠는가

근대 역사학의 기본은 객관적이고 발전적인 역사 서술에, 면밀한 사료 비판을 기본으로 한다. 그러나 일부 사학자를 포함해 재야사학자들은 믿을 만한 사료가 아닌 후대에 씌어진 종교적 관점에서의 역사 이야기를 무조건적으로 믿고 있다. 때문에 존재하지 않은 역사적 허상을 그리고, 민족주의의 이름을 빌려 그 역사를 찾고, 나아가 중국 땅을 되찾자는 파시즘적 주장을 펴왔다.

사실 치우가 한국인인가, 중국인인가의 문제는 논쟁거리가 아니다. 실재하지도 않은 인물을 놓고 민족성을 따지는 것 자체가 무의미하기 때문이다. 이제 이러한 소모적 논쟁에 시간을 낭비해서는 안 된다. 치우의 존재를 믿는 이들이 우리 역사에 대해 그렇게 관심과 열정이 뛰어나다면, 과연 무엇이 우리 역사 이해에 도움이 되는지를 고민해주길 바란다. 그리고 철저한 사료 비판에 입각한 객관적이고 합리적인 역사를 주장하기 바란다. 우리 나라의 옛날 땅덩어리가 크고 우리 역사가 세계에서 가장 오래됐다는 환상과 집착에서 벗어나야 할 것이다.

우리 국사 교과서를 비판한다

국사 교과서의 내용이 한국 사학계의 연구 성과에 비추어 얼마나 정확하고 체계적이며, 최근의 연구 성과를 제대로 반영하고 있는가 하는 문제는 교과서 서술 분석에 대단히 중요한 기준이 된다. 그동안 한국사 연구 성과는 국사 교과서에 꾸준히 반영되어왔다. 해방 이후 한국사 연구의 성과가 축적됨에 따라 국사 교과서도 발전적이고 보다 합리적으로 서술됐다. 예를 들어 1960년대 후반에는 선사시대의 발전 단계에 구석기시대와 청동기시대를 포함시켰으며, 1990년판부터는 구석기시대도 전기와 중기·후기로 구분하고, 특히 구석기시대와 신석기시대 사이의 과도적 단계인 중석기시대까지 설정하여 기술하고 있다. 이 같은 서술 내용의 개정은 당시까지의 한국사 연구 성과를 국사 교과서에 반영한 것이었다.

　제7차 교육과정 교과서 개편이 이루어지면서 선사시대와 국가의 형성 부분 서술에도 일정한 변화가 보인다. 새로운 자료의 발굴로 연대관을 조정하고 학계의 입장을 반영하여 몇몇 주제를 다시 서술한 것이다. 그러나 기본적이고 전체적인 서술 체제와 내용은 1996년판(제6차) 국사 교과서의 내용과 비교해 크게 달라지지 않았다. 여러 가지 이유가 있겠지만 기본적으로는 집필자가 바뀌지 않은 탓일 것이다. 다만 교과서의 판형이 새롭게 커졌고, 컬러 화보를 싣는 등 외형적 변화를 보이고 있다.

고조선사는 '선사시대'인가—제7차 교육과정 교과서를 중심으로

시대 구분은 교과서 단원 구성의 기본적 틀을 결정한다. 이제까지 중학교 국사 교과서는 왕조나 주제명에 의해 단원을 구분한 반면, 고등학교 국사 교과서는 제3차 교육과정 이래 고대, 중세, 근세, 근대, 현대 등으로 시대를 구분하고 있다.

시대 구분은 역사의 발전 과정을 체계적으로 이해하기 위한 중요한 작업이다. 따라서 한 권의 책을 쓸 때 시대 구분을 명확히 하는 것은 역사를 발전적으로 인식하고, 한 시기의 전체적인 사회상을 파악하는 데 도움을 준다. 그렇지만 국사 교과서의 시대 구분은 이와 같은 학습 효과를 고려하기보다 한국사 개설서의 시대 구분을 그대로 따르고 있다. 이 점은 시대 구분이 당시대의 역사 인식을 바탕으로 한다는 점에서 어쩔 수 없는 것일 수 있다. 다만 국사 교과서는 역사 인식을 심어주는 중요한 텍스트이므로 집필자들은 시대 구분의 기준으로 무엇을 제시할 것인지에 대해서 좀더 고민해야 할 것이다.

제7차 교육과정 고등학교 국사 교과서는 분류사 방식을 취하고 있지만 선사시대를 앞장에 떼어놓고 그 다음에 각 주제마다 고대, 중세, 근세, 근대로 시대 구분을 하고 있다. 이 큰 분류만 놓고 본다면 선사시대와 국가의 형성 부분은 고대 이전의 역사로 시기가 구분되고 있는 것이다. 그렇다면 과연 교과서의 서술처럼 국가의 형성 부분에 해당하는 고조선, 부여, 삼한을 고대 이전의 역사라고 할 수 있을 것인가.

고조선과 부여, 삼한을 고대 이전으로 분류하는 시대 구분은 한국 역사 학계에서 일반적으로 통용되는 개설서의 시기 구분과 근본적인 차이가 있다. 예를 들어 이기백의《한국사신론》에서는 삼국 이전 시기를 원시 공동체 사회와 성읍 국가 및 연맹 왕국으로 보고 있으며, 변태섭의《한국사통론》에서는 청동기시대까지를 원시 사회로 명명하고 고조선을 고대 사회의 초기 국가 항목에서 서술하고 있다. 그리고 1997년 간행된 한영우의《다시 찾는 우리 역사》의 경우 고대 연맹 국가의 개념을 사용하고 있다. 대부분의 개설서가 고조선 및 여러 나라를 고대 사회로 구분하고 있는 것이다. 이는 교과서가 한국사 개설서의 일반적인 분류 원칙을 준수하고 있는가 하는 기본 원칙에서 보면 벗어나고 있는 셈이다.

구체적으로 선사시대와 역사시대 용어를 교과서에서 소개하고(고, 20쪽의 날개 설명과 고, 27쪽의 심화 과정) 있으므로 그 개념에 대해 검토해보겠다. 제7차 교육과정 고등학교 국사 교과서 본문 10쪽에서는 역사의 의미를 '사실로서의 역사'와 '기록으로서의 역사'로 구분하여 설명했고, 20쪽 날개 주에서도 '선사시대와 역사시대'의 차이를 설명하고 있다. 게다가 '심화 학습(고, 27쪽)'에서도 선사시대의 연구라는 제목으로 '선사(prehistory)'라는 단어에 대해 설명하고 있다.

선사시대라는 개념은 역사 연구에서 문자로 기록된 것에 대한 해석이 중요하기 때문에 문자 기록 여부를 기준으로 편의적으로 구분한 것이다. 따라서 인간들의 흔적을 발굴을 통해 복원해내는 고고학계에서 주로 사용하는 개념이다. 이것은 좁은 의미의 역사 개념으로는 통용될 수 있다. 그러나 문자 기록을 기준으로 선사시대와 역사시대를 구분하는 것은 하나의 분류 기준은 될 수 있지만 시대 구분 명칭으로는 적절하지 않다. 삼국시대 이전을 시대 구분할 경우, 구석기시대와 신석기시대는 고대 이전 시기를 나타내는 '원시시대'라는 용어를 쓰거나 또는 구석기시대와 신석기시대라는 명칭을 그대로 쓸 수 있을 것이다. 청동기시대 이후에 형성된 국가로서 고조선, 부여, 삼한은 고대 한국의 나라들이므로 '고대 사회'에 포함시켜 시기 구분하는 것이 타당할 것이다.

교과서에는 선사시대의 전개에 대해 "선사시대에 인류는 세계 여러 지역에서 자연 환경에 따라 다양한 문화를 형성하면서 역사를 이루어 갔다(고, 18쪽)"고 서술하고 있다. 이것은 선사시대에도 인류가 역사를 만들고 그들의 생활 양식인 문화를 형성해나갔음을 반영하는 설명이다. 교과서 날개 주에는 "우리 나라는 철기시대부터 문자를 사용한 것으로 추정된다(고, 20쪽)"고 했다. 그렇다면 우리 나라의 선사시대는 청동기시대까지라는 해석도 가능하고, 고조선사도 선사시대 항목에서 서술해야 하는 모순이 생긴다.

역사는 인간의 삶의 흔적들이다. 역사가들이 역사책에서 다루는 것은 지나간 인간의 활동들이다. 그렇다면 국사 교과서에서 말하는 선사시대라는 것도 역시 인간의 흔적들을 기록한 것이고 오래 전 우리 조상들의 삶의 모습을 그린 것이므로 구석기시대 및 신석기시대 또한 역사시대라 불러야 할 것이다. 사실 인간이 지구상에 등장하여 생활한 시대는 모두 역사시대이다. '선사시대'라는 개념은 역사의 본래 의미에 맞지 않으며 그것이 적용되는 것도 나라마다 그 기준이 다르다. 예를 들어 미국의 경우 문자 기록 대신에 자신의 역사가 본격적으로 시작되기 이전, 즉 1620년까지 새 세계와의 만남 이후 1585~1763년의 식민지 건설과 정착시대 이전 시기를 선사시대라고 한다.(차하순,《서양사 총론》, 탐구당, 1980, 410쪽) 그러므로 '선사시대'라는 개념을 교과서에서 고민 없이 사용하는 것은 재고해보아야 한다.

　교과서가 학계의 기본적인 논의를 정리하고 대부분의 사람들이 인정하는 통설을 취한다고 할 때, 현재 한국 고대사학계에는 국가 발전 단계와 관련하여 통일된 입장이 없기 때문에 서술에 혼란이 있을 수 있다. 그러나 각 장·절의 집필자에 따라 시각의 차이를 보이는 것은 문제이다. 기본적으로 국가의 형성이나 발전, 그 성격 문제를 설명하려면 '국가'에 대한 개념을 정의할 필요가 있고, 그러한 국가의 특성에 비추어볼 때 우리 역사상 존재한 국가들은 어떠한 특성과 차이가 있는지 서술해주어야 할 것이다.

　용어와 관련하여 또 하나 지적할 것이 있다. 교과서에는 삼한의 소도 신앙 같은 우리의 고유 신앙이나 토착 신앙을 원시 신앙(고, 42쪽)이나 원시 종교로 표현하고 있다. '원시'라는 용어는 국가 형성 이전의 구석기·신석기시대를 의미하는 것인데 우리 고대의 신앙과 종교를 표현하는 데 사용하고 있는 것은 적절치 않으므로, '고대 신앙'으로 표현하는 것이 합리적일 것이다.

　이상으로 제7차 교육과정 중·고등학교 국사 교과서의 선사 및 고대사에 대한 서술을 살펴볼 때 시대 구분에 대한 고민이나 그 기준을 무엇으로 할 것인지에 대한 심각한 고민이 보이지 않는다. 이러한 점은 연표에도 그대로 드러난다.

연표에 드러난 문제들

주요 사실	
70만 년 전	구석기인의 등장
기원전 8000년	신석기 시대의 시작
기원전 2333년	고조선 건국 (단군 조선)
기원전 10세기	청동기 시대의 시작
기원전 4세기	철기 문화의 보급
기원전 194년	위만의 집권
기원전 108년	고조선(위만 조선)의 멸망

중·고등학교 국사 교과서에 실린 연표.

제7차 교육과정 고등학교 국사 교과서 '선사시대의 문화와 국가의 형성' 앞쪽에 실린 〈주요 연표〉(고, 16쪽)에서는 약 70만 년 전에 구석기시대가 출발하고, 기원전 2333년에 고조선(단군조선)이 시작됐으며, 기원전 1세기경에 부여, 고구려 등의 여러 나라가 등장했다고 서술하고 있다.

여기서 구석기시대의 시작을 약 70만 년 전으로 잡은 것은 제6차 교육과정 교과서(1996년)와 동일하다. 신석기시대의 시작을 기원전 8000년경으로 잡은 것은 제주도 고산리 유적의 고신석기 유적을 고려하여 제6차 교육과정 교과서의 연대(기원전 6000년)보다 2천 년 올린 것이라고 볼 수 있다. 이후 기원전 2333년에 고조선의 역사가 시작한다고 보고 있다.

연표 위쪽에 서술된 〈단원의 길잡이〉에서는 "우리 나라의 선사시대는 문자가 없던 시대로 구석기시대와 신석기시대로 구분된다", "청동기시대부터 국가가 형성되고 이 시대부터 문자를 사용한 역사시대가 시작된 것이다", "우리 역사상 최초의 국가는 고조선이었다. 고조선은 청동기 문화를 바탕으로 성장했고, 곧이어 철기 문화를 발전시켰다"는 등의 내용을 적고 있다.

이 내용을 정리하면 우리 나라는 약 70만 년 전부터 선사시대가 시작됐다가 최초의 국가인 고조선이 세워진 기원전 2333년에 역사시대로 들어갔다는 논리가 성립된다. 사실상 신석기시대인 기원전 2333년에 우리 민족은 최초의 국가 고조선을 세웠다는 것인데 이것은 〈단원의 길잡이〉에서 "선사시대는 구석기시대와 신석기시대인데, 청동기시대부터 국가가 형성된다"고 서술하고 있는 것과, "고조선은 청동기 문화를 바탕으로 성장했다"는 내용과 서로 모순된다. 뒤에 다시 살펴보겠지만 과연 신석기시대인 원시 평등 사회 단계에 만주와 한반도를 영역으로 하는 국가가 세워졌다고 볼 수 있을지 의문이다. 단군 신화의 역사성을 인정하는 가운데 나온 서술이지만 한국사 전체 체계 속에서 신중하게 시대를 구분할 필요가 있어 보인다.

우리 민족의 기원을 다시 설명하다

그동안 교과서에서는 우리 민족이 오래 전부터 하나의 민족 단위를 형성하여왔고 독자적인 문화를 이룩해왔다는 점을 강조하고 있지만 그 근거를 제시하는 방식은 각기 달랐다. 이번 제7차 교육과정 교과서의 경우 1990년판(제5차)에 뒤이은 1996년판(제6차) 내용과 크게 다르지 않다. 즉 "우리 조상들은 대체로 중국 요령성, 길림성을 포함하는 만주 지역과 한반도를 중심으로 한 동북아시아에 넓게 분포하여 살고 있었다. 우리 나라에 사람이 살기 시작한 것은 구석기시대부터이며, 신석기시대에서 청동기시대를 거치면서 민족의 기틀이 이루어졌다(고, 21쪽)"고 하여 대체로 북방 시베리아 등 외부에서의 이동이 있었던 것이 아니라 구석기시대부터 우리 민족이 자생적으로 성장 발전하면서 민족을 형성해간 것으로 설명하고 있다.

한민족의 형성과 관련하여 그동안 신석기·청동기시대 주민이 교체됐다는 설은 비판받아왔다. 대신에 구석기시대 이래 다양한 문화적 요소가 통합됨에 따라 우리 민족이 자생적으로 형성됐음이 지적되고 있다. 이러한 측면에서 교과서의 서술 시각의 변화는 긍정적이라 할 수 있다.

1996년(제6차) 교과서부터는 이전 교과서에서 분명하게 밝힌 '단일민족'이라는 용어 대신 '하나의 민족 단위'라는 조금 순화된 개념을 사용하고 있다. 그러나 그 용어 속에도 '한 핏줄(혈통)'이라는 의미는 그대로 내포되어 있다. 역시 교과서 전체에 흐르는 민족과 민족주의적 역사 인식의 한 단면을 보여준다 하겠다.

민족은 원시 공동체의 해체 이후, 혈연이 아닌 지역성에 바탕을 둔 새로운 사회적·정치적 관계의 진전의 소산이다. 한마디로 혈연적이고 인종적이라기보다는 역사적인 과정을 거쳐 형성된 것이다. 그러나 교과서에는 우리 민족을 형성한 조상들의 활동 무대가 "만주 지역과 한반도를 중심으로 한 동북아시아에 넓게 분포했다(고, 21쪽)"는 정도의 원론적인 내용만이 씌어 있다. 구체적으로 구성 종족은 어떠했는지 등에 대한 역사계통론의 근거가 전혀 제시되어 있지 않다.

한민족의 역사계통론과 관련해보면 오히려 중학교 교과서의 내용이 비교적 잘 정리되어 있다. 즉 "황색 피부, 검은색 머리 등의 신체적 특징을 지녔으며, 인종적으로는 몽골 인종에 속하고, 어족으로는 터키어, 퉁구스어, 몽골어와 함께 알타이어족에 속하는 것으로 본다. 따라서 우리 민족은 남방계보다 북방계와 관련이 더 많다고 할 수 있다"에서 보듯이 고등학교 교과서보다 서술이 명확하다.

여러 나라, 어떻게 성장했나

중학교 교과서에는 '여러 나라의 성장'에 대해 다음과 같이 서술했다.

우리 민족 최초의 국가인 고조선이 만주와 한반도 북부 지방을 중심으로 세력을 펼치다가 사라질 무렵, 그 주변 지역에는 한민족의 또 다른 집단들이 부족 단위로 세력을 키워가고 있었다. 각 세력은 다른 부족과의 연합 또는 전쟁을 통해 세력을 확대하여 마침내 국가로 발전해나갔다. 만주 지방에는 부여와 고구려가 자리잡고, 한반도 북부 동해안 지방에는 옥저와 동예가 자리를 잡았다. 한반도 남부 지방에서는 삼한이 발전했다.

• 중학교 국사 교과서, 23쪽

고등학교 교과서 연표(고, 17쪽)에서는 기원전 108년에 고조선이 멸망하고 기원전 1세기경 부여, 고구려, 옥저, 동예, 삼한이 등장했다고 서술했다. 이러한 단계 설정은 기본적인 역사 흐름과 정황이 맞는다고 할 수 있다. 그러나 미리부터 고조선을 최초의 국가로 규정하고 그 다음 단계에 철기 문화의 영향을 받아 여러 나라가 등장한다는 식으로 설정하다 보니 역사적 실상과 맞지 않는 서술이 됐다.

예를 들어 부여는《사기》〈화식열전(貨殖列傳)〉에 나와 있는 전국(戰國) 7웅(雄)의 하나인 연(燕)에 대한 기사 가운데 고조선·진번과 함께 등장하고 있다. 이는 부여가 늦어도 진시황 때 고조선·진번과 함께 존재한 나라였다는 것을 말해주며, 부여의 성립은 대개 기원전 3세기 후반경까지 올라갈 수 있음을 알 수 있다.《삼국지》〈위지 동이전〉에는 동옥저 또한 고조선의 속국이었다고 나온다. 그리고 삼한(三韓)의 역사는 고조선의 준왕이 한반도 남쪽에 내려가 한(韓)을 칭하면서 시작됐다고 보는 것이 일반적이다. 삼한의 시작 시기에 위만조선은 분명 한강 이북 지역에 있었다. 그렇다면 기원전 2세기를 전후한 시기에 성립된 부여·옥저·삼한 등 초기 국가들을 "기원전 1세기경 등장한 여러 나라"라고 서술하거나(고, 17쪽, 연표), 또 여러 나라 지도에서 고조선을 제외한 채 그리고 있는 것도 고려해보아야 한다.

교과서에는 "고조선이 만주와 한반도 북부 지방을 중심으로 세력을 펼치다가 사라질 무렵, 그 주변 지역에서 한민족의 또 다른 집단들이 부족 단위로 세력을 키워가고 있었다"라고 서술되어 고조선과 나머지 초기 국가들과의 관련성이 전혀 언급되지 않고 있다. 그리고 위만조선이 있었던 기원전 2세기경 남쪽에는 진(辰)이 있었으며, 여기에서 마한, 변한, 진한의 삼한이 형성됐다고 하지만(고, 39쪽), 부여와 고구려나 진 등이 고조선이나 한민족과 어떠한 관계에 있는 국가인지에 대해서는 전혀 설명하지 않고 있다. 이는 처음에 고조선이 우리 민족 최초의 국가였다는 사실을 어떠한 근거에 의해 내세운 것인지를 설명하지 못했던 점에서 기인한다. 예를 들어 고조선은 예맥족이 세운 최초의 국가인데 이들 예맥족이 여러 지역에 정착해 살면서 새로운 문화를 발전시켜 여러 나라를 세웠다는 등, 고조선과의 역사적 계기성이 서술되어야 좀더 명확한 초기 국가상이 드러날 것이다.

교과서에는 위만조선 당시에 한강 이남 지역에 진국(辰國)이 있었다고 한다. "위만조선이 있었던 기원전 2세기경에 남쪽에는 진이 있었으며, 여기에서 마한, 변한, 진한의 삼한이 형성된 것으로 보인다."(고, 39쪽) 대부분의 사가들은 '진국'을 역사적인 존재로 인정하고 있으나 그에 대한 이해 각도가 각기 달라 삼한과의 발전 관계에 있어 문제점들이 파생되고 있다. 진국은 《사기》의 판본에 따라 진국(辰國) 또는 중국(衆國)으로 표기되고 있어, 남부 지역 대부분을 포괄하는 정치 집단으로 규정되기도 하고, 또는 남부 지역에 존립하고 있었던 여러 부족 집단군 전체에 대한 막연한 범칭, 즉 '신지(臣智)의 나라'라는 뜻을 가진 복합 명사로 이해되기도 한다. 교과서는 진국이 기원전 3~2세기경 한반도 남쪽 지역에 존립하고 있었던 정치 집단 혹은 정치 집단군이라는 관점을 따랐지만 '진국'에 '중국(衆國)'도 병기해주는 것이 좋을 것 같다.

한편 초등학교 6학년 1학기 사회 교과서 '고조선 세력 범위' 지도(초, 8쪽. 이하 '초등학교' 교과서는 '초'로 표기)에는 한강 이남을 '진'이라 표시하고, '철기 문화를 토대로 세워진 나라들' 지도(초, 9쪽)에서는 '삼한'이라 표기하고 있다. 이에 대한 학계의 정리된 의견 제시가 있어야 할 것이다.

고등학교 교과서 도움글(고, 41쪽)에 보면 마한의 목지국의 그 중심 세력이 천안에서 익산 지역을 거쳐 나주 일대로 이동했다고 했다. 이는 고고학 자료가 세 지역에 집중한다는 점과 백제의 성장에 따른 영역 축소라는 점 등을 근거로 했을 것이다. 그러나 목지국의 중심 세력이 두 차례 이동했다는 근거는 문헌·고고학 그 어디에도 없다. 그리고 이는 최근 천안~청주를 잇는 선의 이남 지역에 목지국을 비정하는 학계의 주장과도 배치된다.

선사시대와 국가 형성, 앞으로 어떻게 서술할 것인가

지금까지 두서없이 제7차 교육과정 중·고등학교 교과서 선사시대 및 국가의 형성 부분을 살펴보았다. 제7차 교육과정 국사 교과서는 중·고등학교 모두 판형이나 체제가 이전보다 커지고 깔끔해졌으며 기본적으로 자료가 컬러 인쇄되면서 시각 자료로서의 효과가 높아졌다. 이전보다 새로 발굴된 자료를 집어넣고 사진 자료도 늘어났으며, 도움글과 읽기 자료, 심화 과정 항목을 설정하여 주제에 대해 더욱 깊은 논의를 할 수 있도록 했다.

그러나 '선사와 국가 형성' 부분은 1996년판 제6차 교육과정 교과서와 비교해 내용 서술상 큰 차이를 찾아볼 수 없었다. 삼국시대 이후의 경우 고등학교 교과서에서는 분류사를 택해 많은 부분에 변화를 볼 수 있는 반면 선사 및 국가 형성 부분은 집필자나 서술 체제에 큰 변동이 없어 내용에서도 큰 차이가 없다. 따라서 제5, 6차 국정교과서가 안고 있던 많은 문제점들이 제7차 교육과정 교과서에도 해결·보완되지 못한 채 그대로 있다. 대표적인 것이 구석기시대의 시작 시기 문제나 단군 신화를 고조선의 건국 사실로 인정하는 서술 그리고 청동기시대 고조선의 세력 범위가 만주 전체와 한반도 북부를 포함한다는 것 등이다.

전체적으로 보면 중학교와 고등학교는 교육과정이 다르기 때문에 서술 내용이나 수준에 차이가 많다. 그러나 이러한 점을 고려하더라도 중학교 교과서가 각 시기의 주제에 대한 내용과 삽화 자료의 편집 등에서 고등학교 교과서보다 완성도가 높다. 서술 분량이 적기 때문에 문제되는 주제를 언급하지 않아도 되는 부분도 있었을 것이나 고등학교 교과서에 비해 쟁점에 대한 고민이 잘 정리되어 있다. 물론 두 교육과정 교과서의 기본적인 서술 내용과 시각에는 큰 차이가 없다.

  제7차 교육과정 교과서가 이전 책과 비교해 내용 서술에 변화가 없는 것은 기본적으로는 내용 서술의 준거안 자체에 변화가 크지 않았기 때문으로 보인다. 게다가 집필자의 소신에 따르기보다는 재야사학자의 견해를 더 고려한다든지 등 학문 외적인 요인도 작용한 것 같다. 그러나 교과서는 학생들이 필수적으로 학습하는 교재이기 때문에 기존 학계의 연구 성과를 담아 집필한다는 소신 아래 신중히 서술되어야 할 것이다. 특히 그동안 재야사학과 많은 논란을 벌여왔던 국가 형성, 즉 단군과 고조선사 부분은 재야사학자의 주장을 배제하고 학계의 주장 가운데 합리적인 내용을 정리하는 것이 필요할 것이다. 어설프게 재야사학의 입장을 고려하다 보니 교과서 자체 내에 모순된 서술이 보인다.

  학자들 간에 논란이 되고 있어 정리되지 않은 사안은 도움글 형태로 여러 이견을 정리해주는 것도 필요할 것이다. 학생들은 건조하게 씌어진 교과서의 내용에 흥미를 갖지 못하고, 게다가 시간상의 제약으로 피상적인 섭렵에 그칠 우려가 있기 때문에 학년에 따라 주제별 혹은 시대별로 깊이 있는 접근이 필요하다는 지적은 유념해야 할 것이다. 그리고 교과서는 가치관과 세계관을 형성해가는 중·고등학교 학생들이 배우는 주된 교재이므로 그들에게 역사적 상상력과 판단력을 길러주는 내용을 많이 싣는 것이 중요하다. 초등학교 6학년 1학기《사회》의 별책인《사회과 탐구》처럼 탐구 자료 및 학습 과제를 교과서에 늘려 실어야 한다. 역사교육학에서 말하는 추체험이나 감정 이입 등을 할 수 있도록 내용을 적절히 집어넣어 학생들로 하여금 역사를 자신의 삶과 같은 것으로 이해할 수 있도록 해야 한다. 이러한 점은 국사 교과서가 국정이 아닌 검인정이나 자율 출판 체제로 가더라도 여전히 중시해야 할 것이다.

중국의 역사 왜곡, 어떻게 대응할 것인가

세계문화유산으로 등재된 고구려 유적, 왜 주목받는가

마침내 2004년 7월 북한의 고구려 고분이 중국에 있는 고구려 유적과 함께 세계문화유산으로 나란히 등재됐다. 하나의 유적이 세계문화유산으로 등재되면 전 세계 사람들이 찾아와 볼 수 있고 체계적인 관리·보존이 이루어지게 된다. 경제적으로 어려움을 겪고 있는 북한도 유네스코에서 고구려 유적 보존을 위한 기술적·재정적 지원을 받을 수 있게 됐다.

북한에 있는 고구려 유적이 세계문화유산으로 등재되기까지는 남한 정부와 학계의 역할이 적지 않았다. 통일을 지상 과제로 삼고 있는 우리 현실에서는 남북한이 공동으로 대처하여 일정한 성과를 얻어냈다는 데 큰 의미가 있을 것이다. 돌아보면 이 문제는 지난해 2003년부터 우리 사회를 뜨겁게 달구었던 중국의 동북공정(東北工程)과 관련하여 관심을 끌었다. 고구려를 한국 고대사라고 당연시하는 남북한으로서는 중국이 고구려 문화 유산을 중국의 문화 유산으로 세계문화유산에 등재시킨 것에 대한 불만이 없지 않다. 이후 중국이 고구려사를 중국사로 편입시키려는 노력이 더욱 거세질 것을 우려하는 것이다.

실제 중국은 중국에 있는 고구려 유적이 세계문화유산으로 등록되는 것과 동시에 대대적인 축하 행사는 물론 고구려 역사가 중국 고대의 지방 정권이었음을 정부가 주도하여 홍보하고 있다. 중국 정부는 2004년 8월 5일 '역사 왜곡' 비판을 받았던 외교부 홈페이지에 1948년 8월 15일 대한민국 정부 수립 이전의 역사를 통째로 지워버렸다. 우리 정부가 중국의 역사 왜곡 문제를 시정할 것을 요구한 데 대한 불만을 이렇게 표현한 것이다.

그러나 고구려 문화 유산에 대한 문제는 동북공정과 관련해서만 볼 수 없고, 문화재 자체로서 보는 시각이 필요하다. 먼저 과거 우리 문화 유산을 함께 보존하고 관리하기 위한 방안을 모색하는 것이 중요하다. 이런 점에서 그동안 학계나 시민 단체들의 움직임은 감정적으로 대응하는 측면이 컸다.

북한과 중국의 고구려 문화 유산 동시 등재를 계기로 이제는 그동안의 고대사 열풍이 우리 사회에 남긴 것이 무엇인지 냉철히 따져보아야 할 것이다. 고구려사의 중요성은 새삼 강조할 필요가 없다. 그러나 이 논의를 심화시키기 위해서는 한국 고대사 전체에 대한 연구가 진전되어야 할 것이다. 고구려사를 포함해 백제, 신라, 가야의 역사가 함께 연구되어야만 고구려사를 올바로 이해할 수 있다. 그 앞시기의 예맥족이 중심이 된 고조선과 부여의 역사 연구도 반드시 이루어져야 하며, 고구려 멸망 후 그 지역에 세워진 발해의 역사 연구도 당연히 필요하다.

고구려사는 그 활동의 많은 시간이 현재 중국 땅인 만주에서 이루어지다 보니 각 나라마다 보는 입장이 다르다. 우리와 달리 중국은 중국

집안시 시 경계 입구에 걸려 있는 고구려 세계문화유산 등재 축하 현수막. 중국은 집안시로 들어가는 주변의 마을과 도로변에 이 같은 현수막을 여럿 걸어놓고 대대적인 축하 행사와 함께 고구려사를 중국 역사로 편입하는 작업을 하고 있다.

의 역사로 보고, 또 일본과 한국학계의 일각에서는 동아시아사의 일환으로 본다. 모두 자기 민족을 중심에 놓고 고구려사를 바라보는 것이다. 고구려는 분명 우리 역사의 한 줄기를 이루고, 이후의 역사는 고구려를 계승하고 있다. 그러나 민족사를 넘어 폭넓은 시각에서 볼 때 고구려를 제대로 볼 수 있을 것이다.

고조선사와 고구려사, 나아가 발해사를 한국사의 틀 속에서만 바라보면, 중국의 동북공정 논리에 대응하기 어렵다. 한국 고대사 속의 고대 역사를 세계 역사, 동아시아사 속의 한 역사라는 관점에서 보아야만 그것이 우리 역사라는 논리를 끌어낼 수 있고 중국 측 주장의 논리적 허점을 파악할 수 있다.

그렇다면 고조선사는 만주사 속에서 어떠한 의미를 갖는지 구체적으로 살펴보자.

중국 심양의 정가와자 유적을 찾다

지난 2003년 12월 말경 심양시 정가와자 유적을 찾았다. 벌써 여섯 번째이건만 유적지는 조금도 달라진 것 없이 철로변에 쓸쓸히 있었다. 정씨 성을 가진 사람이 오래 전부터 살았다 해서 이름붙여진 정가와자 마을. 주변을 자세히 보면 '청동'이라는 단어가 눈에 띈다. 집들의 주소도 청동로 ○○번지이다. 마을 큰 도로변의 상가는 청동 종합 상가이다. 이처럼 요령성 심양시 철서구 지역에는 유독 청동이라는 말이 여기 저기서 사용되고 있음을 볼 수 있다.

이곳 사람들은 여기에서 청동이란 말이 흔히 쓰이는 이유는 청동 단검이 발견된 묘지가 있기 때문이라고 한다. 청동 단검이 발견된 자리에는 박물관이 있다. 정가와자 유적이라고 불리는 곳이지만 현재는 폐쇄되어 외부인의 출입을 차단하고 있다. 단지 건물 외관에 그려진 그림만으로 단검과 청동 거울이 발견됐음을 알 수 있다. 발굴 당시 정가와자 유적의 한 지점에서는 두 개의 큰 나무곽무덤과 12개의 작은 움무덤이 출토됐다. 나무곽무덤은 그 구조가 대형인 데다(길이 365센티미터), 기원전 6~5세기경에 해당하는 청동기와 비파형 동검 등이 상당히 풍부한 점으로 보아 부유한 지배 계급이거나 또는 그 이상의 신분으로 그 일대를 관할하던 대표자의 무덤으로 보인다.

과연 정가와자 무덤의 주인공이 고조선의 최고 지배자들이었는지에 대해서는 좀더 신중히 검토해야 되지만, 예맥 계통 정치 집단의 지배자가 묻힌 무덤으로 보는 데에는 큰 잘못이 없을 것이다. 우리 학계의 일반적 연구 성과를 따른다면 정가와자 유적의 주인공은 청동기시대 고조선 세력 범위에 있던 강력한 우두머리의 무덤으로 볼 수 있다.

만주 속의 고조선

　문헌에서는 이 당시 요동 지역에서 성장한 세력에 대해 '조선후국(朝鮮侯國)'이라 표현하고, 이들이 성장하여 '왕(王)'을 칭하는 등 교활해졌다고 기록하고 있다. 이러한 기록은 요동 지역의 청동기 문화를 바탕으로 고조선이 주변 지역을 아우를 수 있는 상당히 강한 지배 권력을 수립했음을 짐작하게 한다. 그런데 요하 중류 일대에서 비파형 동검을 비롯해 다량의 유물들이 수습되면서 고조선의 초기 중심지였을 가능성이 높아졌다.

　고조선 사람들은 남만주의 요동 일대와 한반도 서북부를 중심으로 살았다. 이 지역은 일찍부터 농경이 발달한 곳이다. 이곳의 주민은 주로 예족과 맥족으로, 언어와 풍속이 서로 비슷했고 일찍부터 한반도 서북부와 남만주 발해만 일대에 퍼져 살았다. 처음에는 조그만 정치 집단이 군데군데 생겨나 그중 우세한 세력을 중심으로 다른 집단이 정복당하거나 통합됐다. 그리하여 기원전 8~7세기 무렵이 되면 고조선이 역사상에 등장하게 된다.

　처음 고조선은 여러 종족 집단을 느슨하게 통치했지만 기원전 4~3세기가 되면 중국의 연나라와 겨룰 정도로 나라의 힘이 커진다. 중국 사람들은 고조선 사람들을 일부러 깎아내리고자 오랑캐라 불렀다. 더럽고 거친 땅에 사는 사람들이란 뜻의 '예맥족'이라는 이름을 지어주기도 했고, 고조선 사람을 "교만하고 사납다"고 하기도 했다. 따라서 고조선사와 관련해 요동 지역과 예맥족은 뗄래야 뗄 수 없는 밀접한 관련을 맺고 있다.

　이러한 고조선 사회를 복원하는 데 중요한 자료로는 문헌 외에 고고학자들이 발굴한 유물이 있다. 한반도나 남만주 지역에서 나오는 청동기, 철기 유물을 면밀히 살펴보면 고조선 사람들이 살았던 곳과 그들의 사회상을 어느 정도 복원해볼 수 있다. 이때 중국 동북 지역, 즉 남만주 일대에 분포하는 비파형 동검 문화와 고조선의 관계가 중요하다. 요령 지역 무덤에서 출토된 유물 가운데 가장 관심을 끄는 것이 청동 단검, 이른바 비파형 동검이기 때문이다. 그것은 중국에서 사용하던 동검과 형태가 다르고 주로 남만주 일대에서 발견되기 때문에, 일찍부터 우리 고대 주민들이 사용한 것으로 주목해왔다.

고조선이 한반도 서북 지방에 있었다고 주장하는 경우는 비파형 동검 문화보다는 단군이 평양에 도읍했다고 언급한 《삼국유사》의 단군신화 기록을 중시하는 것이다. 반면 요령성 지역에 고조선이 있었다고 보는 경우는 비파형 동검을 고조선의 칼로 보기 때문에 비파형 동검이 나오는 지역은 고조선의 땅이며, 비파형 동검이 가장 집중해서 출토되는 요서 지역이 그 중심지였다고 주장하는 것이다.

요즘에는 고조선이 요동 지역에서 성장하다가 중국 쪽에서 사람들이 몰려오자 대동강 유역으로 근거지를 옮겼다는 주장이 설득력을 얻고 있다. 이는 우리 청동기 문화가 비파형 동검 문화에서 기원전 4세기 무렵이 되면 세형 동검 문화로 변하는데, 비파형 동검은 요동 지역에서 주로 나오고 세형 동검은 대동강 유역에서 집중 출토되기 때문이다.

한반도 서북 지방과 고조선

세형 동검은 몸체가 길고 뾰족한 단검으로 대부분 현재 평양 통일거리에서 발견된 나무곽무덤에서 출토됐다. 청동 무기를 당시 지배 계층의 전유물이라고 볼 때 대동강 남쪽 지역은 그들의 집단적인 거주지요, 무덤터였다고 할 수 있다. 이 같은 유물들을 토대로 현재 우리 학계에서는 평양 지역이 고조선의 중심지였다는 것이 정설로 받아들여지고 있다.

 문헌 기록의 대부분이 고조선의 중심지를 평양으로 보고 후세 사람들이 평양을 고조선의 수도로 인정했으며, 서북한 지역 발굴 과정에서 현재까지 발견된 세형 동검의 80퍼센트 이상이 평양 주변에 집중되어 있어서 이 검을 사용하던 시기의 평양이 고조선의 중심이었을 가능성은 매우 높다. 하지만 세형 동검을 사용하던 시기는 기원전 4세기를 거슬러 올라가지 못한다. 또한 세형 동검이 발견되는 지역은 청천강 이남을 벗어나지 않는다.

 평양 지역에서는 고조선의 초기 문화 유물인 미송리형 토기나 비파형 동검은 거의 발견되지 않는다. 비파형 동검의 경우 평양 근처에서만 소수 발견됐고 대부분 요동 지방에서 출토된 것들이다. 미송리형 토기의 경우 역시 압록강 이남보다는 그 이북 지역에서 더 많이 발견되고 있다.

 중국 문헌인 《위략》에는 "연나라가 군대를 보내서 조선의 서방 영토 2천 리를 빼앗고 만번한으로 그 경계를 삼았다"는 기록이 나온다. 이것을 역으로 해석하면 연나라 장수 진개의 공격을 받기 이전에는 고조선의 영토가 평양 부근뿐 아니라 서쪽으로 더 멀리 뻗어 있었음을 알 수 있다. 고조선의 영토와 관련하여 주목되는 유적이 바로 정가와자 무덤이다. 그리고 요동~서북한 지역에 주로 분포하는 탁자식(북방식) 고인돌도 주목된다.

고조선 사람들이 살았던 지역에서는 미송리형 토기라는 그릇과 팽이형 토기가 유행했다. 미송리형 토기는 요동 지역에서, 팽이형 토기는 한반도 서북 지방에서 특히 유행했다. 대체로 이 그릇들은 비파형 동검과 같은 시기(기원전 7~4세기)에 사용된 것으로 보이는데, 탁자식 고인돌이 집중해 있는 요하강 동쪽에서 대동강 일대에 걸쳐 고루 발견되어 고조선시대의 이른 시기에 사람들이 가장 많이 쓴 질그릇으로 보인다. 이것은 고조선이 두 중심 세력을 가지고 성장했음을 말해준다. 그러다가 세형 동검이 사용되는 시기가 되면 압록강 이남 지역만을 영토로 삼아 국가적 성장을 지속해갔던 것이다.

중국의 역사 왜곡, 어떻게 진행되고 있나

중국에서 동북공정과 관련하여 단군과 고조선사에 대한 본격적인 연구서는 나오지 않았다. 다만 여러 경로를 통해 중국의 입장을 들어보면 고구려사와 마찬가지로 중국 고대 변방의 역사로 보고 있다. 중국에서는 특히 기자가 동쪽으로 와서 세웠다는 기자조선을 강조하며, 위만은 사료에 나오는 한의 외신(外臣)이었다는 내용에 중점을 두어 설명하고 있다.

최근 중국 동북공정과 관련하여 진행된 연구 과제 결과물인 이덕산(李德山)의 《중국동북고민족발전사(中國東北古民族發展史)》는 중국 학계의 입장을 잘 보여준다. 이 책의 개요를 보면 한국학계의 단군조선-고조선-예맥, 부여-고구려-발해로 계승되는 역사 계승 의식은 비학술적인 연구의 결과이며, 국사중심론(國史中心論), 남북국시대론(南北國時

代論) 등과 연결된 목적성 있는 연구라고 강하게 비판하고 있다. 이것은 기본적으로 동북 변강 지역 민족 단결의 역사적 근거를 제공하고, 결국 중국 동북 지역 각 민족이 중화 의식과 중화 민족 응집력을 제공하는 것을 목표로 한 주장이다.

먼저 단군 신화를 바탕으로 한 단군조선에 대해서는 우리의 독자적 역사를 부정하기 위해서라도 강하게 비판한다. 중국은 남북한 연구자들이 《삼국유사》에 나오는 고조선 신화 전설을 역사화해서 '단군조선'이란 걸 멋대로 만들어내 고조선사 연구에 혼란을 주고 있다고 본다. 구체적으로 단군 신화를 화하(華夏)-한문화(漢文化) 영향에 의한 신화라고 주장하여 단군 신화가 중국 문화의 반영이라고 본다. 고대 이래 한반도의 문명은 중국의 강한 영향 하에 있었다고 하면서, '조선'이라는 이름조차 중국 신화에서 비롯됐다고 본다. 이것은 사실과 전혀 다르다. 단군신화의 특성을 논하지 않더라도 단적인 사실로서 조선의 지명은 조선 지역에 흐르는 강 이름에서 나왔다는 것이 중국 문헌 기록에도 나오기 때문이다.

중국학계에서는 한반도 남부의 삼한은 '옛날 진국(辰國)'으로 은나라의 해외 예속 지역이었으며 이 때문에 은나라 말기 기자가 조선으로 달아났다고 본다. 압록강 이북을 중심으로 거주하던 예맥족이 한강 이남으로 내려와 건설한 삼한마저도 중국 역사와 관련지어 해석하면서 우리 역사의 출발 시기를 부정하고 있다. 이 같은 논리에 따르면 결국 한국의 모든 역사가 다 중국사라는 결론으로 유도된다. 그러나 기자조선은 앞에서 살펴보았지만 문헌이나 고고학 자료를 놓고 볼 때 한반도에 실재한 국가로 보기 어렵다. 한국 고대사의 출발부터 부정하는 동북공정의 논리는 매우 문제가 심각하다.

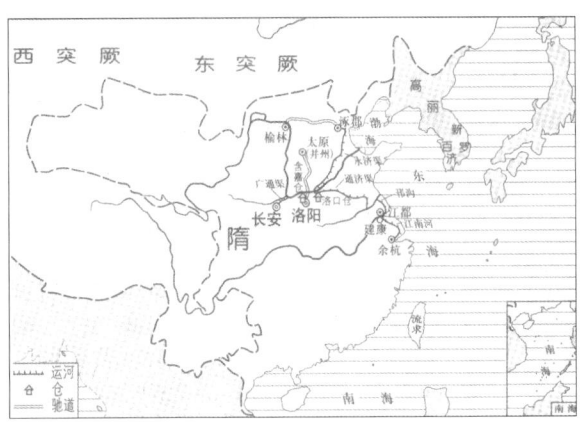

중국 고등중학교 중국고대사 교과서에 실린 수나라시대 고구려 지도. 고구려 영토가 2003년도판 책까지는 우리 민족의 역사로 그려져 있다. 앞으로 어떻게 변할지 주목된다.

이후 기자조선을 대신한 위씨조선은 한나라의 신하이면서 속국이었다고 본다. 따라서 기자조선-위씨조선-한사군-고구려-발해가 있었기에 동북 지역 민족과 영토의 기본적인 계열이 성립했다고 본다. 즉 최근 중국학계에서는 만주 일대에 있었던 우리 고대 역사는 모두 중국 역사의 일부라고 주장하고 있는 것이다. 그 가운데 기자조선이 중국 동북 지역, 즉 만주 지역 역사의 시초라고 보고 있다.

이러한 중국학계의 주장에 대해 우리 학계에서는 고구려사에만 관심을 집중하거나 감정적인 대응보다 한국 고대사 전체 체계를 염두에 두면서 고조선시대부터 발해에 이르는 한국 고대사를 차분히 정리해나가야 할 것이다. 즉 조급하게 성과를 내거나 감정적으로 맞대응하기보다는 차분히 중장기적인 안목으로 한국 고대사에 대한 체계를 세우는 것이 중요하다.

한국 고대사 교육이 왜 중요한가

해방 후 남한학계에서는 여러 방법론을 통해 한국사의 체계화를 위해 노력해왔다. 일제 식민사학에 의해 가장 많이 왜곡되고 망가진 우리 역사가 바로 고대사이기에 그것을 극복하기까지는 해방 후 30여 년이 지난 1980년대에 이르러서야 가능할 정도였다.

역사를 연구하는 데 있어 가장 중요한 것은 더 나은 미래를 위해 현실이 안고 있는 문제를 파헤치고 그것을 극복할 대안을 마련하여 실행하는 것이다. 그래서 역사를 배우는 것이며 고대사 또한 이러한 목적에 부합해야 한다. 특히 한국사의 출발 시기에 해당하는 고대의 역사가 제대로 해명되지 않거나 왜곡된 채로 서술된다면 우리 역사는 출발부터 기형적 모습을 갖게 된다. 게다가 2002년 이래 중국에서 고구려사를 시작으로 만주에서 펼쳐진 한국 고대의 역사(고조선사, 부여사, 발해사 등)를 모두 중국의 역사로 해석하는 마당에 만일 우리 고대 역사의 진정한 모습을 정리하지 못한다면 우리는 우리 역사의 많은 부분을 잃어버릴지도 모른다.

오늘날에는 신자유주의 경쟁 원리를 대학에까지 도입해 인문학을 말살하는 교육 정책 때문에 고구려를 포함한 고대사 연구는 물론 한국학 연구 전체가 황폐화되고 있다. 고구려를 포함한 한국 고대사, 나아가 동북아시아사에 대한 인식의 심화를 위해서는 이 방면의 연구 조사 인력을 키우고 투자를 해야 한다.

마침내 2004년 3월 1일부터 고구려연구재단이 출범했다. 이제 시작 단계이지만 고구려연구재단이 명실공히 동북아시아사 연구의 중심 센터가 되기 위해서는 고대에서 현대에 이르는 동북아시아사 관련 자료를 수집하고 확보해야 한다. 이와 함께 장기적으로 젊은 연구 인력을 양성하는 일이 절실하다. 현재 우리 학계처럼 학자 몇몇이 관련 주제를 나누어 성과를 모으는 식의 연구는 새로운 내용을 기대하기 어려울 뿐만 아니라, 몇 년 뒤에도 똑같은 내용을 되풀이할 수밖에 없을 것이다.

근래 학계와 교육계에서 우리 역사가 차지하던 지위가 많이 흔들리고 있다. 동요의 주요 원인은 국사 교육의 약화 탓이다. 대학교 교양 교육과정에서 한국사가 필수 과목의 지위를 박탈당한 지 오래됐고, 고등학교 교육에서 수학능력시험과 관련하여 국사 교육이 소홀히 취급되면서 한국사의 중요성에 대한 대중적 인식도 약화됐다. 교육인적자원부는 이미 중·고등학교 사회 과목의 통합 방안을 내놓은 지 오래이다.

우리 나라의 경우, 국사 과목이 사회과에 편입되어 실제 중·고등학교 교육과정에서는 국사 교과가 없고 사회 교과에 편입되어 있는 실정이다. 인간 세계에 대한 올바른 이해를 강조하는 역사 교육의 목표와는 전혀 다르게 역사적 사실을 다루기도 하지만 역사를 단지 사회 현상을 이해하는 수단으로 취급하고도 있다. 시간의 흐름에 따른 변화의 파악이라는 역사의 특성이 점차 약화되고 있다. 학교 현장에서는 지리와 일반사회 그리고 역사를 조금씩 공부한 공통사회 담당 교사가 역사를 가르치도록 권장하고 있다. 이는 교사 수급의 논리에 맞추어 학문의 존립 기반 자체를 무너뜨리고 있는 것이다.

요즘 많은 역사학자들은 역사를 모르면 민족의 미래를 알 수 없다는 격언을 자주 떠올리곤 한다. 차제에 인문학에 대한 진흥과 국민 공통 교양 과목으로서 역사 교육의 문제를 깊이 논의해주기를 교육 담당자에게 건의해본다.

참고문헌

사료
이병도 역주, 《삼국사기》, 삼성당, 1977.
_____, 《삼국유사》, 1986.

저서
국사편찬위원회, 《한국사》 3-청동기 문화와 철기 문화, 1997.
_____, 《한국사》 4-고조선·부여·삼한, 1997.
국사편찬위원회 국정 도서편찬위원회, 《초등학교 사회》 6-1, 교육인적자원부, 2002.
_____, 《중학교 국사》, 교육인적자원부, 2002.
_____, 《고등학교 국사》, 교육인적자원부, 2002.
권오영 외, 《북한의 고대사 연구》, 일조각, 1990.
권오중, 《낙랑군 연구》, 일조각, 1992.
노태돈, 《한국사를 통해 본 우리와 세계에 대한 인식》, 풀빛, 1998.
_____ 외, 《시민을 위한 한국 역사》, 창비, 1997.
노태돈 편저, 《단군과 고조선사》, 사계절, 2002.
리순진·석광준, 《대동강 문화》, 외국문출판사, 2001.
리지린, 《고조선 연구》, 사회과학출판사, 1963(열사람, 1989 재발행).
박진욱, 《비파형 단검 문화에 관한 연구》, 과학백과사전출판사, 1987.
박찬승·한영우·조동걸 엮음, 《한국의 역사가와 역사학》 상·하, 창비, 1994.
서울대학교 종교문제연구소 편, 《신화와 역사》, 서울대학교 출판부, 2003.
사회과학원력사연구소, 《조선전사》 2, 과학백과사전출판사, 1979.
_____, 《조선력사개관》 2, 사회과학출판사, 1999.
송호정, 《아! 그렇구나 우리 역사》 2권 고조선·부여·삼한, 고래실, 2002.
_____, 《한국 고대사 속의 고조선사》, 푸른역사, 2003.
_____, 《한국생활사 박물관》 2권 고조선생활관, 사계절, 2000.
윤내현, 《고조선 연구》, 일지사, 1994.

윤이흠 외,《단군 그 이해와 자료》, 서울대학교 출판부, 1994.
이기동 외,《한국사 시민강좌》제2집, 일조각, 1988.
이기백 편,《단군신화론집》, 새문사, 1988.
이은봉 편,《단군 신화 연구》, 온누리, 1994.
이종욱,《고조선사 연구》, 일조각, 1993.
_____,《한국사의 1막 1장 건국 신화》, 휴머니스트, 2004.
이지영,《한국 건국 신화의 실상과 이해》, 월인, 2000.
이형구 엮음,《단군과 고조선》, 살림터, 1999.
_____,《단군과 고조선》, 열사람, 2000.
장우진,《조선 민족의 발상지 평양》조선·평양, 사회과학출판사, 2000.
조현설,《동아시아 건국 신화의 역사와 논리》, 문학과지성사, 2003.
최래옥 외,《설화와 역사》, 집문당, 2000.
최몽룡·김선우,《한국 지석묘 연구 이론과 방법》, 주류성, 2000.
하문식,《고조선 지역의 고인돌 연구》, 백산자료원, 1999.
한국역사연구회,《문답으로 엮은 한국고대사 산책》, 역사비평사, 1994.
_____,《삼국시대 사람들은 어떻게 살았을까》, 청년사, 1998.
한국사 편집위원회,《한국사》청동기·고조선 편, 한길사, 1994.
황기덕,《조선의 청동기시대》, 사회과학출판사, 1984.

논문

박광용,〈북한학계의 단군 인식과 '단군릉' 발굴〉,《역사비평》2000년 가을호, 역사비평사, 2000.
서영대,〈한국 고대 신관념의 사회적 의미〉, 서울대 박사학위 논문, 1991.
송호정,〈고대 동북아시아 요령식(비파형) 동검문화 연구〉,《청람사학》, 청람사학회, 2004.
_____,〈고조선, 부여의 국가 구조와 정치 운영〉,《한국고대사 연구》17집, 한국고대사학회, 2000.
_____,〈고조선 중심지 및 사회 성격 연구의 쟁점과 과제〉,《한국고대사 논총》10집, 한국고대사회연구소, 2000.
_____,〈고창·화순·강화 고인돌 유적〉,《유네스코가 보호하는 우리 문화유산 열두 가지》, 시공사, 2002.
_____,〈단군릉, 신화와 역사—남북한의 역사인식〉, 한국역사연구회 시민특강 강연 원고, 2000.
_____,〈북한 역사탐방—역사학자의 눈으로 본 평양과 북한 문화유산〉,《역사민속학》15호,

한국역사민속학회, 2002.

_____, 〈북한의 고조선·낙랑 문화유산〉,《한국고대사 연구》25집, 한국고대사학회, 2002.

_____, 〈요령 지역의 청동기 문화와 고조선〉,《한국교원대학교 박물관연보》2집, 한국교원대학교 박물관, 2002.

_____, 〈위만―고조선을 고대의 정복 국가로 중흥시킨 왕〉,《한국사 인물열전》, 돌베개, 2003.

_____, 〈위만조선의 정치 체제와 삼국 초기의 부체제〉,《국사관논총》98집, 국사편찬위원회, 2002.

_____, 〈제7차 교육과정 중·고등학교 국사교과서의 선사 및 국가 형성 관련 서술 검토〉,《한국고대사 연구》29집, 2003.

_____, 〈지석묘 사회와 고조선〉,《선사와 고대》14집, 한국고대학회, 2000.

_____, 〈치우는 한국인 중국인도 아닌 신화 속 영웅일 뿐이다〉,《역사탐험》11월호, 월간중앙, 2003.

_____, 〈KBS 방영 '비밀의 왕국, 고조선'을 비판한다〉,《역사비평》2000년 겨울호, 역사비평사.

_____, 〈한국인의 기원과 형성〉,《한국역사입문》1권, 한국역사연구회, 풀빛, 1995.

_____, 〈한국인의 조상은 누구인가〉,《역사비평》1999년 봄호, 역사비평사, 1999.

이청규, 〈청동기를 통해 본 고조선〉,《국사관논총》제42집, 국사편찬위원회, 1995.

한영우, 〈조선시대 사서를 통해 본 상고사 이해〉,《계간경향》1987 여름호, 경향신문사, 1987.

도록

국립중앙박물관,《한국 고대 국가의 형성》, 1998.

국립중앙박물관·국립광주박물관,《특별전 : 한국의 청동기 문화》, 1992.

사전

《한국민족문화대백과사전》, 한국정신문화연구원, 1991.

단군, 만들어진 신화

지은이 송호정
펴낸이 윤양미
펴낸곳 도서출판 산처럼

등 록 2002년 1월 10일 제1-2979호
주 소 서울시 종로구 사직로8길 34 경희궁의 아침 3단지 오피스텔 412호
전 화 02-725-7414
팩 스 02-725-7404
E-mail sanbooks@hanmail.net
홈페이지 www.sanbooks.com

제1판 제1쇄 2004년 10월 5일
제1판 제4쇄 2016년 3월 20일

ⓒ 송호정, 2004

값 13,000원

ISBN 89-90062-12-8 03910

*잘못된 책은 서점에서 바꾸어드립니다.